열심히
가르치지말고
다르게
가르쳐라

열심히 가르치지 말고 **다르게** 가르쳐라

초 판 1쇄   2020년 08월 27일

지은이 임정호
펴낸이 류종렬

펴낸곳 미다스북스
총괄실장 명상완
책임편집 이다경
책임진행 박새연 김가영 신은서 임종익
본문교정 최은혜 강윤희 정은희 정필례

등록 2001년 3월 21일 제2001-000040호
주소 서울시 마포구 양화로 133 서교타워 711호
전화 02) 322-7802~3
팩스 02) 6007-1845
블로그 http://blog.naver.com/midasbooks
전자주소 midasbooks@hanmail.net
페이스북 https://www.facebook.com/midasbooks425

© 임정호, 미다스북스 2020, *Printed in Korea*.

ISBN 978-89-6637-837-1 03370

값 **15,000원**

교사와 학생, 교육 현장의 모든 목소리를 담다!

열심히
가르치지 말고
다르게
가르쳐라

임정호 지음

미다스북스

아이들이 행복해야
선생님이 행복하다

　코로나 19로 인해 아이들이 전혀 학교를 등교하지 않은 시기가 잠깐 있었다. 예전에는 3월 2일부터 학교 곳곳에서 그들이 뛰어다니고 이야기하고 장난치는 모습을 볼 수 있었지만 올해는 3월 등교는 꿈도 못꾸고 6월이 되어서야 첫 등교를 하기 시작했다. 그것도 학교별로 다르지만 중학교는 3주에 한번 학교에 올 정도로 등교 수업이 축소되었고 나머지는 온라인 클래스로 이루어지고 있다.

　벌써 1학기가 거의 마무리되어 가는 시기가 되었다. 지금은 기말고사와 학교 생활기록부로 교사들은 1년 중 가장 바쁜 시기 중의 하나다. 아침 일찍부터 아이들이 학교를 가득 채우고 하루 종일 수업에 시달린 선생님들은 방과 후나 되어야 제대로 업무를 시작할 수 있을 때가 있었다.

그때마다 '아이들이 없으니 일이 잘 된다'는 우스갯소리를 하며 업무를 해결한다.

하지만 아이들이 없는 교실은 그야말로 앙꼬없는 찐빵 같다. 선생님들은 아이들 속에 있어야 행복하다는 것을 절실히 느끼고 있는 요즘이다. 마스크를 쓰고 조·종례 시간에 앉아 있는 아이들을 보며 아이들도 나도 지난 시간의 소중함을 느낀다.

쉬는 시간 아이들이 가득 메운 교무실 풍경도 볼 수 없다. 마스크를 쓰고 조용히 복도를 지나가며 눈인사 정도만 나누게 된다. 요즘의 학교현실 속에서 예전에 우리가 얼마나 행복했는가를 되돌아 보게 된다. 하지만 난 그대로 아이들을 놓아 두지 않았다. 밴드에서 출석 체크를 하고 온라인 클래스로 수업을 하고 3주에 한번 보면서도 그들과 다양한 소통을 하고자 노력하고 있다. 교육도 창의적으로 이루어져야 함을 느끼는 요즘이다.

나는 아이들이 등교하지 않는 주간에는 우리 반 단톡에 학교에서 생각해 볼 만한 질문을 올리고 좋은 답변을 준 친구들을 뽑아 작은 기프티콘을 주기도 했다. 평소 학교에 등교할 때는 잘 이루어지지 않을 수도 있지만 학교에 등교하지 않은 시간에 아이들의 참여도는 생각 이상으로 뜨겁다.

한번은 온라인 수업에서 내가 만든 PPT 자료에 대해 아이들의 의견을 물어본 적이 있다. 일방적으로 내가 전달만 하는 수업이었으므로 집에서 혼자서 공부하는 아이들이 잘 이해하고 있는지 궁금했기 때문이다. 그리고 좀 더 개선할 점을 적극적으로 찾아 아이들의 눈높이에 맞추고 싶은 마음에서였다.

아이들은 의외로 진지한 이야기들을 해주었다. 목소리 빠르기부터 시작해서 수업 내용에 대한 부분, 그리고 미술이지만 매번 수업이 끝나는 시점에서 간단하게라도 문제 풀이를 해 달라는 등 다양한 피드백을 주었다. 그러한 반응은 아이들이 학교에 오지 않고 수업이 이루어져야 하는 상황에서 우리 반 아이들의 인성 교육까지 할 수 있는 계기가 되었다.

모든 교과 선생님들의 수행평가 공지사항이 올라오고 대부분의 전달 사항이 이루어지는 밴드에서 우리 반 아이들은 어떤 교과 선생님의 공지 글이 올라와도 풍부한 댓글을 자랑한다. 누군가 우리를 위해 올린 글에 대한 반응과 적절한 대응은 현재 우리 아이들에게 꼭 필요한 에티켓이다.

나의 교직생활의 또 다른 도전이 필요하다.

1. 즐거운 교사 – 최고의 교사는 함께 즐긴다

2. 튀는 교사 – 지금까지 없었던 것을 하라

3. 아이들을 바꾸는 교사 – 조금만 다르게 가르쳐도 많이 달라진다

4. 아름다운 교사 – 최선을 다해 살아가라

5. 열심히 가르치지 말고 다르게 가르쳐라

모두 5개 부분으로 이루어진 이 책은 나의 버라이어티한 교사 생활과 다양한 개인의 경험이 담겨있다. 커다란 학교라는 테두리 안에서 어떻게 보면 큰 변화 없이 지낸 듯 하지만 매일매일 달라지고 발전하는 나의 모습도 있다. 지나고 보니 꽤 즐거운 학교 생활이다.

내 삶의 대부분을 보내는 곳이 학교다. 아침에 출근해서 수업을 하고 점심을 먹고 그리고 오후 시간을 또 아이들과 함께하게 된다. 매일같이 학생들과 생활하지만 어떻게 아이들을 대하고 수업을 해야 하는지 점점 어렵게 느껴지는 것이 사실이다.

그럴 때마다 동료 선생님들과 뾰족하고 깊숙하게 고민을 나누기도 한다. 하지만 이미 답은 정해져 있는 경우도 많다. 그 속에서 갈등하고 방황하면서도 벌써 꽤 많은 세월을 보냈다. 이제는 어렴풋이나마 방향도 보이고 아이들과 함께하는 것도 자연스러워졌다.

그것도 잠시, 세상은 너무나 급격하게 변화하고 있다. 교직 경력 23년

이 넘어가고 50이 넘은 교사가 이제 다시 큰 어려움에 부딪히게 되었다. 나는 미술 수업을 온라인에서 해야 하고 아이들과 대면하지 않은 수업에 익숙해져야 한다.

'교사가 학교생활이 즐거우면 쉽게 해결되지 않은 학교 사안은 거의 없다고 해도 과언이 아니다'라는 생각에는 변함이 없다. 줌으로 조·종례를 하고 회장 부회장 선거도 온라인에서 진행을 하고 이제 구글클래스에서 미술 수업도 해야 한다.

요즘 젊은 선생님들은 확실히 빠르다. 마치 태어날 때부터 컴퓨터를 다루는 능력을 가지고 태어난 것처럼 말이다. 그에 비해 난 확실이 많은 부분에서 부족하다. 하지만 다른사람의 도움을 받고 배우는 것에 두려움을 가져서는 안된다고 생각한다. 앞으로 남은 나의 교직생활은 그런부분에서 또다른 도전이 필요함을 인정한다.

이 책이 앞으로 교사가 되기 위해 고군분투 하고 있을 예비 선생님들, 그리고 이미 교사가 되어 학교 현장에서 많은 경험을 쌓아가고 있는 선생님, 그리고 이러저러한 일들로 교사가 된 것에 대한 회의를 가지고 계신 분들과 함께 하기를 바란다.

그리고 여기에 담긴 교육 현장의 이야기를 통해 학교, 교사, 학생, 학부모 등 많은 독자분들이 진정한 배움과 교육에 대하여 많은 생각을 해볼 계기가 되기를 바란다. 나의 경험과 교육에 대한 생각을 함께 공유하고 희망에 대해 이야기할 수 있기를 기대하면서 처절하게 나의 경험을 되새김질 하였음을 고백한다.

『열심히 가르치지 말고 다르게 가르쳐라』는 내 교직 생활에 대한 반성과 앞으로 발전을 멈추지 않을 나 스스로에 대한 도전이었다. 이 책이 세상에 나올 수 있도록 격려와 응원을 해주신 〈한국책쓰기1인창업코칭협회〉 김태광 대표님께 감사드린다.

내 안에 갇혀 헤매지 않기 위해 딸들에게 많은 것들을 묻고 또 물었다. 엄마의 도전을 적극적으로 지지해준 두 딸에게 사랑한다는 말을 전한다. 그리고 항상 지혜롭게 살아가도록 도와주시는 엄마, 아빠 존경하고 사랑합니다.

2020년 8월 뜨거운여름, 임정호

1 교시

즐거운 교사
최고의 교사는 함께 즐긴다

2 교시 | 튀는 교사
지금까지 없었던 것을 하라

3 교시 | 아이들을 바꾸는 교사
조금만 다르게 가르쳐도 많이 달라진다

4 교시

아름다운 교사
최선을 다해 살아가라

5교시

열심히 가르치지 말고
다르게 가르쳐라

즐거운 교사

최고의 교사는
함께 즐긴다

1

최고의 교사는
즐거운 교사다

선생님들은 최고의 교사를 꿈꾼다

수업이 끝나고 교무실에 오면 항상 이런저런 일들로 화제가 된다. 10분간의 교무실은 다양한 업무를 하는 선생님들과 학생들이 섞여 수업을 알리는 종이 치기 전까지 항상 활기차다. 교감 선생님과 몇몇 선생님들이 모여 이야기를 하고 있었다. 퇴직 연금에 대한 이야기였다. 최근에 부쩍 관심이 많이 가는 부분이기도 하다. '23년 정도의 경력의 나는 얼마나 받을 수 있을까? 그 정도면 내 노후가 보장 될까?' 하는 생각으로 시작해서 그럴듯한 계획도 세우지 못한 채 생각을 멈춘다.

교감 선생님과 선생님들이 나누는 이야기의 주제는 퇴직 연금에 대한 오해에 관한 것이다. 교사들은 보통 62세 정년을 마치고 연금을 수령하며 살게 된다. 그런데, 죽을 때까지 나온다고 생각한 연금을 고작 평균 7년 정도 수령한다는 것이다. 간혹 지병이나 사고로 죽을 수 있다고 쳐도 7년은 좀 충격적이다. 의학이 발달했다고 하고 오래들 살 거라며 100세 시대 운운하더니 이게 웬일인가. 아직 퇴직이 코앞이 아니라 근거 없는 여유가 내 마음 한 구석에 있다. 그래서 남 일처럼 느껴지기도 했지만 그날 이후 마음 한 구석이 덜컥 내려앉은 퇴직 연금 얘기는 미래에 대한 불안감을 갖게 했다.

퇴직 연금 얘기를 같이 듣고 있던 내 옆자리 한문선생님에게 "몇 살까지 살고 싶냐"고 뜬금없이 물었다. 수업을 알리는 종소리와 함께 "80살 정도?"라고 한문 선생님은 대답했다. 그러고는 서둘러 5교시 수업에 들어갔다. 아직 미혼이지만 17년 교직 경력의 그녀 역시 치열한 관문을 뚫고 교직에 들어왔다. 처음에 생각과는 달리 학교 현장이 만만하지 않다고 늘 얘기한다.

연금 수령일을 생각하며 노후 대책에 대한 생각을 마무리 짓지 못했다. 마찬가지로 해를 거듭할수록 소진만 되는 듯한 교직으로부터 오는 회의와 그리고 그 이유와 해결책도 내지 못했다. 그리고 시작하려면 아직도 먼 방학을 꿈꾸는 속물 아닌 속물이 된 자신을 발견하며 밀린 업무를 시작한다.

며칠 전 한문 선생님은 수업 시간에 한 아이가 한계점에 도달하는 행동을 하여 다소 언성을 높여 훈계를 했다. 나 역시도 한문 선생님이 힘들어 하는 그 학생을 잘 알고 있다. 내 시간에도 자유롭게 돌아다니거나 수업과 관련되지 않은 돌발 행동이 많아 힘든 학생 중 한 명이다. 언성을 높여 얘기하는 한문 선생님을 향해 그 아이가 던진 말은 "왜 소리 지르세요?"였다.

 선배 교사로서 조언할 이야기는 없었다. 왜 그런 이야기를 듣게끔 지도를 잘 못 했냐고 하는 말들은 아무 의미가 없는 말이다. 난 그보다 더한 말들도 듣는다. 그리고 마음의 상처를 받고 어떤 부분은 상처가 아물 때까지 아무한테도 털어놓지 못하기도 한다. 그나마 '왜 소리 지르세요?'는 교사가 학생에게 들을 수 있는 심한 말, 레벨 10중 3에 해당한다고 생각한다.

 교사들이 매일 함께 생활하는 아이들은 가정과 학교를 벗어나 다양한 미디어를 통해서도 교육된다. 한 교실에서 그들과 생활하다 보면 힘 빠지는 일은 셀 수 없을 정도다. 게다가 그들은 권위적이지 않은 부모들에게 교육되어 표현의 자유도 보장받고 있다. 그래서 요즘 학생들은 자기주장이 남다르다.

 처음 교직에 들어올 때 대부분의 선생님들은 최고의 교사를 꿈꾼다.

아이들에게 인기 있는 선생님, 또 수업도 잘해서 시작과 끝에 항상 정돈된 자세로 인사하는 아이들을 상상한다. 쉬는 시간에는 동료 선생님과 학생 고민이나 수업에 대한 고민을 하며 우아하게 커피를 마시는 청소년 드라마 속 선생님 같은 모습을 떠올릴 수도 있다. 하지만 매년 다른 업무, 동료 교사들과의 경쟁, 또 끊임없이 밀려드는 수업에 대한 회의에 무능한 교사라는 생각이 들 때가 허다하다.

여선생님들은 신부감 1위라고 하는 기사를 종종 본 적이 있다. 학교에는 노처녀 선생님도 많지만 또 신부감 후보 1위답게 많은 선생님들이 결혼도 잘 한다. 그렇지만 결혼 후 학교 일과 육아를 겸하면서 어느덧 삶이 없어진다. 남자 선생님들의 경우에는 여자 선생님들이 많은 학교에서 또 다른 어려움을 겪고도 있을 것이고 그들도 요즘은 육아에서 자유롭지 못한 것이 현실이다. 그러나 정작 집에 있는 자녀들은 내팽겨쳐진다. 학교에 있는 아이들 챙기기에 5년 10년, 그 이상의 세월이 금방 흘러간다. 사람들은 말한다. 방학도 있고 연금도 있고 정말 교사가 최고라고 말이다. 한편으로는 참 감사한 일이다. 하지만 난 어느덧 내가 교사인지 엄마인지 모르겠고 전쟁 같은 삶을 살다 보니 어느덧 난 우주 한복판에서 길을 잃고 말았다. 너무 좋아서 헤매는 꿈길이 아니라 방황하며 마음속 깊이 소리친다.

'저기요~ 아무도 안계세요~ 제가 누군가요~'

나를 가꾸는 일도 사치가 되고 수업을 연구하고 고민하는 일도 업무에 쫓기다 보면 뒷전이 되기도 한다. 완벽한 수업 준비를 해가야 그나마 아이들 앞에서 당당할 수 있지만, 수업 준비만 해도 모자란 시간에 다양한 업무를 해내야 한다. 그렇게 그런 일들을 해내며 하루하루 살아가기 바쁘다. 많은 사람이 부러워하는 방학이 와도 여행은 돈이 없어서 못 가고 그러다 보니 아이들 앞에 서는 것도 점점 더 자신감이 없어진다.

과연 무엇을 위해서 학교에서 이토록 고통스럽게 지내야 하는지 생각해 볼 필요가 있다. 나중에 퇴직하면 나올 연금가지고 뭘 하려고 생각하기 보다 지금 현재를 기쁘게 즐기는 교사가 되어보자. 우리가 생각하는 것보다 학교는 훨씬 즐겁고 행복한 곳이다. 나는 50세가 넘기 전에 명예퇴직을 하고 싶었다. 너무 나이들어서까지 아이들 앞에 서기 싫다고 생각했던 적이 있었다. 하지만 지금은 생각이 달라졌다. 62세 정년을 할 예정이다.

학교는 즐거운 놀이터이다

교사들이 교직을 떠나지 않고 있는 이유는 힘든 가운데 교직의 장점이 많기 때문이다. 항상 아이들과 생활한다는 점이다. 아무리 사악(?)한 학생이라도 그들은 아이들이다. 초심으로 돌아가 그들에게 선생님으로 살 수 있으면 얼마나 행복할까 생각했던 적을 떠올리며 하루하루 작은 것에도 감사하게 생각하며 살아야 한다. 교사의 마음이 편안하고 즐거우면 아이들에 대한 측은지심과 미덕이 생겨 똑같은 상황에도 훨씬 지도하기 쉽고 그들을 감동시킬 수도 있다.

교사는 학교에서 주로 생활한다. 학교를 즐거운 놀이터로 만들어 놓아야 한다. 먼저 수업에서는 내가 최고의 선생님이라는 생각을 가지고 아이들의 입맛에 맞게 교과서를 재구성하여 자신있게 교실에 들어가자. '학생들은 고객이다'라는 생각으로 그들의 입맛에 맞는 다양한 것들을 준비해야 한다.

교실에서 수업을 하다 보면 수업을 방해하는 학생이 한 반에 한두 명인 반에서부터 두세 명 이상인 반도 있다. 수업을 하고 나와서 많은 교사들이 푸념을 한다. 방해하는 학생이 있어서 수업이 잘 되지 않았다고 "그 학생만 없으면 수업이 잘 될텐데."하고 말이다. 하지만 수업에 참여하기 싫어하는 몇 명의 학생보다는 잘 하고 있는 더 많은 학생들과 호흡하는데 집중해보자. 그 전과는 달라진 수업을 할 수 있을 것이다.

어느 고등학교에서 근무할 때의 일이다. 다른 학교에서 새로 부임하신 경력 25년 정도의 선생님이 수업에서 학생에게 모욕을 당했다고 토로했다. 공부 시간에 공부를 하지 않고 자는 학생을 두 번정도 깨웠더니 "수업을 재밌게 하던가!"라는 말을 듣고 거의 전쟁에서 패한 듯 한 표정으로 앉아 있었다. 웃으면 안 되는 일이지만 웃음이 나서 선생님들과 함께 큰 소리고 웃었다. 그 반에 수업을 들어가는 다른 과목 선생님들도 그 상황을 다 이해하기 때문이다. 비단 한 선생님만의 일이 아닌 모든 교사들의 고민이기 때문이다. 그렇기 때문에 스스로를 자책하지 말고 빨리 생각을 전환하는 것이 건강한 학교 생활을 위해서 필요하다. 사실 그런 학생들은 교사의 능력 밖인 학생들이다.

교사는 미성숙한 사람을 가르치는 전문 직업인이다. 그러나 우리가 가르치고자 하는 청소년들은 대부분 배우고자 하는 사람이 아니다. 교사는 가르치는 일뿐만 아니라 배우고자 하는 마음을 불러일으켜야 하는 책무도 있다. 그래서 자는 학생을 깨워서까지 수업을 듣게 하려 한 것이다. 교사는 배우고 싶어하는 것을 가르치는 사람이 아니라 배워야 할 것을 가르치는 사람이기 때문에 그런 어처구니없는 일들도 발생한다. 하지만 경력이 25년 된 선생님도 그런 일들을 겪으면 '그럴 수 있어'라고 스스로 위안할 수만은 없다.

아이들에게 꿈을 심어주는 말을 하라고 알고 있다. 또한 교사들에게도 격려하는 말을 해야 한다. 그래야 학생들을 더 잘 가르치는 에너지가 생긴다. 하지만 교직 생활 23년 동안 교사들에도 꿈을 주는 말을 해야 한다는 말은 들은 적이 없는 것 같다. 그냥 선생님들끼리 위안하고 다독거리고 괜찮다고 위로하는 것이 고작이다.

아직 아물지 않은 상처를 대충 연고나 반창고 같은 것들로 응급처치한 후에 다시 다음 수업을 위해 교실로 들어가야 한다. 어떤 날은 만신창이가 되어도 업무를 하기 위해 마음을 추스를 시간도 없다. 그 상태에서 학부모 상담도 해야 하고 행정실에 내려가 업무 관련 정산도 해야 한다. 그런 일들이 일어날 때 처음에는 당황하고 창피해서 당분간 말도 못할 때도 있다. 하지만 학교에 여러 해 있다 보니 나만 겪는 것도 아니고 모두 이런 저런 일로 받은 상처로 가득한 걸 알았을 때 많은 위안이 되기도 했다.

그렇다면 교사들은 매일 상처받고 그 상처가 자연 치유될 때까지 기다리며 또 다른 상처를 언제 받게 될까 하고 불안해하고 있어야 할까? 감기도 면역력이 약해졌을 때 자주 걸린다. 감기에 걸리지 않으려면 어떻게 해야 하는지 정도는 누구나 다 알고 있다. 규칙적인 생활을 하고 물을 자주 마시고 손을 자주 씻고 비타민도 챙겨 먹고 운동도 하면 더 좋다. 마찬가지로 즐겁게 학교생활을 하려면 곳곳에 즐거움을 많이 준비해놓아야 한다.

쉬는 시간에 옆자리 선생님과 다양한 이야기를 하며 긴장을 풀 수 있어야 한다. 그러려면 무슨 이야기든 할 수 있는 라포르를 형성해놓아야 한다. 경력이 많은 선생님들과도 편안하게 소통할 수 있는 분위기를 만들어야 하고, 신임 교사들과도 소통할 수 있는 사람이 되어야 한다. 실제

학교에서 문제가 생겼을 때 책임감이 강한 선생님들은 스스로 해결하고
자 해서 일이 커지는 경우가 종종 있다.

학교에서 생긴 고민과 문제는 이미 겪었던 각 부서의 부장 선생님들과
또 교무실에 함께 근무하는 교감 선생님에게도 의논하면 쉽게 해결되는
경우가 많다. 주변의 사람들이 모두 좋은 사람들이고 나와 고민을 함께
할 수 있는 사람이라고 생각할 수 있어야 한다. 그리고 동료 선생님들과
잘 지낼 수 있는 방법을 스스로 찾아야 한다. 아침에 출근해서 서로 좋은
이야기를 주고받으며 하루를 시작하고 내가 마시는 커피도 나눠 마실 수
도 있다.

문제 있는 학생 상담을 할 때 대부분의 선생님들이 공통으로 느끼는
일이 있다. 아무리 경력이 많아도, 상담 연수를 받았어도 내가 기분이 나
쁘면 그 상담은 성공할 확률이 떨어진다. 학생을 지도하기 위해 노력하
지만 좋지 않은 기분 상태에서 벗어나지 못하고 학생 지도는커녕 더 나
쁜 상황이 되기도 한다.

교사가 학교생활이 즐거우면 쉽게 해결되지 않은 학교 사안은 거의 없
다고 해도 과언이 아니다.

오늘부터 즐거운 교사가 되기로 하자. 내가 만난 학교 선생님들은 10

명 중 9명은 다 훌륭하다. 배울 점도 많고 업무 능력과 아이들 지도하는 능력이 다 뛰어나다. 그런데 그들이 즐겁고 행복해 보이지 않는 경우가 많다. 교사들은 사회적으로 만들어놓은 어떤 기준 때문에 스스로 자유롭지 못한 것에서 많은 고민이 시작되기도 한다. 좋은 선생님이 되고 싶은 것은 당연하다. 하지만 모든 면에서 좋은 선생님이 되고 싶었던 완벽주의 선생님이 더 힘들어질 수도 있다.

교사는 완벽한 사람이 아니다. 완벽한 인간이 없는 것처럼 말이다. 지금부터 자신의 감정에 충실하게, 자신만의 방법으로 아이들에게 다가갈 때 진짜 행복한 교사가 될 수 있다는 것을 알아야 한다. 그러니 스스로에게 좀 더 솔직해져서 하고 싶은 것이 무엇인지 갖고 싶은 것이 무엇인지 학생 때처럼 꿈을 꾸고 미래를 위해 도전도 해보자. 그럴 때 즐거움을 느낄 수 있을 것이다. 최고의 교사는 즐거운 교사이니까.

2

다시 꿈을 꾸는
사람이 되라

장래희망은 직업이 아니다

매년 아이들의 진로희망을 파악해야 한다. 담임을 맡은 경우에는 1학
기 학생 생활기록부 점검을 시작하기 전에 반 아이들의 진로희망과 희망
이유를 생활기록부에 기록하도록 되어 있다. 지난해 우리 반 학생 몇몇
은 진로희망이 공무원이었다. 희망 이유는 '안정적이고 수입이 일정할 거
같아서'였다. 그 아이들이 패기와 도전정신이 없다고 생각되는 것은 나의
또 다른 선입견일지도 모르겠다. 물론, 진로희망이 그 아이의 꿈을 적어
야 하는 것은 아니다. 하지만 아직 15살 학생의 진로 희망이 공무원이라
고 밝히는 이유를 생각해보게 된다. 불안한 사회에서 비롯되는 어른들에
게 주입된 선택이 아닐까 하고 말이다. 미래에 대한 불안한 요소나 돈이

보장된다면 진짜로 하고 싶은 것을 다시 공무원으로 써낼지가 궁금하다.

꿈과 직업은 다르다. 하지만 아이들에게 장래희망을 물어보면 대부분 직업을 대답하는 것을 보게 된다. 내가 아이들에게 진로희망란에 무엇을 적고 희망 이유를 어떻게 써야 하는지 제대로 연수를 했다면 진로희망 안에 그들의 꿈이라고 할 수 있을 만한 것들도 함께 녹여낼 수 있었을 텐데 하고 후회가 되었다.

그냥 특별한 경우가 아니면, 학생이 희망하는 대로 진로희망란에 그대로 공무원이라고 적어준다. 지금 희망하는 것이 지속될 수도 있고 진로와 희망이 변할 수도 있으니까 말이다. 다만, 희망 이유를 '국가라는 구성 단위의 사회 집단이 유지되고 지속, 발전하는 이유가 공무원이라는 핵심 구성원의 노력으로 이루어진다는 생각에 공무원을 희망함. 학생이 지니고 있는 봉사 정신과 바른 시민의식이라면 정의롭고 사회에 귀감이 되는 청렴한 공무원이 되리라 판단됨.'으로 수정해서 기록해둔다.

미술 시간에 명함 디자인을 했다. 물론 미술 수업이기 때문에 명함 디자인의 목적에 맞게 디자인도 해야 하고 명함에 맞는 조화로운 레이아웃을 써야 한다. 그뿐만 아니라 서체나 마크 등에도 신경을 써서 디자인한다면 좋은 평가를 받을 수 있을 것이다. 디자인도 중요하지만 그 전에 명함 디자인 작품 계획서를 쓰게 함으로써 아이들에게 좀 더 진지하게 꿈에 접근하게 하려 한다.

먼저 20년 후의 내 모습에 대해서 생각해보고 장래희망을 적게 한다.
또 장래의 진로를 위해 내가 현재 노력하고 있는 점이나 앞으로 해야 할
일을 구체적으로 다섯 줄 이상 쓰도록 한다. 그렇게 하면 아이들이 매우
진지해져서 계획서를 작성하게 된다. 그 다음은 직업 및 직장명을 만들
어야 한다.

그사이, 아이들은 상상의 나래를 펼치며 다양한 꿈에 대해 생각한다.
말도 안 되는 직업을 넘나들고 회사를 세우기도 하고 몇 개의 사업체를
가진 오너가 되기도 하고 잔잔하게 사람들의 마음을 케어해주는 상담사,
정신과 의사도 되어본다. 세계의 어느 곳이든 다 다녀 보겠다며 스케일
이 큰 직업도 만들어내며 성공해서 나중에 맛있는 걸 사주겠다고 호언장
담도 한다. 진지하기를 싫어하는 남학생 중 한 명은 그냥 꿈이 건물주라
고 하며 큰 명함을 만들어 멋없는 건물을 그려 넣는다.

그쯤 되어 명함 디자인의 목적 및 의도한 내용을 쓰도록 지도한다. 그
리고 조건을 제시한다.

첫 번째, 주제에 따른 그림 선정 이유를 다섯 줄 이상 써라.
두 번째, 색상 선정 이유 및 선정 부위를 여섯 줄 이상 써라.

세 번째, 재료 선정 이유를 두 줄 이상 써라.

꽤 주문 사항이 많게 느껴지지만 아이들은 그 부분에는 불만이 없다. 이미 자신의 꿈을 위해 멀리 향해 달려가고 있으니 사소한 귀찮음은 참을 수 있는 모양이다. 이렇게 아이들은 꿈에 대해 그리고 진로에 대해 진지해지기 시작한다. 나눠 준 명함 종이가 꼬질꼬질해질 때까지 그려내고 오려내고 만들어낸다. 작은 명함 10cm×7.5cm 안에 자신들의 미래를 넣기 바쁘다. 수행평가가 끝난 후 작품 제작 시 에피소드 및 완성 후 느낀 점을 네 줄 이상 작성하게 한다.

아이들의 수행평가를 모아 평가를 하기 시작한다. 모두 A, B, C, D, E, F단계로 나눠 점수를 구분한다. 대부분의 아이들은 C 이상을 받는다. 수업에 참여하고 수행평가를 하면 적어도 C는 받게 된다. 한 반에 35명씩 10반의 수행평가를 다 마치면 나는 모두 350개 정도의 꿈에 대한 명함을 보게 되는 것이다. 직업은 같은 것이 나올 수도 있지만, 꿈을 적고 그것을 실현하기 위해 노력하고 있는 점은 같은 아이가 한 명도 없었다.

꿈을 이미지화 시키는 방법

수행평가를 모두 끝내고 자연스레 나를 돌아보게 되었다. 벌써 교직생활 23년째이다. 아이들은 꿈에 대해 이야기하는 것이 기특하고 자연스럽다. 그런데 교사들은 자신의 꿈에 대해 잘 이야기 하지 않는다. 1년 뒤에 어떤 차가 갖고 싶다는 둥, 5년 뒤에 어떤 사람이 되어 있겠다는 그런 말을 하는 선생님들은 교무실에 아무도 없다.

옆에 앉아계시는 2학년 부장님에게 슬그머니 물었다. "부장님! 부장님은 꿈이 뭐예요?"라고 뜬금없이 물었다. 갑작스런 질문에 당황하면서도 '내 꿈이 뭐지?'하는 듯한 표정이다. 나는 다시 질문했다. "부장님은 다시 학생으로 돌아간다면 어떻게 생활하고 싶어요?"그랬더니 우리 2학년 부장님은 갑자기 얼굴에 화색이 돌면서 말씀하신다. "학생으로 돌아간다면? 나는 이쁜 여학생들만 골라서 만나볼 거야." 부장님은 나의 질문을 심각하게 생각하지 않고 편안하게 받아들였다. 난 저렇게 솔직하고 재밌는 부장님이 좋다.

우리는 꿈을 꾸는 사람이 되어야 한다. 작은 것이어도 좋다. 자신이 당장 이룰 수 있는 꿈 먼저 적고 이미지화 시키고 실천해나가자. 꿈이 없는 아이들은 안타까워하면서 왜 어른들은 꿈에 대해 더 이상 이야기 하지 않는 것인지 이해가 안간다.

나는 먼저 다섯 가지 꿈을 적었다. 먼저 내가 매일 퇴근하고 집 근처 휘트니스 센터에서 운동을 하고 골프 연습을 한다. 내 꿈은 아마추어 골퍼 싱글 스코어 갖기이다. 두 번째는 항상 나의 몸 관리와 건강관리를 위해 운동을 하지만 또 하나의 목적이 있다. 언제나 딸들과 함께 같이 옷 입는 엄마가 되고 싶다. 세 번째 아버지 집 옆에 나의 저택을 지어 가끔 아버지를 초대해서 아버지가 좋아하는 대구탕을 끓여 드리고 싶다. 쑥갓이나 미나리를 듬뿍 넣은 지리로 말이다. 그리고 나는 영어에 한(?)이 있다. 그래서 유학파 딸과 같이 여행하면서 자유자재로 영어를 구사하고 싶다. 마지막으로 나의 23년간 교직의 경험을 살려 즐거운 학교생활 하는 교사라는 주제로 책을 쓰고 싶다.

그래서 교사로서는 할 수 없었던 일을 해내기 위해 창의적으로 생각하기로 했다. 선수 시절보다 지도자로서 더 빛을 발한 분들처럼 말이다. 하지만 아무래도 교직은 보수적이고 엄격한 잣대를 들이대는 곳이다. 가끔은 힐링이나 다른 곳에서의 충전이 필요하다고 생각한다. 그래서 나는 학생들을 어떻게 잘 가르칠 것인가를 고민하되 내가 어떻게 살 것인가를 더 고민하기로 했다. 행복한 고민이 시작된 것이다. 학생들이 꿈을 갖도록 내가 먼저 행동으로 보여줄 것이다. 항상 긍정적인 고민을 학생들과 나눌 것이다. 그리고 그 내용을 글로 쓰고 책으로 엮어서 내 책을 읽은 독자들이나 앞으로 읽게 될 독자들과 교육에 대해서 이야기하고 싶다. 특히 우리 학생들의 인성과 미래에 대해서 이야기하는 기회를 갖고 싶다.

3

수업에서
즐거움을 찾아라

나만이 할 수 있는 개성 있는 수업

교사가 되어 처음 교실에 들어갔을 때 기억이 난다. 그때 나는 교과서 하나만 달랑 들려진 아주 가난한(?) 교사였다. 젊고 패기가 넘쳤지만 교실 밖에서의 나의 모습과 교실 안에서의 모습을 일치시키지 못했다. 그나마도 교실 안에서의 모습이 훨씬 멋졌으면 다행이겠지만 정체성을 찾지 못한 채 허둥지둥 하는 모습이 역력했다.

물론 아이들은 내 모습을 보고 별생각이 없었을지도 모르겠다. 내가 대학에서 무엇을 배웠든 교실에 교과서 하나만 챙겨갔던 그때 나는 발가벗겨진 채 던져진 것 같다고 느껴졌다. 그래서 나는 부끄러운 나머지 준비가 안 된 교사라는 것을 눈가림하려고 옷을 걸쳐 입었다. 어울리지 않은 옷에 종류에는 나의 성격과 교육 과정, 교과서 그리고 고리타분한 절차 등이 있었다. 그리고 한 가지 더, 나는 나도 모르게 내게 고착되어 있던 문화적인 도구들을 챙겨 다녔다.

그런데 어떤 옷이 맞는지 몰라 남이 입은 것을 얻어 걸쳐 입느라 내게 도통 어울리지 않는 것을 입었다는 걸 몰랐다. 옷이 좀 크거나 작아도 스타일에 맞지 않은 걸 누군가가 주니까 급히 입고 교실로 들어가기 바빴다. 교과서를 보고 분석 없이 그대로 수업에 가져온다거나 다른 교사들이 해놓은 것을 그대로 가져와 수업에서 활용하다 보니 여러 가지가 맞질 않았다. 나중에 깨닫게 된 것이다. 내가 듣고 보게 된 것은 그냥 기본적인 수업 모형에 불과한 것들이다. 아무리 좋은 예시와 사례가 가득한 교과서라 하더라도 내가 수업에 쓸 수 있는 것은 기본 뼈대밖에 없다는 것을 몰랐다. 그런데 굳이 그것을 나의 사례로 가져와서 내가 가르치는 것에 다 쓰려니 오히려 내 수업은 빈곤하고 궁색했다.

수업을 할 때 나만의 브랜드를 만들지는 못하더라도 분명 개성이 있는 수업은 필요했다. 대학교와 대학원 때 무수히 준비해서 나를 표현했던 작품과 학교 교실에서 이루어지는 수업을 별개로 생각하고 일방적인 전달식 수업을 했다. 그런 수업은 때론, 내가 말할 내용을 이미 다 알고 있고 다른 반에서도 했기 때문에 같은 이야기를 반복하는 것이라서 지루할 수밖에 없다.

〈배틀그라운드〉라는 게임이 있다. 게임 시작에 나의 캐릭터는 비행기에서 낙하산을 타고 지상에 착륙하게 된다. 그냥 길을 걷게 되면 나는 얼마 지나지 않아 누군가가 쏜 총에 맞아 죽을 수밖에 없다. 살아남기 위해서는 총이나 수류탄을 주워서 적과의 싸움에 대비해야 한다.

게임을 하다 보면 가까이에서 쏴야 적에게 타격이 큰 총이 있다. 경우에 따라서는 소음기를 총에 끼워서 쏘게 되면 쥐도 새도 모르게 소리 없이 적을 공격할 수 있다. 이처럼 나도 교실에 낙하산을 타고 내려가 학교라는 필드에 덩그러니 놓여졌었다. 사방 어디에서 총알이 날아올지 모르는 상황에서 나는 무엇을 먼저 해야 할지 몰라 헤맬 수밖에 없었다. 〈배틀그라운드〉에서 나는 항상 가방 안에 다양한 종류의 게임 아이템을 모아둔다. 열심히 다녀서 가방을 더 이상 채울 수 없을 정도로 꽉꽉 모아둔다. 그런데 한 게임을 할 때마다 느끼는 것은 언제나 가방 안에 있는 아이템을 다 쓰지 못한다는 것이다. 애써 모은 아이템 중 사용하지도 못한 것들이 반도 더 된다. 그렇게 게임이 종료가 되는 경우가 많았다.

수업 준비에서도 마찬가지였다. 매번 수업 준비를 할 때, 도입 부분에서 준비해야 할 부분과 전개에서 갖춰야 할 장비 그리고 정리 부분에서는 어떻게 마무리해야 할지 생각한다. 하지만 내가 생각한 것 이상으로 더 많은 자료들이 필요한 경우가 많았다. 그래서 하나둘 자료를 모으기 시작했지만 결국 몇 개 사용하지 못하고 수업이 끝나 버리는 경우도 허다했다. 하지만 나는 배틀그라운드의 게임에서 사용하는 가방처럼 매년 많은 가방을 모을 수 있었다.

점점 빌려 입어 어색하게 느껴졌던 옷도 고치고 수선해서 개성 있게 만들어 낼 수 있었다. 그리고 중요한 것은 수업과 나를 별개로 생각하지 않았다는 것이다. 차츰 가방에서 어떤 것을 꺼내서 내 수업에 가지고 들어갈 것인지 알게 되었으며 스토리와 시나리오가 있는 수업이 되었다.

수업에서 항상 느끼는 불편한 진실이 있다. 완벽한 시나리오를 준비했을 때 내가 의도한 대로 수업이 진행된다. 그리고 바로 그때, 학생들이 재밌게 참여하고 그날 수업에 만족도가 높다. 반대로 수업 준비를 제대로 하지 못하고 무방비 상태로 교실에 들어가면 사방에서 날아오는 총을 나는 피할 길이 없다. 그런 날은 빨리 수업이 끝나고 교실 밖으로 나오기를 기다리는 내 모습을 발견한다.

시나리오가 준비되면 수업이 성공할 확률이 매우 높다. 가방 속에 가지고 있는 다양한 아이템을 언제 어디서 사용하게 될지도 기대되고, 그 효과가 어떻게 나타나게 될지도 궁금해진다. 당연한 결과지만 아이들의 반응도 뜨겁다.

스토리가 있는 수업을 만들자

시나리오가 있으면 내가 배우가 되고 학생들은 나와 함께 등장하는 인물들이 된다. 그러면 같은 시나리오를 가지고도 반별로 다른 이야기를 만들어낸다. 그것이 수업이 가진 엄청난 매력이라는 것을 알게 되었다. 작품을 만들어내는 일보다 더 짜릿한 감동이 있었다.

나는 가방에서 꺼낸 아이템을 항상 정해진 단계에서 사용하지 않았다. 어떤 수업에서는 도입 단계부터 수류탄을 터트릴 때도 있었고 주제가 달라지면 다른 장소와 시간에 폭죽을 터트리기도 했다. 그건 내가 정한 시나리오에 따라 달라졌다. 그것은 매시간 수업 받는 아이들의 반응에 따라 달라졌다. 그리고 내가 계획한 방향대로 아이들에게 배움이 일어난다는 것을 알게 되었을 때 수업의 즐거움이 배가되었다.

초임 교사 시절 느꼈던 수업에 대한 생각과 지금의 나의 생각은 180도 달라졌다. 처음에 나는 수업을 포함한 교육하는 행위에 대해 내가 퇴행되고 있다고 느꼈었다. 무엇이든 센스 있게 모방은 잘할 수 있다고 느꼈던 나는 유독 수업에서 그것이 힘들었다. 아니면 처음부터 대단한 것을 창작해 내려고 했었나 하는 생각이 들어 반성도 했다.

수업은 내가 교과서 하나만 가지고 그 안에 있는 것을 학생에게 전달하는 과정이 아니었다. 학교 교육에서 수업이 가장 중요하다고 한다. 그 시간은 단순히 교사가 학생에게 알아야 할 것을 가르치는 데 그치는 시간이 아니다.

그것은 신체적, 정신적으로 학생이 성장하는 과정에 관여하고 있으며 인성 지도를 포함해서 교사의 모든 것을 보여줄 수도 있는 시간이었다. 그렇기 때문에 일정한 시간이 경과하여 이전보다 더 나은 아이들을 만들어내기 위해서는 수업을 하는 교사 자신의 이야기가 반드시 들어가야 한다.

우연한 기회에 나는 작품을 할 때의 나의 모습과 수업을 할 때의 나의 모습을 별개로 했던 일에서 벗어났다. 작품을 할 때 나는 내 이야기를 작품 속에 넣는다. 물론 다른 사람의 작품이나 책에서 많은 아이디어를 얻고 있다. 그래서 전시회도 가고 도서관도 가는 것이다. 하지만 다른 작품과 똑같이 만들어내고자 그렇게 많은 시간 자료 수집을 하는 것이 아니다.

수업도 마찬가지였다. 좋은 수업을 하기 위해서는 교과서를 바탕으로 해서 다른 선생님들의 수업도 보고 많은 자료들도 참고해야 한다. 하지만 교과서에 있는 수업 예시를 그대로 따라 하는 것은 내 이야기로 가져오기 쉽지 않다. 우수한 수업으로 선정된 동영상을 보고 그대로 내 수업에 가져오는 것은 오히려 좋은 수업과 거리가 멀어진다. 더군다나 작품과 달리 수업은 나 혼자 하는 것이 아닌, 아이들과 함께 하는 것이지 않은가!

나는 여러 정신적 활동 중에서 예술이 수업과 가장 닮았다고 생각한다. 그렇게 생각한 후, 내 수업은 확실한 스토리가 있는 수업이 되었다. 하지만 예술 작품은 완성된 후의 모습이 결과물의 마지막이다. 사진으로 남겨지기도 하고 많은 사람들에게 공유되기도 한다. 물론 만들어지는 동안에 작가와 활발하게 상호작용 하는 과정이 있지만 일단 작품이 완성되면 굳어 있는 작품이 되는 것이다. 그것이 예술과 작가의 관계인 것이다.

예술 작품에 따라서는 계속해서 살아 있는 듯한 생명력을 가진 것도 있다. 할리우드 영화 애니메이션의 캐릭터들이 그렇기도 하고 몇몇 작품들은 시공간을 뛰어넘는 사례도 있음을 인정한다.

하지만 학교 교육은 그와는 다르다. 반드시 살아 있는 인간과 관계한다. 그것도 성장하는 아이들과 함께한다. 그리고 그 속에 들어 있는 폭발적인 잠재적 생명력과 관계를 맺는다. 한때 미술 작품 제작에 몰입했던 적이 있었던 나를 돌아본다. 끊임없이 무엇인가를 해내기 위해 노력한 결과는 완성된 작품이었다. 나의 열정과 센스와 삶의 결정체는 완성과 동시에 숨을 멈추어버리기도 했다. 그렇기 때문에 나는 또 다른 작품을 구상하고 만들었다.

하지만 수업이라는 작품에서 느끼는 것은 조금 달랐다. 그것은 끊임없이 생성되며 스스로 발전하고 그 힘을 다시 나에게 돌려주기도 했다. 나는 수업을 통해 계속해서 새로운 변화를 만들어낼 수 있었다. 변화를 통한 새로움의 끝에, 다양한 아이템이 가득한 가방 하나가 또 생기는 것이다. 가방 안의 아이템은 또 적절할 때 꺼내어 도입이나 전개 정리 부분에 사용하고 또 다른 이야기를 만들어낼 것이다.

나는 오늘도 낙하산에서 새로운 필드에 살짝 착륙한다. 필요할 때 적절히 꺼낼 수 있는 아이템이 가방 안에 넘쳐난다. 어느 순간, 나는 내가 필요한 것보다 아이들에게 필요한 것을 더 잘 찾아낼 수 있게 되었다. 그럴 때마다 내가 수업에서 더 즐거움을 느낀다는 것도 알았다.

4

1년에 한 명
소울메이트 만들기

사랑과 우정이라는 럭비공

가끔 한강 변에 가면 주말을 이용해 럭비를 하는 동호회 사람들을 볼수 있다. 럭비가 그리 대중화된 운동이 아니니 뭔가 특별하게 느껴져서한참을 서서 보고 있었다. 그냥 언뜻 보기에도 체격들이 육중한 중년 남성들이 그들의 팀을 위해 최선을 다하고 있는 모습이었다. 그들은 공을잡고 달리는 상대방 선수를 쫓아갔으며 공을 멀리 패스하면 그것을 잡기위해 사력을 다해 달렸다. 공을 차지하기 위한 몸싸움은 룰에 따라 이루어진 것이지만 그들의 공을 향한 집착은 위험해 보이기까지 했다. 그처럼 중·고등학교 시절에는 친구 관계가 럭비 하는 운동선수들처럼 될 때가 많다. 사랑과 우정이라는 럭비공을 가지고 끊임없이 자신의 자리매김을 위한 쟁탈전이 벌어진다.

사람의 감정이라는 것은 참으로 변덕스럽다. 아무 일도 없이 고요할 때가 좋다가도 때론 그렇게 얽히고설키고 싶기도 하다. 럭비는 나이가 든 노년의 할아버지들은 볼 수 없다. 건장한 청·장년들만의 특권인 운동이다. 반드시 몸이 튼튼하고 건강해야 한다. 설사 그것이 단지 겉보기만이라도 말이다.

학기 초 아이들은 친구 맺기에 바쁘다. 건강하고 에너지 넘치는 아이들은 본능적으로 인간은 혼자서는 살 수 없음을 깨닫고 서로 마음에 맞는 친구 찾기에 사력을 다한다. 그렇게 아이들의 치열한 관계 맺기 속에서 교실은 로맨스 영화에서 코믹 영화로 장르가 바뀌기도 한다.

자신은 항상 친구들에 둘러싸여 있다고 자만하는 아이도 있다. 하지만 조용히 혼자일 때 왜 나는 나만의 진정한 친구가 없을까 하고 생각할 수 있다. 친구 문제가 생기면 아이들은 거의 초주검이 된 모습으로 세상에서 가장 어려운 일을 직면한 듯 행동한다. 이미 닳고 닳은 어른인 나는 그 순수한 바람과 욕망을 깊이 이해한다. 친구가 자신의 마음을 이해해 주지 않는다고 마음을 몰라준다고 눈물 짓는 것을…. 하지만 그 순수함은 뜨거운 태양 아래에서도 선생님들만 가득 앉아 있는 교무실에서도 성형 안 한 미인처럼 빛났다.

학기 초 유난히 똘똘하고 귀여운 여학생이 한 명 있었다. 공부에 관심이 없었으나 춤추기 노래하기에 재능이 많았고 용모가 단정하여 주변에 친구가 많은 아이 중 하나였다. 외모에 관심이 많아서 화장을 하고 교복에 멋을 냈는데도 세련되고 예뻤다. 쉬는 시간에 늘 친구들에 둘러싸여 있었던 혜인이는 누구보다 학교생활에 자신이 있어 보였다. 담임인 내가 보기에 시간이 좀 더 지나면서, 혜인이의 자신감이 자만심으로 변하고 있다는 느낌이 들었다. 안타깝게도 나의 예감은 빗나가지 않았다.

혜인이가 속해 있던 다섯 명의 친구들은 어느 순간 돌변했다. 혜인이를 따돌리기 시작한 것이다. 하지만 그건 혜인이의 생각이고 다른 아이들 얘기는 달랐다. 혜인이가 친구들 간의 예의가 없고 자기주장만 강한 아이라는 등 문제가 있는 듯이 얘기했다. 그리고 아이들은 나를 의식해서인지 직설적인 흉은 피했다. 학교마다 학교 폭력, 언어 폭력 등 많은 문제들이 회자되니 아이들도 본능적으로 스스로를 보호하면서 말을 아낀다. 대놓고 혜인이에 대한 불만을 얘기하지 않았지만, 종합적으로 볼 때 혜인이는 다른 친구들의 마음에서 멀어지고 있었다. 작은 체구의 하얀 얼굴에는 어느 순간 어두운 그림자가 들이닥쳤고 안쓰러워 볼 수 없을 지경이었다. 눈빛은 불안으로 가득했으며 자신의 아픔을 감지한 담임인 나에게 의지하기 시작했다.

혜인이의 어머니와 상담 후 '혜인이가 혹시 애정 결핍증이 있는 것이 아닐까?' 하는 생각이 들었다. 위로 언니가 둘 있고 밑으로 남동생이 있어서 자라면서 늘 사랑을 갈구했던 아이였다.

언니들은 재능도 있고 하나같이 예뻤으며 언니들과 터울이 있는 채로 혜인이가 셋째 딸이었다. 그리고 혜인이 바로 밑으로 남동생이 있는 사남매의 세 번째 딸인 것이다. 그래서 어렸을 때부터 어머니를 비롯한 가족들에게 집착하고 자신에게 사랑을 강요하는 형태의 행동 패턴을 많이 보인 것 같다. 그런 혜인이 때문에 어머니도 많이 지쳐 있었고 이번 친구 일로 담임교사인 나의 애로점에 대해 깊이 공감해주었다. 다행인 것은 혜인이도 그런 자신의 성격을 어느 정도 인정하고 있었고 친구 관계에서 생긴 문제를 적극적으로 해결하기 위해 노력할 의지가 있었던 점이다.

혜인이는 교실에서의 자신의 상황을 나에게 알려주었으며 따돌림의 주범이 다른 반에 있으므로 교실에 그 아이가 오지 못하도록 해달라고 부탁했다. 혜인이가 얘기하기 전에 이미 나도 아이들 사이의 기류를 눈치채고 있었기 때문에 혜인이와 친했던 아이들을 불러서 다른 반 친구가 우리 반 교실에 들어오는 것을 자제해 달라고 했다.

아이들은 나와의 약속을 지켜주려 했으나 매번 잘 되진 않았다. 담임이 개입하면서 내심 상황이 바뀔 거라 기대했던 혜인이의 실망은 다시 커졌다. 어느 날, 교무실 내 옆자리에 와서 앉아 있었다. 나는 최대한 아무렇지도 않은 척했다. 혜인이가 겪고 있는 일은 누구나 경험할 수 있는 일 중 한 가지에 불과하며, 그 일 역시 지나가는 일이라고 얘기해 주기도 했다. 혜인이는 다행히 힘들 때마다 내 옆자리에 앉아서 이런저런 이야기를 털어놓았다. 자신의 감정 상태를 알려주었으며 그녀에게는 너무도 무거운 짐을 내려놓고자 노력했다.

2학기로 넘어가서, 다행히도 혜인이는 자신과 맞지 않은 친구들에게서 벗어나 또 다른 그룹의 친구들과 잘 지내고 있다. 여느 때와 같이 예쁜 표정이었고 불안한 모습은 사라졌다. 하지만 지난번 경험으로 좀 더 조심스럽게 친구들을 대하는 모습을 보였고 더 단단해졌다.

누군가의 소울메이트가 되려면

이처럼 잘 지내던 아이들도 갑자기 친구들 사이에서 문제가 생기는 경우가 많다. 한 아이가 특정한 친구와만 친하게 지내려 할 때 문제가 생기기도 하며, 여러 명 중 유난히 나랑 더 잘 맞는다 생각하는 친구를 독점하려 하는 마음이 들 때도 문제가 될 수 있다. 내가 원하는 친구가 나와 마음이 잘 통하는 소울메이트가 될 수도 있지만 사실 그렇게 되기는 하늘의 별 따기 만큼이나 어렵다.

이렇게 친구로 인한 학생들의 고민과 번뇌는 유독 혜인이의 경우만 해당하는 것이 아니다. 어떻게 보면 학창시절의 특권같이 누릴 수 있는 갈등이며 자라면서 겪어야 하는 성장통 같은 것이기도 하다. 그리고 아이들에 따라서는 학교에서 일어나는 많은 일 중에 가장 중요한 일이 친구 만들기라 해도 지나치지 않을 것이다.

왜 우리들은 소울메이트를 갈망하는 걸까? 그냥 덤덤하게 모든 사람을 똑같이 대하고 대우받으며 살면 안 될까? 우리는 끊임없이 자신과 같이 할 사람을 찾는다. 나의 가치를 알아주고 내가 힘이 들 때 위로를 해주고 나를 살릴 수 있는 사람을 찾고 싶어 한다.

그 이유 중의 하나는 내 생각, 나의 취향, 그리고 말할 수 없는 내 머릿속, 마음속을 들켜버렸는데도 기분이 좋고 통하는 마음이 들면 그때 세상을 다 얻은 것 같은 마음이 드는 것이다. 그리고 그 사람을 가까이에 두고 싶고 어떤 일이 있어도 포기하고 싶지 않다는 생각이 드는 것이다.

이렇게 친구가 절실하다면, 생각을 한번 바꿔보자고 제안하고 싶다. '어떻게 하면 내가 다른 사람에게 소울메이트가 될 수 있을까?' 하고 말이다. 내가 그 누구에겐가 소울메이트가 될 준비가 되어 있는가, 아니면 그럴만한 자격이라도 있는가를 돌아볼 필요가 있다.

내가 아픈 부분을 이해하고 다 받아줄 수 있고 언제나 나를 지지해줄 수 있는 친구가 필요하다면 '나는 어떻게 친구를 지지해줄까?' 먼저 생각해보자. 그렇게 생각을 전환하면 나도 누군가에게 소울메이트가 될 수 있는 좋은 방법이 하나 더 생기는 것이다.

　우리의 인생은 마치 여행처럼 어딘가를 향해 가는 것이기도 하지만 다시 돌아올 수 없는 소중한 시간이다. 이런 긴 시간을 같이 갈 수 있는 친구가 필요하다는 것에 공감한다면 지금 바로 생각을 바꿔보자. 마냥 앉아서 운명적인 만남을 기다릴 수도 있다. 그리고 내가 먼저 손을 내밀 수도 있다.

5

내가 바로
교육의 전문가

아이들과 함께 할 수 있다는 것

교사가 무척 매력적인 직업이라고 생각한 것은 그리 오래되지 않았다. 심지어 고등학교 시절에는 절대 되고 싶지 않은 직업이 교사이기도 했다. 영어 선생님, 수학 선생님들을 비롯한 모든 선생님들은 같은 내용을 가지고 시간과 요일만 바꿔 다른 반에서 수업할 것 같았기 때문이다. 차라리 녹음기를 틀면 될 것을 선생님들은 너무 지겹겠다고 말한 적도 있다. 참 말도 안 되는 생각을 했었던 적이 있었다.

그랬던 나는 대학교에 입학하여 친구를 따라 과 사무실에 가서 교직 이수를 하면 교사자격증이 나온다는 정보를 얻게 된다. 그리고 3, 4학년 때 교육학 관련 학점을 얻기 위해 부지런히 사범대학으로 수업을 받으러 갔었다. 그때 낯선 교육 이론들을 접했다. 그리고 교생실습을 나가게 되었다. 교사자격증이 있었고 교생실습을 했지만 난 교사에 대한 확신이 없었다. 그래서 대학원에 진학하여 내 작업에 몰입했고 작품을 만들어냈다. 나의 분신과도 같은 작품에 빠져 있었다. 하지만 졸업 후 작가의 길이 불확실했기 때문에 안정적이라는 교사에 대해 다시 생각하게 되었다. 대학원 수료 후 우연히 집 주변 학교에 기간제 교사 자리가 있는 것을 알게 되었다. 출산을 위해 휴직을 낸 선생님을 대신해서 중학교 2학년 미술 수업을 하게 되었다. 아이들은 젊고 담임이 아닌 미술 선생님에게 이유 없는 사랑을 보내줬다. 교사가 되기로 결정한 것은 바로 그때였다. 아이들과 함께할 수 있을 것 같아서 선택을 했다.

수업 시간에 미술 과목에 흥미를 보이는 아이들, 괜히 복도를 지나가도 아는 척을 해주고 마냥 나를 신기해하는 아이들이 너무 고마웠다. 그래서 난 그렇게 되기 힘들다는 교사가 되기 위해 학원을 다니고 문제를 풀고 논술 시험을 준비했다. 시험 준비를 하다 보니 교사가 되고 싶은 마음이 간절해졌다. 두 해 정도 공부하고 난 미술 교사가 되었다. 하지만 교직은 그간 창의적인 작품을 위해 열정을 쏟았던 나와는 썩 잘 맞지 않았다. 콘셉트를 잡아 작품을 제작하고 공모전에 입상해 스펙을 쌓던 일은 과거가 되어버렸다. 아침 일찍 출근해 수업을 하고 업무를 보는 일상을 되풀이했다.

학생 상담, 학부모 상담 등 배우지 않은 낯선 일들을 그때그때 눈치껏 처리해야 했다. 무엇보다 부담스러운 것은 연구수업을 해야 한다는 것이었다. 신임교사는 다른 교사들과 교감, 교장이 참관하는 수업을 해야 했다. 항상 작품을 열심히 만들어낸 것처럼 나는 수업도 욕심껏 준비했다. 그러나 내 수업을 참관한 동료 교사 중 한 명은 내게 가르치는 것이 아니고 브리핑하는 것 같다고 평가했다. 아마도 학생들과 소통이 덜 되었던 탓이리라. 뒤에서 참관하는 선생님들을 더 의식한 탓이리라. 나는 아직 초보 교사고 좀 더 시간이 지나면 더 좋은 수업을 할 수 있을 거라며 나를 위안했다.

몇 년 후 다시 나의 연구수업 차례가 되었다. 많은 선생님들이 참관하는 가운데 수업을 했다. 열심히 준비했으나 이때도 역시 나는 내가 듣고 싶은 평가를 받지 못했다. 그러고 나서 몇 년 뒤 나는 다른 고등학교로 전근을 갔다. 학교를 옮기게 되면 의례적으로 연구수업을 하게 된다. 당시 연구수업을 담당하던 선생님은 나의 수업 내용이 좋다며 수업 대회에 도전하라고 했다. 정말 내가 수업 대회에 나갈 정도로 잘하나? 사실 자신은 없었다. 하지만 또 다른 경험이다 생각하고 참가했다. 같은 학교에서 함께 참가한 선생님은 3위를 했다.

그러나 나는 예선 탈락이었다. 교사로서 수업을 인정받지 못한다는 건 참 안타까운 일이다. 나는 아픈 기억을 빨리 지우는 연습을 많이 하고 살고 있다. 어느 새인가 난 누구에게도 수업 대회에 참가했다 떨어졌다고 말하지 않게 되었다. 기억에서 지워버렸기 때문이다.

나는 중학교로 자리를 옮기게 되었다. 요즘은 학교 현장에 동료 장학이 활성화되어 있다. 같은 과목 선생님들끼리 수업을 참관하고 서로 조언해주는 시스템이다. 물론 교감 선생님도 수업을 참관하신다. 내 수업에 다른 선생님들이 들어오는 것은 이래저래 불편한 일이다. 그래서 난 되도록 교감 선생님이 바쁘신 2학기로 동료 장학을 신청했다. 내심 들어오지 않으셨으면 하는 바람이 있었다.

그런데 마침, 교감 선생님이 승진을 하셔서 다른 학교 교장으로 가시게 되었다. 내 바람이 이루어져 흐뭇했던 것도 잠시, 새로 오시는 교감 선생님은 모든 교사들의 동료 장학을 참관한다는 말이 들려왔다. 심지어 45분간 진행되는 수업 내내 참관을 하신단다. 나는 1학기에 미리 동료 장학 수업을 하지 않은 나 자신을 탓했다.

지금은 최고가 아니더라도

동료 장학 수업의 날이 다가왔다. 평소에 수업하던 PPT에 몇 가지 자료를 더 첨부했다. 생동감 있는 수업을 하기로 마음먹은 때문이다. 적극적으로 수업에 참여하는 학생들을 위한 간단한 선물(?)도 챙겼다. 누가 내 수업을 보고 있다고 생각하지 않고 학생들에게 집중하고 호흡을 맞추는 데 초점을 두었다. 다행히 수업은 성공적이었다. 학생들은 매우 적극적으로 질문하며 수업에 참여했다. 신기하리만큼 그해 담임을 맡은 학생들은 다른 사람을 의식하지 않았다. 그런 점은 내가 그들에게서 배우고 싶은 점이기도 하다.

나의 수업을 참관하신 교감 선생님은 수업이 매우 인상적이었다고 나를 격려해주셨다. 학생이 중심이 된 수업이었다고 평가하시는 듯했다. 동료 미술 선생님도 학생들이 수업을 매우 즐거워하고 있다고 그날 내 수업을 본 소감을 참관 록에 써주었다. 이처럼 어느 날은 수업에서 보람을 찾는다. 학생들과 소통이 잘된다고 느끼면 내가 뭔가를 가르치고 있다는 느낌이 든다. 교육의 전문가 같다는 생각이 들기도 한다. 하지만 학교 현장의 선생님들은 여전히 힘들다.

나는 23년째 학교에서 근무하고 있다. 매년 다른 학생들을 만나고 다양한 경험을 한다. 한 번도 경험하지 못한 일을 겪어내야 하는 경우도 많다. 어느 특성화 고등학교에서 담임을 할 때다. 특별한 이유 없이 학교에 다니기 싫다는 학생을 붙들고 며칠간 상담을 한 적이 있다. 이미 학교에서 마음이 떠난 학생을 향한 나의 조언은 메아리 없는 '야호' 같았다. 나는 그 학생을 학교에 붙들어둘 시간을 벌기 위해 어쩔 수 없이 '학업 숙려제'를 권했다.

아마 교사라면 누구라도 학교에 다니기 싫다는 학생을 상담한 적이 있을 것이다. 상담을 해도 학생이 변화되지 않을 것 같은 벽을 경험하기도 한다. 교육 현장에서 교사들은 이제까지 경험하지 못했던 어려운 일에 직면하기도 한다. 교실에서, 교실 밖에서 그리고 학교 밖에서…. 마치 에볼라, 사스, 신종플루, 메르스, 코로나처럼.

세상이 변하고 스마트폰이란 게 생겨났다. 다양한 SNS를 통해 학생들은 그들끼리 소통한다. 교사는 그들의 세계에 깊이 들어갈 수도 없다. 들어가서도 안 되는 분위기다. 그냥 밖에서 서성이다가 문제가 생기면 수습해야 하는 경우도 많다. 학생들이 어떻게 진화하는지 직접 보면서도 낯설다. 스포츠계에서는 히딩크와 박항서 같은 지도자들의 리더십이 회자되고 있다. 그들은 현역시절에는 최고의 선수가 아니었다. 하지만 감독으로 변신해 기적과도 같은 일들을 이뤄냈다. 나 자신을 그들에게 비견해볼 수 있을까? 돌아보니 나는 교사로서 최고의 수업을 하지 못했다. 또한 학생들에게 진로를 속 시원히 제시해줄 수도 없었다. 그들의 삶의 멘토가 되고 싶다는 건 나의 착각이었다. 오히려 내가 점점 소진되어 간다는 느낌만 가득하다.

하지만 끊임없이 나를 담금질하며 가기로 했다. 나의 수업은 아이들과 함께할 때 살아 있는 수업이 되고 나의 고민도 그들과 공존하고 싶어 하는 고민인 것이다. 교사라는 직업을 선택한다는 것은 해를 거듭할수록 더 편해지고 익숙해지는 것이 아니라 어려움이 커지고 고민도 깊어지는 것을 알았다. 아이들과 함께 하는 것은 내가 어떻게 살 것인가를 더 생각하게 한다. 23년이라는 긴 세월 동안의 나의 교육에 대한 수많은 생각들은 우리 학생들의 인성과 미래에 대한 바탕으로 가져갈 수 있게 하고 싶다. 항상 긍정적인 고민을 학생들과 함께 하고 싶다.

6

교직의 꽃은
담임이다

카톡방 출석 체크

교사는 아이들과 함께 하는 직업이다. 하지만 지난해부터 기승을 부리던 '코로나19'로 학교는 조용하다. 사회적 거리 두기가 좀 더 강조되었던 4월 초부터 선생님들은 본격적으로 학교에 출근했다. 온라인 클래스 준비도 해야 하고 과고와 영재 학교에 지원하는 학생들 추천서도 준비해야 한다. 아이들이 학교에는 없지만 교사들의 업무는 진행된다. 이번 주부터는 학생 생활기록부를 출력해서 점검해야 한다. 학교에 있으면 시간이 금방 지나간다.

온라인 클래스가 오픈되기 전부터 우리 반 아이들의 출결은 카톡방에서 시작되었다. 아이들도 나도 한 번도 경험하지 못한 천재지변(?)으로 우리는 카톡방에서 처음 만났다. 학기 중에는 아이들에게 중요한 전달사항이 있을 때만 조심스럽게 기웃거리던 카톡방이었다. 그런데 신기하게 이번에 우리는 카톡방에서 매일 만나서인지 그 공간이 익숙하다.

3월 2일 월요일에 나는 아이들을 카톡방으로 등교시켰다. '2020학년도 미래중 2-4반 여러분 안녕하세요. 저는 여러분과 1년간 함께할 2-4반 담임 임정호입니다.'라고 시작해서 내 소개를 했다. 바로 아이들의 인사가 이어졌다. 앞으로 이 공간에서 출석 체크를 할 테니 한 명도 빠짐없이 출석을 해달라고 했다. 다음날 어김없이 출석 체크가 시작되었고 카톡창에 한 명씩 차례대로 줄을 서서 이름을 남겼다. 서영은, 남경원, 김수종, 조한별, 이재원……. 35명의 이름이 다 올라왔다. 우리 반 아이들 잘 있구나 하는 생각에 원인을 알 수 없는 눈물이 나올 뻔했다. 그냥 그 순간이 감사하다는 생각이 들어서였다.

새 학기 교과서 배부는 아이들이 등교하지 않아 드라이브 스루로 진행되었다. 1학년 3학년에 이어 2학년이 순서가 제일 뒤에 나눠주었다. 교과서를 배부하기 하루 전날 2학년 담임선생님들은 1층 과학실에 모여 나눠줄 교과서를 8권씩 한 묶음으로 만드는 작업을 했다.

먼저, 산더미처럼 쌓여있는 책을 분류했다. 모은 교과서를 커다란 책상 위로 나르고 끈을 잘라 묶어야 한다. 효율적으로 진행하기 위해 10명의 선생님은 역할을 나눴다. 나는 끈을 잘랐다. 처음에는 잘 잘랐는데 점점 짧아져서 선생님들이 한 번 뭐라 했고 나중에는 좀 길어져서 또 원성을 들었다. 뭐든 적당히 한다는 것은 쉽지 않았다.

다음날 2학년 교과서 배부는 아침 10시부터 30분 간격으로 한 반씩 진행되었다. 우리 반 학생들은 12시 30분까지 학교로 와야 했다. 어머니들이 차를 가지고 직접 오기도 했고 집이 가까운 아이들은 마스크를 쓰고 친구들과 걸어왔다. 아이들과 나는 운동장에서 교과서를 나눠주며 처음 만났다. 나는 우리 반 아이들 이름을 물었다. 내가 담임이라고 얘기하고 교과서를 나눠줬다. 그냥 걸어오다가도 담임이라고 하자 바로 인사를 했다.

담임교사는 항상 아이들과 함께한다

지난해에는 3월 첫째 주 3일 만에 반 아이들 35명 이름을 다 외웠다. 그래서 나를 영재라고 추켜세워주던 아이들은 이제 중3이 되었고 나는 다시 중2 담임이다. 그 아이들과 함께 했던 지난해 나는 8시 30분 전에 학교에 도착했다. 교무실에서 20분간 숨을 돌리고 8시 50분 전에 교실에 들어갔다. 막 등교한 아이들과 인사하고 그날을 준비하도록 도와야 한다. 그때는 되도록이면 아이들과 눈을 맞추려고 노력했다.

방과 후에도 학원 수업과 학교 과제 등으로 늦게까지 잠자리에 들지 못했을 아이들이 안쓰러워 자연스럽게 그들의 기분을 살피게 된다. 그래도 씩씩하게 늦지 않고 등교한 아이들이 대단하다는 생각이 들었다. 하지만 매번 그런 내 마음을 밝히지 않는다. 또 녀석들이 언제 돌발 행동을 하여 나를 당황하게 할지 모르기 때문에 의식적으로 아끼게 되는 부분이다. '얘들은 중학교 2학년이다.', '외계인이다.'를 마음속에 수시로 새긴다.

지금 내가 근무하는 학교는 교육의 1번지이다. 온라인 클래스가 오픈되니 전원 수강이 100% 이뤄지고 수업 중에는 학교 주변에 돌아다니는 학생이 거의 없을 정도로 아이들의 학습 태도가 훌륭하다. 지난 학기 말에 미리 계획했던 평가 계획과 수업 진도 계획은 온라인 수업에 맞춰 다시 수정했다. 그리고 바로 온라인 수업 준비를 했다. EBS와 연동이 가능한 과목은 오리엔테이션 부분만 선생님들이 제작하면 되지만 예체능 과목은 그렇지 못하다. 매번 동영상을 준비해야 한다.

작게라도 내 얼굴이 들어가게 해서 수업 관련 PPT로 영상을 만들려고 했으나, 중2 아이들의 특성상 어떤 기이한 행동을 할지 모르기 때문에 그냥 목소리만 녹음하라는 충고가 있었다. 먼저 색채 수업과 관련하여 PPT를 제작하고 목소리를 녹음했다. 그리고 MP4파일로 변환하여 올리면 된다. 하지만 처음에는 뭐든 쉽지 않다. 영상 파일이 EBS 온라인 클래스로 잘 올라가지 않아서 유튜브로 올렸다가 링크 주소를 걸어주기도 했다.

온라인 수업이 끝나고 우리 반 아이들에게 피드백을 받았다. '영상이 짧긴 하지만 배울만한 내용이 다 들어가 있어요. 그리고 그날 배운 내용에 관한 문제를 더 좀 올려주세요.', '영상의 길이가 적당하고 문제수도 적당해서 지루하지 않게 배울 수 있다.' 등 도움이 되는 의견들을 받았다. 진지하게 생각하고 카톡방에 올려준 친구를 뽑아서 이모티콘을 선물했다. 아이들의 피드백은 나에게 용기를 주었고 나는 그것들을 다음 수업에 반영하려 노력했다.

여동생이 나와 가까이에 살고 있다. 나는 아이들이 벌써 다 컸다. 그러나 여동생은 이제 중학교 1학년과 초등학교 2학년 아이들이 있다. 온라인 수업이 시작되고 며칠 되지 않아 조카들을 만나게 되었다. 방에서 공부를 하고 있던 큰 조카가 나와서 묻는다. 이모도 온라인 수업 하냐고 말이다. 나는 내가 직접 녹음해서 수업한다고 하며 '미래중학교 여러분 안녕하세요? 오늘은 색으로 가득한 세상 두 번째 시간입니다.'라고 수업 동영상 앞부분의 인사말을 들려주었다.

내 말이 끝나기도 전에 조카 린이는 웃음을 터트리며 다른 쪽으로 튕겨 나가듯이 움직였다. 너무 재밌다며 배꼽을 잡는다. 그리고 조카는 자신이 다니는 중학교의 정보 선생님의 목소리를 흉내 냈다. 조금 나이가 있으신 약간의 사투리를 쓰는 남자 선생님 같았다. 우리 학교 학생들도 내 목소리를 흉내 낼 수도 있겠다는 생각에 또 웃음이 나왔다. 좀 연습을 더 해야겠다는 생각을 하게 된다.

시간표대로 수업을 들으면 되는데 동시 수강을 하는 학생들도 있었다. PC로는 수학을 듣고, 태블릿이나 휴대폰으로 도덕 수업을 열어놓는 일들 말이다. 아침에 학교 메신저로 부정 수강 학생 명단이 담임에게 전달된다. 다른 반은 없는데 우리 반은 세 명이나 된다는 말을 들으면 갑자기 머리가 뜨거워진다. 그럴 수 있다 생각하고 아이들하고 전화를 하거나 통화가 잘 되지 않을 때는 어머니와 통화한다.

전화를 거는 쪽도 미안하고 받는 쪽도 미안한 일이지만 그런 일들은 담임교사가 해야 하는 일이 맞다. 예전에는 등록금을 내지 않는 아이들, 급식비를 내지 않는 아이들의 어머니와 직접 통화를 했던 적도 있다. 그런 일도 담임이 했다. 이중 수강에 대한 전화는 아주 쉬운 일이다. 아이들도 어머니들도 당황해서 죄송하다 한다. 사실 이런 것들은 크게 미안해할 일은 아니다. 하지만 잘 지도하겠다고 하는 어머니들이 고맙다.

어느덧 온라인 수업이 시작한 지도 한 달이 다 되어간다. 사회적 거리두기도 성공적이어서 개학이 곧 다가오고 있다. 곧 아이들을 만나게 될 생각을 하니 마음이 분주해진다. 교실 청소와 시간표, 생일인 친구를 알리는 내용도 프린트해서 붙여뒀다.

아이들이 등교하지 않은 세 달 동안 학교는 많이 바뀌었다. 교실에는 공기 청정기가 들여졌다. 손 소독제와 마스크 일회용 장갑 등을 교실에 많이 비치해두었다. 아이들은 오자마자 수행평가를 해내느라 바쁠 것이다. 학급 회장 창권이와 부회장 은우를 통해 전 과목 수행평가 일정을 다 전달했다. 새로 바뀐 시간표와 온라인 시간표도 함께 공지했다.

이제 다음 주 월요일이면 드디어 우리 반 아이들을 만날 수 있다. 그들의 일정을 꼼꼼하게 점검해서 알려주고 평가에 차질이 없도록 도와주어야겠다. 미래가 불확실한 시대를 살아가는 아이들에게 현재에 충실한 가운데 미래를 준비할 수 있도록 하는 그런 담임선생님이 되어야겠다고 다짐하면서 아이들을 기다린다.

우리 반 왕따
친구와의 데이트

나와 맞는 친구가 아무도 없다

누구나 아장아장 걷던 시절이 있다. 그리고 어렸을 때 고사리 손으로 신발 끈을 더디게 묶던 추억이 있을 것이다. 막 걷기 시작하던 어린아이는 어느덧 뛰기까지 한다. 그리고 꼬물꼬물 신발 끈을 묶는 데 시간이 걸리던 아이는 자연스럽게 리본을 돌려 묶어 모양을 낸다. 이처럼 나이가 좀 더 들면 조금씩 모든 것이 자연스러워지기 마련이다. 어렸을 때 잘 되지 않는 일도 언제 그랬냐는 듯 일정한 나이게 되면 저절로 된다 느껴지기도 한다.

초등학교 고학년 때부터 중 · 고등학교 시절에 꼭 준비되어야 할 것이 있다. 같이 손을 잡고 이야기할 친구, 그리고 새로 산 신발을 알아봐줄 친구, 내가 학급 회장이 된다 할 때 질투해줄 친구, 이빨에 낀 고춧가루를 알아차리게 도와주는 친구 등이 필요하다. 누구나 중학교 2학년 정도 되면 기본적으로 저 정도 친구는 다 가지고 있다. 더 많은 종류의 친구도 많다. 한 친구가 여러 가지를 다 해주기도 하고 하나도 겹치지 않게 각각 다른 친구들이 해줄 수도 있다.

하지만 어떤 친구들은 유독 다른 아이들과의 관계를 어려워했다. 키도 크고 수학 시간에 발표도 잘하고 미술 시간에도 준비물도 잘해오고 무엇보다 조·종례 시간에 눈빛이 살아 있어 항상 나를 응시했던 서원이가 그랬다. 얼굴 안색도 곱고 안경 너머로 보이는 눈빛도 꽤 지적인 느낌이라 서원이가 친구 문제로 어려움을 겪고 있다는 것을 전혀 눈치채지 못했다. 순수하고 성실한 아이였다.

활발한 우리 반 아이들은 체육대회에서 아래 위 반짝이 단체복을 맞추고 담임인 나도 입었으면 하는 눈치다. 나는 기꺼이 입어줬다. 뜨거운 체육대회 태양 아래에 우리 반 티셔츠만 햇볕을 반사하며 같이 번쩍인다는 느낌이 들 정도로 말이다. 마치 태양을 반사하여 이기고 말겠다는 듯이 반짝이는 티셔츠였다.

체육대회를 진행하는 사회자의 멘트에 맞춰 아이들은 정해진 종목에 나갔다. 경기에 참가하고 바로 우리 반 자리로 돌아오고 척척 잘도 한다. 교실에서는 눈치 보며 가볍게 화장하던 여학생들이 아예 파우치까지 가지고 나왔다. 둘 셋씩 모여 앉아 서로 눈썹도 그려주고 아이라인도 수정해주며 볼 터치 화장 도구도 빌려준다.

　　뜨거운 운동장에서 자신들이 맡은 종목이 끝나면 다시 스탠드 자리로 돌아와 준비해 온 간식도 챙겨 먹는다. 젤리도 가져오고 막대사탕도 나눠 먹는다. 친구들과 모여 하나씩 나눠주며 먹는 젤리와 사탕 맛은 별미이기도 하다. 아이들과 사진도 찍고 운동장으로 나가는 친구들 응원도 하고 다른 반으로 가 있는 친구도 불러 자리를 찾아주느라 오전에는 정신이 없었다. 그 와중에도 나는 누가 누구랑 친하고 또 유독 더 친한지를 알게 되었다. 교실에 있을 때는 크게 상관이 없을 수도 있지만 이렇게 행사가 있거나 체험학습 등이 있을 때 친구 관계가 티가 날 수밖에 없다.

운동장 스탠드에 나란히 앉아서 체육대회를 관람하며

　　젤리 사탕을 나눠 먹거나 화장을 고쳐주거나 하는 일을 하는 여학생들 사이에 눈에 띄게 소외되는 학생이 있었다. 내가 약 3개월간 모범생이라고 생각하고 있었던 서원이었다. 심지어 서원이는 잠깐도 일어나 움직이지 않았으며 오전에 앉아 있던 그 자리를 끝까지 지켰다. 다른 반 친구들이 우리 반 쪽 구역 쪽으로 다가와 장난치고 이야기하는 경우도 있었지만 서원이 친구는 단 한 명도 없었다.

나는 젤리와 사탕을 챙겨서 서원이와 나눠 먹으며 자연스럽게 이야기를 나누게 되었다. 나란히 스탠드에 앉아 운동장을 바라보니 마치 체육대회 관람을 하러 온 모녀 같기도 했다. 서원이는 학기 초에 친구 만들기에 실패(?)했다고 인정했다. 벌써 세 명이 단짝이 된 여학생들도 있었고 네 명이 그룹이 되어 늘 같이하는 여학생들도 있었다. 서원이는 자신만큼 키가 크고 비슷한 유진이와 친구가 되고 싶어 했다. 그러나 1학년 때 유진이와 같은 반이었던 민지가 먼저 친구가 되어버렸다.

서원이는 그들이 친구가 되는 것을 그냥 지켜본 것이다. 마치 오락시간 짝짓기 게임에서 음악에 맞춰 돌다가 '셋'하고 사회자가 외치면 옆 사람과 짝을 맞춰 끌어안아야 하는데 눈치가 없거나 한발 늦으면 바로 탈락하게 되는 것처럼 말이다. 그래서 결국 지금 서원이는 우리 반에 친구가 없다. 일학년 때도 친구를 사귀지 못해 우리 학교에 단 한 명도 친한 친구가 없다. 언뜻 들으면 굉장히 심각하고 큰일 난 상황이지만 서원이의 얼굴 표정과 눈빛으로 봐서는 그리 힘들어 보이지 않았다. 희망적인 것은 지각 한 번 없이 학교에 잘 다니고 수업 시간에 발표도 잘한다는 것이다. 서원이는 앞으로도 학교생활을 잘 해나갈 것이고 현재 친구 관계에 대해서는 심각하지 않게 반응하도록 내가 도와주어야겠다고 생각했다.

우리 둘은 이런저런 이야기를 나누며 중학생이어도 마음에 맞는 친구가 없을 수 있다는 것에 의견을 모았다. 사실, 친구가 많다고 다 좋은 것도 아니다. 하지만 한 명이라도 있으면 되는데 곧 나타나게 될 테니 언제가 될지 모를 그 날을 위해 좋은 친구가 될 준비를 하는 쪽으로 매듭을 지었다. 그리고 서원이에게 어떤 친구가 맘에 드느냐고 물었다.

서원이는 의외로 담담했다. 자신의 상황을 잘 알고 있었고 조급한 마음을 표현하지도 않았다. 그리고 좋은 친구가 나타날 때까지 기다리겠다고 말했다. 서원이가 찾고 있는 친구는 대화가 잘 되고 느낌이 잘 통하는 친구이며 자신처럼 키가 큰 친구가 좋다고 했다.

그날 이후로 줄곧 서원이를 지켜보게 되었다. 교실에서는 늘 혼자 있었고 영어실, 과학실로 이동 수업할 때도 혼자 다녔다. 하지만 나를 만나면 지난번보다 훨씬 인사도 잘하고 표정도 밝아 보였다. 체육대회 그날 이후로 나는 서원이를 응원하고 있었다. 그리고 서원이도 자신을 걱정하고 말없이 지원하는 담임의 마음을 알아주었다.

1학기 말쯤 여학생들의 친구 세계에 한바탕 대 변화가 있었다. 세 명이 함께 다녔던 다혜 팀 중 한 명인 윤경이가 다른 반 친구들과 문제가 생겨 결국 그 세 명도 함께 다니지 않게 되었고 다섯 명이 몰려다니던 걸그룹 팀의 한 명이 나머지 네 명에게 왕따가 되는 일이 발생했다. 그리고 사이 좋았던 네 명의 여학생 팀과 서윤이가 친할 뻔했던 유진이가 속해 있는 두 명은 큰 변화 없이 조용했다.

2학기가 되어, 다섯 명의 걸그룹에서 네 명에게 왕따를 당했던 한 명은 다른 네 명의 여학생 팀에 들어가게 되었고 유진이의 친구 민지는 미국에서 공부를 위해 학교를 그만 두게 되었다. 그 속에서 서원이는 바람을 맞지도 태풍의 중심에 서지도 않고 고요한 학교생활을 이어나가고 있었다. 어른인 내 입장에서 어떤 상황에서도 동요하지 않고 고요한 서원이의 태도는 좀 이해하기 어려웠으나 1학기 기말고사가 끝난 후, 서원이 어머니가 담임교사를 만나겠다고 상담 신청을 하게 되면서 많은 궁금증이 풀리게 되었다.

서원이 어머니는 약속된 시간보다 5분 정도 일찍 학교 교무실에 도착했다. 인사를 하고 보니 서원이와 엄마는 자매 같았다. 키도 비슷했고 차분하게 풍기는 이미지가 닮아 있었다. 서로 조심스럽게 인사를 하고 서원이 어머니와의 만남이 시작되었다. 모든 어머니들의 공통점 중에 하나가 자녀의 담임교사를 만나면, 학교 성적에 대해서 먼저 말문을 연다는 것이다. 하지만 서원이 어머니는 딸의 친구 고민에 대해서 더 많이 궁금해했다. 그리고 다른 어머니보다 더 자세하게 서원이의 학교생활에 대해서 알고 있다는 느낌을 받았다. 서원이의 친구 고민은 물론, 세세한 학교생활에 대해서도 잘 알고 있었다. 그것은 서원이가 어머니와 대화가 충분하다는 것이고 그렇기 때문에 친구가 없어도 나름 잘 지내고 있구나라는 확신이 드는 부분이었다. 그렇긴 하지만 서원이의 어머니 역시 딸이 걱정되는 마음을 표현했다. 서원이 어머니는 친구가 없는 딸에 대해 지나친 걱정은 하지 않았다. 그녀 역시 마음이 안정되어 있다고 느껴졌으며 마치 언니처럼 딸을 이해해주고 있었다. 서원이 어머니도 학창시절 친구 사귀기가 힘들었다고 고백까지 했다. 지금, 자신은 어른이 되어 친한 친구가 없어도 괜찮지만 서원이에 대한 걱정을 할 수밖에 없는 상황이었다.

내가 알게 된 두 모녀는 서로 친구처럼 의지하고 지내는 사이였다. 엄마와 딸의 사이가 친구 이상이므로 서원이는 친구가 없다고 해도 크게 문제가 되지 않을 수도 있겠다는 생각도 들 정도였다. 다만, 학교생활에서는 불편할 일이 생기겠지만 서원이는 언제든 자신을 지지해주는 엄마가 뒤에 있다는 것도 잘 알고 있었다. 그래서 웬만한 일에는 흔들리지 않았던 것이다.

2학기에는 2학기 학급 임원 선거가 있다. 미리 선거에 나올 친구들은 의사 표시를 해야 하는데 서원이가 부회장 후보에 나오겠다고 했다. 쉬는 시간에 조용히 교무실로 와서 부회장에 도전해보겠다고 했다. 나는 깜짝 놀랐지만 내색하지 않았다. 서원이의 용기와 도전에 진심으로 박수를 보내주었다. 그러나 걱정은 되었다. 우리 반의 분위기로 봐서 서원이는 부회장에 도전해도 당선되지 않을 확률이 더 많기 때문이다. 결국 서원이는 부회장이 되지 못했다. 회장 부회장 둘 다 남학생이 당선됐다. 서원이는 네 표 정도가 나왔던 것 같다. 그런데 서원이는 나를 한 번 더 놀라게 했다. 서원이는 3분 정도의 선거 공약을 발표했는데 자신감 있는 목소리는 물론 내용도 훌륭해서 후보들 중 단연 돋보였다.

부회장 도전에 실패한 후 서원이는 내게 와서 학급 회장이 주로 맡아서 하게 되는 일을 자처했다. 단톡에 과제 공지하는 것을 직접 해보고 싶다고 했다. 난 당장 서원이를 시키고 싶었지만 절차를 밟아야 했다. 회장 부반장과 의논을 해야 한다. 회장에게 서원이의 이야기를 전하고 담임인 내 의견도 얘기했다. 그랬더니 회장은 부회장과 서원이 셋이서 의논을 다시 해보겠다고 했다. 다음날 회장은 서원이가 단톡에 우리 반 숙제 공지를 해줄 것이라고 전했다.

서원이는 정말, 눈이 오나 비가 오나 바람이 부나 단 하루도 빠짐없이 우리 반을 위해 숙제를 공지해주었다. 학교 행사 관련 내용과 각종 대회나 수행평가 공지가 프린트물로 출력되어 게시판에 붙여지면 종례 시간에 바로 찍어두었다. 그리고 집에 가서 직접 정리한 내용을 반톡에 공지했다. 그렇게 2학기 내내 하루도 빠짐없이 그 일을 해냈다. 나는 서원이가 고맙고 대견했다. 그래서 학기 말에 학급에서 단 여섯 명 정도에게 주어지는 모범상 중 하나인 '성실상'을 서원이에게 주었다.

체육대회 날 운동장 스탠드에 나란히 앉아 서원이와 이야기했던 순간을 나는 잊지 못한다. 서원이가 담담하게 자신을 스케치하듯 말하는 모습이 낯설었다. 사실 그간 친구가 없다고 힘들다고 징징대던 친구들은 많이 봐왔다. 그리고 아직 마음에 맞는 친구가 없어서 학교생활을 거의 혼자 해내고 있는 서원이의 입장이 되어보려고 애써 감정이입을 해보기도 했다.

학창시절 단 한 번도 친구가 없이 지낸 적이 없었던 나로서는 그런 것을 상상하는 일조차도 어려웠다. 서원이는 마음에 맞는 친구가 없다면 굳이 아무나 사귀고 싶어 하지 않았고 자신과 생각이 맞는 친구가 생길 때까지 기다리겠다고 했다. 사실 서원이의 생각에 100% 공감하기 어려웠다. '요즘 아이들의 심리를 완벽히 이해할 수는 없겠구나.' 하고 마음을 내려놓았다.

그런데 무슨 이유인지 나는 서원이와의 대화가 깊어질수록 멀리 영국의 한 작은 서점에 가 있는 듯한 느낌을 받았다. 몇 년 전 나는 영국여행에서 런던의 킹크로스역 주변의 작은 서점을 둘러볼 수 있었다. 엄마 손을 잡고 서점에 들어온 7살 여자아이는 어깨까지 노랑 생머리를 늘어뜨렸고 눈이 파란 소녀였다.

나는 동화책의 그림을 보고 있었고 그녀는 나와 같은 동화책을 읽고 있었다. 서로 눈이 마주쳐서 잠시 대화를 나눴는데 내가 영어가 서툴러 그녀와의 대화가 백 퍼센트 이루어지지 않았다. 그렇지만 우리는 같은 책을 읽고 있다는 느낌에 짧은 순간이었지만 공감이 이루어졌다.

그 외국의 어린 여자아이와 여행지에서의 짧은 만남은 나의 여행을 풍요롭게 해주었던 기억이 있다. 그렇듯이, 서원이와 나의 운동장 스탠드 데이트는 서로를 신뢰할 수 있는 계기를 만들어주었다. 서원이와 나의 나이 차이는 강산이 세 번은 바뀌고도 남는다. 친구가 없어도 학교생활을 잘 해내고 있는 서원이를 완벽하게 공감하지 못 한다. 하지만 나는 서원이를 응원하고 지지했고 서원이는 나를 담임으로 의지하고 믿어줬다. 나를 믿고 자신이 상황을 이야기해준 서원이가 고맙고 당당하게 느껴진 날이었다.

8

꿈이 있는
교사가 아름답다

반드시 영어를 잘 해야 하는 이유

중학교 1학년 3월 영어를 처음 배웠다. 첫 중간고사에서 나는 영어시
험을 100점 받았다. 그래서 영어는 꽤 쉬운 과목이라 생각했다. 나는 앞
으로 다가올 미래를 예견하지도 대비하지도 못했다. 그 때문인지 영어가
갑자기 어려워졌다. 잠시 친구들과 노느라 공부에 집중하지 않았더니 교
과서도 공부하기 힘들어졌다. 고등학교에 올라가자 영어는 수학 다음으
로 내가 싫어하는 과목이 되었다.

대학에 진학 후 나는 아주 우연한 기회에 대학생들만으로 구성된 해외
연수에 합류하게 되었다. 나는 인도, 파키스탄 팀이었다. 그곳은 매우 이

국적이었다. 그곳에서의 추억은 한동안 내가 살아가는 데 밑거름이 되어 주었다. 해외 연수 일정 동안 영어를 사용할 일이 많았다. 가이드가 있긴 있었다. 하지만 직접 몇 마디라도 나눌 수 있는 또래 대학생들을 보며 왠지 모르게 주눅이 들었다. 나는 거의 영어를 사용하지 않았다. 솔직하게 말하면 영어를 못했다.

여행을 다녀온 후 난 수업이 끝나면 영어 학원에 다니기 시작했다. 초급영어 회화책을 들고 파고다 영어 학원에 일주일에 3일 정도 갔다. 나는 영어의 기초도 부족한 상태였다. 그래서 하루에 한 시간씩 일주일에 세 번을 간 것이다. 그렇게 몇 개월 정도 영어 학원에 다니는 것으로 영어 실력이 늘 수 없다는 걸 그때는 몰랐다. 나는 영어 문제를 해결하지 못한 채 대학을 졸업했다.

대학원에 입학하고 졸업할 때도 영어 시험이 있었지만 형식적이었다. 정해진 범위 안에서 문제가 나왔기 때문에 가까스로 통과는 했다. 하지만 나 스스로에게는 매우 석연치 않은 결과였다. 그렇다고 '이 정도의 영어 실력을 인정해주는 거냐'고 따질 마음은 없었다. 인도를 다녀온 직후 영어 공부에 대한 나의 열정은 어느덧 식고 없었다. 하지만 영어에 대한 아쉬움은 많이 남았다.

결혼을 하고 딸들을 키웠다. 나의 분신과도 같은 딸들에게 나는 많은 것을 해주고 싶었다. 특히 영어만은 확실히 배우게 하고 싶다는 생각이 들었다. 당시 나의 월급의 반 정도를 들여서 딸들을 영어 유치원에 2년간 보냈다. 딸들은 언어 감각이 뛰어났고 영어를 곧잘 했다.

큰딸이 초등학교 3학년이 되던 해에 나는 큰딸과 뉴욕에 갔다. 영어를 못하는 엄마가 영어유치원을 다닌 초등학교 3학년 딸을 데리고 간 둘만의 여행이었다. 여행을 가기 전에 나는 캐나나에서 온 '앤디'라는 선생님에게 영어 수업을 받았다. 일주일에 한 번 1년 정도에 걸쳐 수업을 받았다. 하지만 나의 영어 실력은 크게 차이가 없었다. 여행하면서 아주 기본적인 회화만 할 수 있는 정도였다. 뉴욕에 가기 전 『나의 뉴욕』이라는 그림책을 딸과 함께 셀수 없이 많이 읽고 갔다.

처음 가본 뉴욕은 너무나 멋진 곳이었다. 나는 간단한 영어는 직접 사용하도록 딸을 독려했다. 영어를 못하는 나를 대신해 가이드(?)해주기를 바라면서. 그러나 딸은 영어 사용에 자신 없어 했다. 내가 수시로 영어를 사용하라고 독촉하는 데 부담을 느꼈던 것 같다.

난 그런 딸의 모습이 답답했다. 아직 어린아이일 뿐인데 내가 너무 조급증을 냈다는 것을 지금에서야 인정한다. 어린 딸과의 여행은 쉽지 않았다. 많이 걸으면 다리도 아파했다. 일일이 아이의 건강 상태 나 컨디션을 체크해야 했고 먹거리 해결에도 신중해야 했다. 나 혼자 몸일 때보다

배로 힘들었다. 메트로폴리탄 박물관, 모마미술관, 자연사 박물관 등 미리 책에서 보고 간 곳들을 둘러보느라 시간이 금세 흘러갔다. 사진도 많이 찍어 와야겠다고 작정하고 갔다. 그런데 문제가 생겼다. 카메라 메모리카드 용량에 한계가 있었던 것이다. 우린 호텔 컴퓨터에 사진을 옮기고 다음날 센트럴파크에 가기로 했다.

하지만 우리나라와는 달리 그곳 호텔에서는 카메라 메모리카드에 있는 사진들을 컴퓨터에 쉽게 옮길 수 없었다. 당시만 해도 미국 뉴욕의 중심에 있는 호텔도 인터넷을 원활하게 사용할 수 없었다. 그래서 아침 일찍 호텔 옆 대형 상가에서 메모리카드를 하나 사기로 했다. 나는 당당하게 가게에 들어가 메모리카드를 달라고 직접 영어로 말했다. 그러곤 점원이 주는 메모리카드를 카메라에 끼웠다. 그리고 가격을 물어봤더니 29만 원이라고 했다. 29만 원? 나는 내 귀를 의심했다. 다시 물어봤지만 점원은 똑같은 가격을 요구했다.

딸을 시켜서 물어봐도 마찬가지 대답이 돌아왔다. 우리나라에서는 고작해야 3만 원 정돈데…. 아무리 관광지라도 7, 8만 원은 넘지 않을 거라 생각했다. 나는 너무 비싸니 사지 않겠다고 했다. 그러자 점원은 단호하게 말했다. 이미 포장을 뜯어서 안 된다고. 지금 생각해도 분노가 치밀어 오르는 일이다. 난 아이와 함께 그냥 가게를 나왔다. 그리고 세상에서 가장 비싸게 주고 산 메모리카드를 카메라에 넣고 사진을 많이 찍었다. 우리는 센트럴파크에도 가고 시외버스를 타고 우드버리라는 아울렛 매장에도 왕복 2시간 여에 걸쳐 다녀왔다. 메모리카드에 대한 나쁜 기억을 빨리 지우려고 노력해야 했다. 왜 미리 가격을 물어보지 않았느냐는 큰 자책감과 내가 영어를 잘했더라면 그런 일을 당하지 않았을 거라는 후회가 나를 괴롭혔다.

더 나쁜 일을 당하지 않아서 다행이라고 스스로를 위안하기도 했다. 그리고 깨끗하게 잊기로 했다. 하지만 난 메모리카드를 파는 듯한 매장이 보일 때면 일부러 들어가 사지도 않을 메모리카드의 가격을 물었다. 가격을 확인하고 싶어서였다. 하지만 그것은 미리 가격을 묻지 않고 물건을 사서 바가지를 쓴 스스로에 대한 반성과 아쉬움을 떨쳐내려는 몸부림 같았다. 아무리 비싸도 내가 29만 원에 산 물건과 같은 용량의 메모리를 6만 원 이상 받는 곳은 없었다.

다시 태어나면 영어 잘하는 사람이 좋겠다

1년 뒤 우리 가족은 유럽 배낭여행을 계획했다. 둘째 딸을 두고 큰딸과 둘만 여행한 것이 아쉬워서였다. 가족이 함께 가면 좋은 추억이 될 것 같았기 때문이다. 두 딸과 남편과 처음 간 유럽 여행은 계획대로 잘 진행되었다. 아이들에게 많은 볼거리를 만들어줄 수 있어서 보람이 있었다. 하지만 스위스에서 영어로 인해 좌절감을 또 경험했다.

우리 가족은 한여름에 설경을 볼 수 있는 쉴트호른으로 이동했다. 작은 기차를 타고 산을 타고 올라가 비르그 역에서 내려, 케이블카를 한참 타고 올라가면 명불허전인 그곳이 나타난다. 영어로 인한 나의 수난은 끝나지 않음을 예고라도 하듯 난 그 아름답다는 스위스의 풍경이 멋지지만은 않았다. 너무나 깨끗하고 완벽해서 오히려 비인간적인 느낌이었다. 스위스의 곳곳은 그림 같았다. 그러나 그 아름답기가 지나쳐 마치 캘린더에서나 볼 수 있는 사진처럼 느껴졌다. 높이 올라갈수록 하얗게 쌓인 눈이 보이기 시작했고 조금씩 추워졌다. 하늘은 푸르다 못해 쪽빛이었다.

드디어 쉴트호른 역에 도착했다. 도착하니 허기가 졌다. 나는 나에게 닥칠 일을 예상치 못한 채 전망대에 마련된 작은 음식점으로 발길을 돌렸다. 그리고 가족 4명이 점심 식사 전에 요기만 할 정도로 작은 피자와 샐러드를 주문했다. 샐러드는 계산 먼저 한 후, 접시에 직접 담아야 하는 모양이다. 주문할 때 대충 그렇게 들었다. 그러고 보니 샐러드 바가 따로 있었다. 나는 우리나라에서처럼 작은 접시에 샐러드를 가득 담았다. 양상추를 최대한 펴서 밑에 깔고 그 위에 켜켜이 야채를 쌓아 올리려 했는데 접시가 워낙 작아 많이 담지도 못했다. 그리고 가족들이 있는 테이블로 향하고 있었다. 그때, 키가 엄청 크고 격투기 선수 같은 포스의 스위스 전망대 카페 여자종업원이 나를 멈춰 세우고 큰 소리로 말했다. 너무 많이 담아서 두 접시 가격을 내라는 거였다. 난 당황했지만 좀 창피해서 바로 알았다고 했다. 그런데 그 스위스 전망대 카페 종업원은 말을 멈추지 않고 큰 소리로 뭐라 했다. 난 그때 '입 다물라'고 해주고 싶었다. 그런데 왜 그렇게 쉬운 'Shut the mouth'가 생각이 생각이 나지 않았을까? 'Shut up'은 왜 머릿속에 빙빙 돌기만 하는 걸까? 둘 중에 하나라도 말해줄 수 있었다면 내가 여행 후 일 년간 그렇게 끙끙 앓지는 않았을 것이다.

그 후로 나는 영어의 필요성을 마음속 깊이 느끼고 또 느꼈다. 그래서 필리핀 선생님과 전화 영어도 했다. 영어 회화를 들으며 출퇴근하기도 했다. 나에게는 영어를 잘하고 싶은 열정은 있지만 지속적으로 해내는 끈기가 부족했다. 영어공부를 해도 안될 것 같은 처량한 마음과 함께 결국 영어를 잘하는 DNA가 없다는 결론을 내렸을 정도다.

이렇게 나는 영어에 대해 큰 아쉬움을 갖고 있다. 다시 태어나면 영어 잘하는 사람이 되었으면 좋겠다는 생각을 할 정도다. 나의 영어공부 실패담을 들은 지인들은 번역기를 대안으로 제시한다. 앞으로는 번역기가 내 영어를 대신해줄 날이 온다고 말이다. 굳이 영어를 잘하지 않아도 된다고 위로 아닌 위로도 받는다.

간단한 영어는 할 수 있다. 음식을 주문할 수도 있고 택시를 탈 수도 있다. 하지만 내가 하고 싶은 영어는 따지는 영어다. 바가지를 쓸 때 쓰더라도 속 시원하게 영어로 이야기하고 싶다. 결국 잘못된 그들의 행동을 콕 짚어 말해주고 싶은 것이다. 인터넷에 올리든 SNS에 알리든 사람들이 멋진 여행지에서 그런 상인들 때문에 속상한 일을 겪지 않도록 하고 싶다.

그리고 어린 딸에게 영어를 맡기고 책임을 물었던 못난 엄마의 모습도 바꾸고 싶다. 그런 딸이 영국으로 유학을 갔다가 코로나 때문에 며칠 전 귀국해야 했다. 다시 딸과 둘이 함께 여행을 간다면 부당한 일을 겪었을 때 엄마인 내가 당당하게 영어로 따질 수 있다는 것을 보여주고 싶다. 그리고 무엇보다 영어로부터 자유로워지고 싶다.

2 교시

튀는 교사

지금까지 없었던
것을 하라

1

튀는 교사가
아이를 바꾼다

열정적인 마인드를 가지자

처음 교편을 잡게 된 학교는 디자인과가 있는 여자 상업고등학교였다. 올해로 교직에 근무한 지 23년째이니 벌써 꽤 오래된 이야기이다. 당시 상업고등학교는 경영정보과, 상업디자인과, 전산회계과, 항공관광과 등으로 과명을 변경하고 있었다. 상업 교과만으로는 살아남기 힘드므로 변화와 융합으로 학교 발전을 모색하는 과정이었던 것이다. 학생 수도 줄어들고 상업학교에 진학하는 중학생 수가 적어지고 있었다. 그래서 다양한 과명의 변경은 상업학교가 살아남기 위한 하나의 방편이었다. 처음에는 좀 낯설었으나 나는 디자인과의 정체성을 위해 노력하고 싶었다. 그냥 평범한 미술 교사보다 디자인과 아이들을 가르치게 되니 난 뭔가 더 사명감이 생겨났다. 고등학교에서도 과가 나뉜다는 사실이 나를 흥분시키기도 했다. 장신구 디자이너로서 성공하지 못했고 작가로서 이루지 못한 것을 아이들을 통해서 이루고 싶기도 했다.

상업디자인과 학생들이니 이왕이면 디자인 관련 수업이나 그것도 아니면 미술대학 입시에 도움이 되는 공부를 더 했으면 좋겠다고 생각했다. 그런데 솔직히 말하면 상업계 고등학교 안에 속한, 다시 말해서 기본 뿌리를 상업계열에 두고 있기 때문에 회계 수업, 상업경제 수업의 비중이 많았다. 디자인과 아이들의 모양을 내 주려면 미술, 기초 디자인이 좀더 많아야 했다.

그것도 아니면, 아이디어를 낼 수 있는 다양한 디자인 발상 수업이라도 많아야 하는데 무늬만 상업디자인과였다. 교육과정의 틀을 만들기 전부터 문제였다. 기본 디자인과에 대한 생각부터 바꿔야 하는 등 갈 길이 멀다는 생각이 들었다. 만들어놓질 말든지 아니면 디자인 관련 수업이나 디자인을 좀 더 잘 배울 수 있는 교육과정이 있었으면 했지만 여러 가지 이유로 그렇게 되기 어렵다는 것을 몇 년 뒤에는 깨달았다.

하지만 난 내가 할 수 있는 한 상업디자인과 학생들에게 디자인 작품을 해나가는 성취감을 맛보게 해주고 싶었다. 1학년 때는 다른 전공과 거의 다를 바 없는 교육과정이었지만 2학년이 되면서 조금씩 디자인 관련 수업이 많아지고 3학년이 되어서는 일주일에 10시간 정도로 미술, 디자인 관련 수업이 있었다. 고등학교에서 디자인 수업을 하고 디자이너를 길러 낸다는 일이 어려운 일이라는 걸 경험해보지 않은 교사는 모를 것이다.

디자인과 학생들은 대학으로 진학해야 하는 게 맞았다. 왜냐하면 우리나라 교육시스템이 그랬다. 상업고등학교 디자인과에서 도제제도처럼 일정한 수준의 디자이너를 양성할 수 있는 커리큘럼은 어림도 없었고 우리나라 교육제도에서 대학을 나오지 않고 학생들이 디자인 관련 일을 한다는 자체가 말도 안 된다고 생각했다. 적어도 우리나라 교육제도 안에서는 말이다.

틀은 그렇게 되어 있지만 나는 다르게 교육하고 다른 결과물을 만들어 내야 한다고 생각했다. 물론 상업 교과 선생님들은 못마땅해했다. 상업고등학교의 정체성은 고등학교를 졸업하고 바로 사회에 진출하는 인재를 길러내는 데 있다. 그런데 상업디자인과의 교사는 아이들을 대학에 진학시키겠다고 하니 왜 취업을 못 시키냐고 실적을 묻는다. 그때는 내가 초임 시절이었고 사실 잘 몰랐다. 하지만 아이들에게 할 수 있는 최선의 것을 해줘야 한다고 생각했다. 먼저 상업디자인과 3학년 학생들을 대상으로 졸업 작품전을 열어주기로 결정했다. 내가 대학과 대학원에서 배운 모든 것을 이용해서 디자인과 두 반의 학생 60명의 졸업 작품을 다 만들 수 있게 했다.

1학년 디자인과 학생들은 기초 디자인 실기를 하며 미술과 디자인 수업을 병행하게 했다. 2학년에 올라가서는 주제가 있는 디자인 작품 실기와 시각 디자인, 광고 디자인, 포장 디자인, 인테리어 디자인 등 거의 모든 것을 다했다. 디자인과 교사는 적은데 많은 것을 하려니, 전문성이 좀 떨어질 수밖에 없었고 버거웠다. 그리고 컴퓨터 그래픽도 가르쳤다. 처음에는 포토샵, 일러스트 툴을 이용해서 간단한 캐릭터도 그리게 하고 포스터 제작에 광고 디자인을 하고 차차 페이지메이커를 이용하여 간단한 편집도 할 수 있었다. 아이들은 좀 더 공부해서 컴퓨터그래픽 자격증까지도 획득하기도 했다.

결국 최고의 디자인학교상을 받아내고야 말았다

몇 년 뒤에는 좀 더 다른 학교 디자인과 보다 앞서나가기 위해서 플래시 애니메이션과 웹디자인을 가르치기도 했는데 지금에 와서 생각하니 꽤 난리를 치긴 했다. 3학년이 되어서는 학기 초부터 바로 졸업 작품전 준비에 들어갔다. 시각 디자인 두 작품에 입체 작품 한 개를 만들어야 했다. 콘셉트을 잡고 통과 되면 수많은 아이디어 스케치를 유도해냈다. 다른 과는 하지 않는 일인데 디자인과 학생들만 꽤 부담이 되는 과제를 주게 되니 은근히 불만이 생기기도 했던 것 같다. 하지만 난 확신이 있었다. 결과물이 나오면 그 참맛을 알게 될 것이라고 말이다. 그렇게 아이디어 스케치도 통과되면 아이들은 컴퓨터의 일러스트레이션 프로그램과 포토샵 툴을 이용하여 작품을 만들기 시작했다. 툴만 배우고 습작만 하는 것보다 작품을 하나 만들어내는 것이 모든 면에서 훨씬 교육적인 효과가 클 것이다. 입체 작품으로는 포장 디자인도 만들고 인테리어 디자인도 해냈다. 아이들은 봉제 인형도 만들어냈고, 2D 작품으로 제작한 CIP에 들어간 요소들을 직접 꺼내어 앞치마, 편지지와 편지봉투도 만들어내고 캐릭터 등을 입체로 만들었다. 디자인과 두 반 60명의 학생들은 한 명도 겹치는 작품이 없었다.

아이들은 준비한 작품으로 공모전에도 내고 졸업 작품에도 출품했다. 당시 주변에 제일 큰 문화회관을 빌려 전시를 했고 팸플릿을 제작해서 60명의 프로필 사진과 작품이 다 들어가게 했고 학생들의 모든 시간을 함축하여 한마디 느낀 점도 넣어주었다.

공모전에 낸 작품들은 거의 수상을 했다. 대상, 최우수상을 받기도 하고 경우에 따라서는 경기도 도지사상, 성남시장상 등 굵직한 상을 수상한다. 물론 장려상과 입선에 그치는 경우도 많았지만 아이들의 아이디어인 경우도 많고 교사들의 아이디어도 많이 결합되기 때문에 큰 의미는 없었다. 아이들이 공모전에 나가 상을 받기도 했지만 우리 학교의 명성으로 내가 직접 공모전의 심사위원이 된 경우도 있다. 위촉장을 받아 고등학교 학생들이 낸 작품들을 심사하며 우리 아이들을 어떻게 지도해야 할지도 더 고민하게 되었다.

한 공모전에서는 전문대학교 교수님과 한 팀이 되어 심사를 하기도 했다. 그 일이 인연이 되어 학교장 허락을 얻어 교수님이 직접 우리 아이들의 콘셉트 잡는 것을 도와주시기도 하셨다. 그 학교 대학생들도 직접 데리고 와서 재능기부 형태로 우리 학교 아이들의 디자인을 잡아주었다. 그 해는 졸업 작품전의 퀄리티도 높았을 뿐 아니라 대학생 언니들과 직접 디자인을 해나가는 과정을 실습하게 되어 아이들이 좀 더 쉽게 작품을 해낼 수 있었던 것 같다.

당시 우리 학교 학생들이 대학에 많이 진학했고 시각디자인과 교수님이 우리 학교 학생들의 작품에 적극적인 지지를 보내주셨다. 작품을 다만들고 나면 그게 끝이 아니라는 것을 아이들에게 알려주었다. 작품을 만드는 일보다 더 중요한 일이 남아 있었다. 팸플릿에 들어갈 사진 촬영이었다. 마침 학교 가까이에 작품도 촬영할 시스템이 갖추어진 사진관이 있었다. 자신들의 작품 촬영시간이 되면 차례대로 스튜디오에 와서 작품을 어떻게 찍어야 더 표현이 잘 될지를 고민했다. 위치도 바꿔보고 조명도 밝게 또는 어둡게 해 달라는 등 이제 전문가 느낌이 나기도 한다. 어떤 학생은 작품 만들 때보다 오히려 작품 사진 촬영 때 더 고집을 부리기도 한다. 나중에 나온 작품 사진에 본인의 감각이 맞았다고 느낄 때도 있고 나의 선택이 맞았다고 느끼기도 할 것이다.

내가 근무할 당시 모두 일곱 번의 전시를 했다. 매년 콘셉트을 바꿔 전시했다. 특히 네 번째 전시회의 주제는 한국의 이미지를 주제로 한 전시였다. 졸업을 준비하는 3학년은 학기 초부터 우리나라 이미지, 한국의 이미지, 전통, 한국의 미 등 수업 시간에 온통 그런 생각으로 가득했다. 그렇게 해서 하회탈도 나오고 단청도 나오고 남대문, 석가탑, 어느 고즈넉한 절 처마에 걸린 풍경까지 구석구석 숨은 우리의 전통을 찾아나서기 바쁘다.

아이들의 작품 콘셉트과 아이디어 스케치는 수업에서 매우 중요한 부분이다. 한정된 시간에 아이들을 다 챙겨주려니 시간이 많이 부족했다. 그렇게 해서 표지부터 오방색으로 가득한 팸플릿이 제작되고 밤늦게까지 만든 작품은 전시장에 걸리게 되었다. 60명의 작품은 그 지역에서 제일 큰 전시장에 걸렸고 오픈식날 전시장에 조명이 켜지면 우리 모두에게 마법이 걸린다. 아이들은 디자이너가 되어 자신들의 작품을 친구들과 부모님 그리고 선생님들에게 설명도 하고 작품 옆에 붙어 있는 비닐에 쌓인 빨간 장미꽃과 함께 붙어 있는 메모도 읽게 된다.

팸플릿도 한국의 미가 느껴지게 디자인 했고, 아이들의 작품도 온통 동양의 미로 가득했다. 그날, 오픈식에 전시를 주관하는 선생님들은 모두 한복을 입었다. 교장 선생님, 나, 그리고 디자인과 선생님들 그리고 학부모님들까지 입은 한복은 여느 동네잔치의 한복과는 사뭇 품격이 달랐다. 그리고 마지막 일곱 번째 졸업작품전 주제는 'The Story of Environmentally Friendly Earth'였다. 친환경 디자인이란 주제로 또 우리는 학기 초부터 지구를 살릴 수 있는 방법을 모색할 수 있는 디자인에 대해 고민했다. 그 주제는 소재부터 고민해야 하는 어려움이 있었고 결국 팸플릿도 재생용지를 사용하는 치밀함을 보였다. 주제도 그즈음의 이슈에도 잘 맞았고 아이들도 열심히 했다. 그해 아이들은 유난히 성실했고 감각도 있었다.

KIDP 한국디자인진흥원에서 주관하는 제 13회 한국 청소년 디자인 전람회가 있었다. 나는 디자인과 선생님들과 협의하여 아이들 작품 모두를 그곳에 출품하기로 했다. 명실공히 대한민국 최고의 청소년 디자인 공모전이었고 우리 학교 학생들은 준비되어 있었기 때문이었다. 우리 과의 발전을 바라는 학부모님들은 트럭을 가져와서 작품을 다 실어다 주는 수고를 마다하지 않으셨다.

예상하지 못했지만 기대는 했었던 일이 벌어졌다. 그해 최고의 학교에게 주는 '으뜸디자인 학교상'을 받게 되었다. 정통 상업고등학교에서 '으뜸디자인 학교상'은 좀 생뚱맞을 수 있다는 생각이 들었다. 외부에서 받은 큰상은 내부에서 오히려 조심스러운 상이 되었다.

우리 학교 상업디자인과 학생들은 디자인이 좋아서 마냥 동경해서 온 아이들, 공부보다는 나을 것 같아서 온 아이들 그리고 이것도 저것도 아닌 아이들로 나뉠 수 있는 60명이다. 아이들은 컵셉 잡기를 매우 힘들어한다. 아이들뿐만 아니라 어느 누구도 마찬가지다. 창작의 고통은 힘들다. 하지만 그 결과는 말할 수 없이 깊고 크다. 경험한 사람들은 알고 있다. 나의 밀어붙이기식 졸업 작품전을 향한 집념은 아이들의 생각을 바꿨다. 힘든 과정의 끝자락에 보이는 뭔가 마음 깊은 곳에서 우러나오는 샘물 같은 에너지는 또 다른 무언가를 해낼 수 있는 힘이기도 하다. 아이들은 그 경험을 가지고 광고 회사에서도 일할 수 있고 은행원도 될 수 있고 백화점에 취직할 수도 있고 미술대학을 진학하기도 했다. 그리고 내가 원하는 교육을 하기 위해 노력했지만 난 상업고등학교의 일부분에 불과한 디자인과의 성격을 바꾸는 데 역량이 부족했다. 지금 와서 그 부분을 인정한다. 그리고 지금은 내가 할 수 있는 부분에서 최선을 다하기로 마음먹었다.

2

자신의 생각
밖으로 나와라

나를 사랑하고 돌보자

나는 존경하는 부모님도 계시고 사랑하는 예쁜 두 딸도 있다. 그리고 대학교 2학년부터 알게 된 남편도 있다. 그는 내가 따라다니다시피 하여 결혼한 사람이다. 나보다 더 잘 되어서 부모님이 자랑스러워하는 남동생과 여동생도 있다. 조카들에게 나는 꽤 나이스한 고모이자 이모이다.

그리고 언제든지 만나 수다를 떨고 세상 살아가는 이야기를 할 수 있는 친구도 여럿 있다. 초등학교, 중학교, 고등학교, 대학교 친구와 학교 동료 교사로 만나 특별한 친분을 쌓아가는 친구도 있다. 친구들은 각기 다른 분야에서 활동하고 있으며 각자 살아온 배경과 방향도 달라 가끔 만나면 하루가 부족하다.

23년간 중학교, 고등학교에서 미술 교사를 하며, 매년 새로운 학생들을 만나고 그들을 가르치고 소통한다. 내가 몸담고 있는 학교에 가면 훌륭한 직장 동료인 선생님들도 많다. 나의 하루 생활 중 가장 많은 비중을 차지하는 학교에서 좋은 선생님들과 함께하는 시간은 꽤 즐겁고 행복하다. 매일 운동을 하며 나의 몸을 항상 점검한다. 건강하고 행복하게 살기 위해서 말이다. 그렇게 매일 가는 휘트니스 센터에는 운동을 같이하는 친구들이 있다. 몇 년 전부터 배운 골프로 매년 해외 골프여행을 가기도 한다.

두 딸은 내가 생각한 것 이상으로 커주어서 볼 때마다 뿌듯하기 그지없다. 점점 더 커갈수록 나와 대화가 더 잘되고 앞으로의 미래가 더 기대되는 그야말로 자랑하고 싶은 아이들이다. 아무리 생각해도 그 모든 것에 감사하다.

하지만 난 뭔가가 나를 짓누르고 있는 자신을 발견했다. 그게 외로움이라고 표현할 수 있을 수도 있고 공허함이라고 할 수도 있을 것 같다. 정확한 이유를 찾을 수 없다. 한 가지, 두 가지 정도 이유를 말할 수도 있지만, 다시 생각하면 그것도 아니다. 그래서 가까스로 결론을 냈다. 스스로 나를 좀 더 사랑하고 돌보기로 했다.

그 방법 중의 하나로 나를 기록하고 싶다는 생각을 했다. 내가 어떤 사람인지 어떤 모습으로 살아가는지 알아가고 싶었다. 나를 둘러싼 외부환경 속에서 나를 보는 것이 아닌 내 안에서 좀 더 깊이 나를 찾아가고 싶다는 생각이 들었다.

기록을 하는 채널은 여러 가지가 있었다. 그간 조금씩 기웃거리기도 했던 트위터, 인스타그램뿐만 아니라 브런치, 유튜브 등 마음만 먹으면 시작할 수 있고 그 종류도 다양했다. 블로그를 여러 해 해오고 있던 친구가 내게 블로그를 추천했다. 하지만 나는 썩 내키지가 않았다.

블로그는 나를 표현하기에는 좋은 곳이었지만 내가 어느 정도 세상에 드러나야 하는 일이기에 자신이 없었다. 누군가에게 무언가를 글로서 써야 하는데 난 그럴 용기는 없었다. 사진과 글, 동영상, 내 글의 카테고리화, 글을 포장하는 것까지, 내 색깔을 녹여내야 하고 내 생각과 나에 대한 다양한 정보를 담아야 했다.

그리고 일종의 보이지 않는 약속으로 책임감을 가지고 해나가야 한다는 점이 많이 부담스러웠다. 손님이 들어가고 싶을 때가 아니라 사장이 문을 열고 싶을 때 여는 상점에는 손님들이 가지 않을 것이다. 적어도 누구든 내 이웃들은 내 블로그에 와서 정보도 얻고 가고 위안도 얻고 가고 내 소식이 궁금할 때 들어와 볼 수 있어야 한다.

결단을 내려야 했다. 간판을 걸고 내 이름을 걸고 블로그를 오픈할 것인지 아니면 이대로 또 나를 찾아가는 일을 포기할 것인지를 말이다. 사실 아무도 내가 블로그를 하지 않는다 해도 뭐라 하지 않을 것이고 한다고 해도 관심 없을 수도 있다. 여러 날 고민 끝에 나는 해보자라고 결심했다.

그리고 '셀프 브랜딩' 채널로 최고라는 생각이 들었다. 감각적으로 나를 표현하면서도 내면이 깊은 글까지 담아낼 수 있는 공간이라는 생각이 들었다. 나를 표현하고 나타낼 수 있는 공간으로서 블로그를 선택했으니 나도 내 공간을 인테리어 해야 했다.

나는 내 블로그에 내가 주로 몸담고 있는 곳인 학교 이야기 특히 교육 이야기를 뺄 수 없음을 느꼈다. 하지만 교육정책이나 교육과정 이런 하드웨어적인 이야기가 아닌 내가 교사여서 즐거운 그래서 행복한 이야기를 학교 이야기에 얹어 나타내고 싶었다.

그리고 당연히 나의 일상이 들어갈 것이다. 일상은 '먹고, 보고, 느끼고' 카테고리를 가져가고 교육은 '뛰는 교사', '즐거운 교사' 등으로. 그리고 운동과 여행 이야기로 가득 채우고 싶었다. 하지만 그 모든 것은 흔한 이야기가 아닌 정말 나만의 이야기를 쓰고 싶다는 욕심이 들어 임사장의 리미티드 에디션으로 타이틀을 걸었다.

내 삶은 리미티드 에디션이다

내가 사는 곳 주변의 맛집 두 군데 리뷰 포스팅을 올려놓은 채로 10여 일이 흘렀다. 내 블로그를 알리고 방문자 수를 늘리기 위해 의욕적으로 서로 이웃 맺기를 시도했다. 이웃 맺기를 할 때 좋은 이미지를 주기 위해 '블로그 글이 너무 좋아 서로이웃 신청하고 갑니다. 우리 서로 이웃해요.' 이렇게 남겼다. 대부분은 서로 이웃이 되었고 그중 많은 사람들이 내 블로그에 와서 맛집 리뷰 포스팅에 댓글을 남겼다. 처음에는 공감을 열어놓지 않아 아무도 공감을 해주지 않아서 이상하다고 생각했는데 내가 포스팅 발행할 때 공감 부분을 열어놓지 않았던 것을 나중에 알았다. 누가 포스팅을 하라는 것도 아니고 학교생활만으로도 벅찼다. 게다가 집안일, 매일 해야만 하는 운동 등 어느 한 가지도 줄일 수 없었다. 그래서 나는 블로그를 시작하고도 글을 많이 올리지 못하는 애매한 상황이 되어 있었다. 그러던 어느 날 나는 몇몇 블로그에 들어가 글을 읽고 서로이웃 신청을 하고 있었다. 그런데 서로이웃이 안 되는 블로그를 알게 되었고 그 블로그에서 수상한 글을 하나 발견한다.

'그 여자가 사는 법'이라는 타이틀에 짱아라는 이름으로 활동하는 블로거는 그날, '딱 다섯명만 모실게요~' 라는 글을 올렸다. 그 포스팅의 취지는 매일매일 글쓰기를 하고 싶은데 함께하면 어떠냐는 내용의 글이었다. 단, 참가하겠다고 의사 표현한 멤버는 매일 포스팅을 해야 하고 포스팅이 늦어지는 이웃에게는 독려하기로 했다. 무엇보다 중요한 건 서로의 포스팅에 가서 찐한 댓글 달기였다. 기간은 1주일간이었다. 초보 블로그 였지만 여기에 합류하게 되면 블로그에 대한 감이 빨리 올 것 같다는 생각이 들었다. 그래서 댓글로 참여 의사를 확실하게 밝혔다. '그 여자가 사는 법'의 짱아는 아홉 명의 블로거가 함께하는 오픈채팅방을 열었다. 그리고 '행복한 블로그 생활'이라는 '오픈채팅방의 룰'도 정해주었다.

선아, 배아, 카페쉼표, 으눙이, 스누피, 도도 수류화개와 임사장인 나 그리고 짱아까지 매일 포스팅하고 오픈채팅방에 URL을 올리면 다른 이웃들 블로그를 방문하여 댓글을 달아 주었다. 일주일간 매일 포스팅을 한다는 건 쉬운 일이 아니었다. 매일 맛집을 갈 수도 없고 특별한 일이 일어나지 않기 때문이라고 생각했다. 그런데 다른 블로거들은 매일 포스팅을 했다. 어떻게 하든 약속을 지켜야 했다. 나도 예전에 갔던 음식점을 떠올리며 혹시 찍어놨던 사진을 찾아서 쥐어 짜내는 수준의 포스팅도 하고 포스팅을 위해 일부러 예술의 전당 전시회까지 다녀온 적도 있다. 매일 밤 10시까지가 포스팅 마감 시간이었으니 글도 간신히 올리고 이웃들 방문해서 댓글도 좀 대충했던 것도 사실이다. 내가 포스팅 하기에 허덕이고 있을 때 이 이벤트를 주관한 짱아는 이웃 8명의 블로그를 다 돌아보고 읽어보고 글 분석도 하고 영혼이 담긴 댓글도 남겼다. 남다른 짱아의 행보에 예사롭지 않음을 느낀 나는 그녀가 하는 충고를 다 받아들이기로 했다. 내 블로그의 글의 배열, 이미지 넣는 법, 카테고리 설정, 댓글 다는 법까지 하나하나 코칭해주었다. 내가 나름 좋은 글을 올리면 가장 멋진 댓글을 남겨주었다.

내가 조금 느슨해졌다 싶으면 가차 없이 비밀댓글로 조언을 해줬다. 어느 날은 나의 글감의 아이디어를 위해 오랜 이웃인 탁구를 소개시켜주기도 했다. 짱아는 부산에 있는 고등학교에서 교편을 잡고 있는 국어 교사였다. 그런데 그냥 평범한 선생님이 아니고 대한민국 최고의 교사였던 것이다. 이미 그녀는 여러 해 파워블로그 타이틀을 가지고 있었다. 짱아과 함께 서로 포스팅을 격려하고 댓글을 남기는 프로젝트는 여러 달을 거듭하고 있다. 물론 내 블로그의 포스팅 수와 퀄리티도 나날이 향상되고 있다. 나는 블로그를 통해서 좋은 이웃들을 많이 만났다. 소식이 궁금하고 배우고 싶은 점이 있는 이웃도 점점 많아지고 있다. 온라인으로 만났지만 오프라인으로 만난 친구들보다 더 가까워지고 더 소중한 관계가 된 경우도 있다.

얼굴 한번 마주한 적 없는 사람들이 내 글을 읽고 깊은 공감을 해주고, 응원을 보내주고 서로의 소식을 궁금해하며 친구가 된다는 것은 또 다른 세계에 내가 속한 것 같은 느낌이었다. 그 친구들에게 나의 소식을 전하기 위해 오늘도 나는 무궁무진하게 떠오르는 아이디어들을 정리하고 있다.

3

有에서 더 나은
有를 만들어라

김밥 하나를 말아도 창의적이게

내가 좋아하는 음식 중에 스쿨푸드에 '모짜렐라 스팸 계란말이'가 있다. 김밥인데 기존의 우리가 알던 김밥과는 다른 형태를 하고 있다. 김밥은 김 위에 밥과 소시지, 계란, 당근, 오이, 단무지, 시금치 등을 길게 올린다. 그런 후 단단하게 말아서 예쁘게 잘라주면 맛있는 김밥이 완성된다. 그야말로 '잘 말아줘 잘 눌러줘' 자두의 김밥 노래처럼 김밥 만드는 노하우는 김과 밥이 잘 달라붙기만 하면 된다. 그리고 김밥 속의 야채들은 김밥집마다, 김밥을 만드는 사람에 따라 거의 똑같은 맛을 내는 경우가 없다. 그럼에도 불구하고 그간의 김밥의 변화는 그리 크지 않았다. 김밥 안에 소고기를 넣으면 소고기 김밥이 되었고 오징어를 넣으면 오징어

김밥이 그리고 참치를 넣으면 참치 김밥으로 되는 식이다. 그런데 '모짜렐라 스팸 계란말이' 먹을 때마다 그 아이디어를 생각해 낸 사람에게 감탄하게 된다. 보통 김밥에는 좀 단단한 햄이 들어간다. 소시지에서 좀 더 고급스럽게 햄으로 바뀐 지는 꽤 오래된 일이다.

그런데 '모짜렐라 스팸 계란말이'에는 햄 대신에 스팸이 들어간 것이 신의 한수다. 사실 따지고 보면 별거 아니라고 할 수도 있다. 김밥 속에 들어가는 계란을 밖으로 가지고 나와 김을 계란으로 한 번 더 싸준 형태에 불과하다. 게다가 김밥 속에는 스팸이 큼지막하게 밥알들 사이에 들어가 독특하고 감칠맛을 더해준다. 다시 말해서 스팸에 모짜렐라 치즈와 계란 옷을 입혀 고소함을 더한 것 그 이상도 이하도 아니다. 하지만 사소한 변화로 인한 색다른 조합의 음식을 먹을 때마다 기분이 좋아진다. 한 입에 넣어 씹을 때마다, 이 음식의 궁합이 최고라는 생각이 든다.

또한 스쿨푸드 딜리버리 시그니처 메뉴인 '모짜렐라 스팸 계란말이'는 일반 김밥에 비해서 김밥 하나의 크기가 작지만 여럿이서 나눠 먹기 좋은 핑거 푸드 메뉴이기도 하다. 주문 즉시 철판에서 계란을 말아내는 스쿨푸드 딜리버리만의 노하우로 부드럽고 촉촉한 식감을 자랑한다. 담백하면서도 살짝 느끼한 맛이 있지만 먹다 보면 한도 끝도 없이 먹을 수 있을 것 같다. 조금 작게 만든, 단무지 대신 들어간 장아찌의 아삭거리는 맛을 잊을 수 없어 계속 찾게 된다. 사실, 때로는 그 장아찌 맛이 입맛을 자극할 때도 있을 정도로 은근히 중독성이 있다.

이처럼 기존의 우리가 알고 있던 것에 아이디어와 작은 변화를 더해, 사람들에게 편리함과 즐거움을 주고 있는 것들이 많다. 나는 그런 작은 변화로 인해 큰 감동이 일어나게 하는 제품도 좋아한다. 그래서 항상 새로운 변화가 생기는 곳에 민감한 편이다. 남들보다 그런 작은 변화를 잘 감지하여 다른 사람의 기분을 좋게 할 때도 많다.

직장 동료 선생님들의 변신한 헤어스타일에도 가장 민감하게 반응하고 옷차림새가 바뀌거나 스타일이 바뀌었을 때도 여지없이 알아낸다. 물론 몸무게가 늘었는지 줄었는지도 금방 알아챌 수 있다. 그리고 맛에도 민감하다. 음식에 독특함이나 풍미에도 반응이 즉각적이다.

나는 수업 시간에 끊임없이 새로운 것을 만들어내라고 요구하는 미술 교사다. 학기 초 평가계획을 세우며 수행평가를 계획한다. 지난해 아이들의 작품을 떠올리며 이번 해의 아이들을 위한 평가계획을 세운다. 수행평가를 위해 PPT도 준비하고 인터넷에서 자료를 찾아 준비한다. 하지만 아이들이 가장 좋아하는 자료는 선배들이 해낸 작품이다. 다른 아이들이 만든 작품 몇 개만 보여줘도 아이들은 재빨리 눈치챘다. 어떻게 해야 점수를 잘 받을 수 있는지를 알아채고야 만다.
그래서 아이들의 미술 실기 작품과 관련된 수행평가는 어떤 것이든 모방할 거리를 제공하는 것이 좋다. 무조건 똑같이 따라 하는 것은 좋은 점수를 받을 수도 없으며 아이들 자체도 별로 좋아하지 않는다. 표절에 대한 교육이 잘 되어 있기도 하다.

그리고 내 수업에서는 미술 수행평가에 작품 계획서가 반드시 포함된다. 그 계획서에는 작품에 대한 계획과 함께 디자인도 해야 하는 부분이 있다. 색채 디자인이면 색채 계획을 해야 하고 명함 디자인이면 제작하고자 하는 명함 디자인의 목적과 의도를 설명하고 밑그림도 그려야 한다.

그렇게 안내를 해도 아이들은 어떻게 만들어야 할지 감을 잘 못 잡을 때가 많다. 미술 시간 아이들이 가장 반짝반짝하는 시간이며 가장 빛나는 순간이 있다. 마치 동양화의 대가가 화선지에 일필휘지로 용을 그려내고 용의 눈에 점을 찍어 에너지를 증폭시키는 순간이다.

미술 시간 화룡정점의 순간은 아이들이 작품을 만들어낸 그 순간이 아니다. 바로 무엇을 만들지 아이디어를 구상하는 순간이며 다른 학생들의 작품을 보여주는 순간이다. 좋은 예시의 작품을 많이 보여주게 되면 아이들은 그 어떤 것이든지 만들어낼 수 있다.

그래서 나는 미술 시간에 휴대폰을 자주 사용할 수 있도록 한다. 작품이 한창 진행되고 있는 순간이 아닌 아이디어를 구상해야 하는 시간에 휴대폰을 나눠주고 다양한 검색을 통해서 아이들의 생각을 확장시키고자 함이다.

하늘 아래 새로운 것은 없다

검색을 통해 본인들이 머릿속에 가지고 있는 이미지나 아이디어와 일치시켜 자신들의 수행평가로 활용할 때 하나의 성취감도 생긴다. 이렇게 미술 시간에 나는 이미 존재하고 있는 형태나 사물이나 개념 등을 새로운 작품에 가져와서 융합시키는 것을 좋아한다. 그것은 한문시간에 배운 단어로 표현하라 하면 청출어람, 온고지신, 일취월장, 승승장구쯤으로 표현될 수 있을 것 같다.

또 오브제라는 개념을 알게 되면서 마치 엄청난 기술을 전수 받은 느낌이 들었다. 오브제는 예술 작품에 이용된 일상생활 용품이나 자연물 등을 말하는 것이다. 일반적으로 예술과는 관련이 없다고 느껴지는 물건을 예술 작품으로 가져오는 것이다. 중요한 것은 예술 작품으로 가져온 물체는 본래의 용도에서 분리하여 작품에 사용함으로써 새로운 느낌을 일으키는 상징적 기능을 갖게 된다.

파블로 피카소의 〈황소 머리〉가 있다. 언뜻 보게 되면 가장 단순한 조형이 아름다움을 줄 수 있다는 작가의 의도가 잘 반영된 작품으로 피카소가 모든 것을 다 제작했다고 생각되는 작품이다. 파리의 길가에 버려진 낡은 자전거는 피카소의 손과 머리와 가슴을 거친다. 피카소는 자전거의 안장과 자전거 앞바퀴 운전대 손잡이만 가지고 다시 재배열한다. 그 과정에 용접을 넣고 청동 작업도 이용한다. 그리고 제목을 '황소머리'라고 명명한다.

낡은 자전거를 새롭게 '황소머리'로 태어나게 하는 피카소의 상상력이 핵심이다. 이 작품을 보고 피카소가 얼마나 용접을 잘했는지 용접기술을 얼마나 배웠는지를 알기 위함이 아니다. 아니면 자전거가 누구의 자전거였고 처음에 얼마 정도 했는지 그것을 궁금해하라는 것이 아니다.

오브제를 이용한 피카소의 '황소머리'에 집중하라는 것이다. 피카소가 자전거에서 떼어온 재료들은 자전거에 붙어 있었을 때 부속 기능 중 하나였다. 피카소가 안장과 손잡이를 떼어 결합하자 '황소머리'를 떠올리게 하는 작품으로 변신했다. 이와 같이 어떤 물체가 원래 기능을 잃고 조형적인 특성을 띠게 될 때 오브제가 되는 것이다.

버려진 자전거가 예술 작품이 된 것이다. 이것은 피카소가 용접기술로 만들어 냈다기 보다는 물체가 피카소의 머릿속을 들어가 한번 필터링 된 후 다시 태어난 것이다. 더 이상 물체가 아니다. 〈황소 머리〉다.

〈황소 머리〉를 보면서 사람들은 많은 상상을 하게 된다. 혼자 어슬렁어슬렁 걸으며 위엄을 과시하는 흑소도 떠올리고 물가를 떼 지어 다니는 소의 무리도 보게 된다. 그리고 피카소의 작품에서 나는 또 느꼈다. '하늘 아래 새로운 것 없다.'라는 것을 말이다. 그의 상상력을 거친 안장과 자전거 핸들이 피카소 안에서 다시 태어난 것이다. 그것은 '유에서 유를 만들어라.'라는 원칙 안에서 존재하는 예술 행위이다.

4

질문이
살아 있는 교실

새로운 아이디어의 시작

나는 브레인스토밍이라는 말을 좋아한다. 무엇을 생각해낼 때, 아이디어를 낼 때 브레인스토밍이라는 방법을 생각하며 말을 하다 보면 결국 좋은 아이디어들이 생겨나는 경험을 많이 했기 때문이다.

작품을 만들기 위해 썸네일 스케치를 많이 하듯이 어떤 아이디어나 또는 문제의 해결점을 도출해낼 때, 브레인스토밍은 참 매력적이고 재밌는 방법이다. 좋은 아이디어를 내려면 처음부터 욕심 없이 권투선수가 잽을 던지듯이 툭툭 그렇게 접근해야 한다. 운동 게임이 시작한 지 얼마 되지 않아 홈런을 날리거나, 골인을 하거나, 어퍼컷을 날려 상대를 쓰러뜨리려 하면 몸에 너무 힘이 들어가게 될 것이다. 그렇게 되면 좋은 타구가 드라마 같은 숏이 그리고 한방이 나오지 않는다.

그저 생각나는 대로 아이디어를 내놓는 것이 브레인스토밍이다. 브레인스토밍은 가능한 한 많은 양의 아이디어를 모아 그 속에서 해결책을 찾는 방법이기 때문이다. 그래서 질보다 양이 더 중요하다. 사실 창의성이나 아이디어는 남들이 쉽게 생각하지 못하는 생각 속에서 나온다. 가끔 엉뚱하고 모순적인 아이디어 속에 의외로 쓸 만한 해결책이 숨어 있기도 하고 그렇지 않더라도 다른 생각 속에서 분명 얻는 게 있기 마련이다.

학기 초 첫 수업 시간에 미술 수업 시간 규칙 세우기를 한다. 5-6명을 한 조로 구성하며 모둠을 만든다. 아이들은 마주 보고 앉아서 미리 배부된 용지를 놓고 규칙을 세워야 한다. 자신들이 필요하다고 생각되는 수업에 필요한 규칙을 되도록 많이 적어야 한다. 각 조별로 미술 시간에 지켜야 할 준수사항과 지키지 않았을 때 어떻게 해야 할지를 토의 토론을 하며 결과를 만들어내야 한다.

그리고 '미술 시간 저는 이렇게 활동했어요.'라는 용지도 채워야 하는 과제가 있다. 총 45개의 칸에 스탬프를 채우면 간단한 간식이 주어지는 용지이다. 그러므로 아이들이 나름 중요하게 생각하면서도 미술시간에 성실히 집중하게 만들어준다. 여기에 스탬프를 받을 수 있는 활동에 대해서도 생각해서 적어내야 한다.

나는 그때도 브레인스토밍을 권장한다. 조별로 성향이 다른 구성원의 아이들이므로 모두 똑같은 방향의 아이디어가 나오지 않는다. 하지만 다양한 아이디어를 내되 엉뚱한 주장, 비논리적인 답변, 타당하지 않은 해결책 모두를 환영한다고 알려준다. 아이들의 생각들은 그대로 텍스트로 나타난다. 조별로 그것들을 추려내야 하고 그들끼리 질문을 통해서 아이디어들을 걸러낸다. 그리고 조별마다 다른, 미술 시간 규칙이 나오고 스탬프를 받을 수 있는 미술 시간 활동상황 예시가 나온다.

'수업 시간에 늦지 않는다. 수업 시간에 움직일 때는 선생님의 허락을 받는다. 미술준비물을 잘 해온다.' 등 지극히 당연한 것들을 아이디어로 내지만 꼭 필요한 의견이다.

그것들은 바로 내가 세우는 규칙 세우기에 첫 번째로 넣게 된다. 그리고 스탬프를 받을 수 있는 활동은 학습 토론에 의욕적으로 참여하여 발표를 잘하는 경우, 친구의 학습 도움 멘토 역할이 우수한 경우, 교재 및 재료의 준비를 잘하는 경우, 수업 시간에 부여된 과제를 잘 수행하는 경우, 배움 중심 수업에서 맡은 역할을 충실히 이행한 경우, 작품 활동 후 교구 및 주변 정리를 잘하는 경우 등 다양한 의견들이 쏟아져 나온다.

나는 아이들이 조별로 작성한 의견들을 모아 미술 시간 규칙 세우기를 만들어 서명까지 받아둔다. 이미 내가 정해놓은 사항들이 대부분이지만 아이들이 직접 생각하고 만들어보는 시간은 꼭 필요하다는 생각에서였다.

미술 시간 규칙 세우기가 끝나면 다음 시간은 바로 자기소개로 이어진다. 다른 시간에도 자기소개를 할 경우가 많지만 미술 시간은 다른 질문으로 시작한다. 나는 칠판에 '내가 가장 가보고 싶은 곳, 내가 가봤던 곳 중에 가장 좋았던 곳, 내가 가장 좋아하는 것, 그리고 내가 가장 좋아하는 음식, 가장 잘하는 운동, 그리고 나만의 속옷 색깔 등을 적는다. 마지막으로 30년 뒤 나의 모습은 어떻게 되어 있을까?'도 포함해서 칠판에 질문을 던진다.

그중 한 가지만 골라서 자기소개를 해도 되고 몇 가지를 골라도 되고 다 해도 된다. 아이들은 긴장도 하지만 자기소개를 어떻게 해야 할지 고민도 한다. 하지만 앞에 나와서 이야기를 너무 잘한다. 수줍어서 말을 잘 못하는 학생도 있지만 어쩌면 그 아이의 미래가 훤히 보일 정도로 말을 잘하는 아이도 있다.

그런데 자기소개를 하는 아이들의 이야기를 다른 아이들이 더 잘 듣게 하는 방법이 필요했다. 그리고 동시에 자기소개 하는 아이도 더 적극적으로 할 수 있는 방법이 있었다. 바로 질문을 하게 하는 방법이었다. 그냥 하라고 하면 반응이 덜한 중2 아이들이다. 질문을 해서 발표하는 학생이 세 문장 이상 나오면 사탕을 주겠다고 하며 교탁 위에 사탕을 올려놓았다. 사실 사탕을 먹기 위해서 또 주기 위해서가 아니다. 뭔가 확실한 동기 부여를 위해 재밌는 액세서리를 이용한 것이다.

분위기만 만들어주면 된다

자기소개를 하는 학생은 더 정성스럽게 하게 되었다. 친구들이 질문거리를 찾기 위해 사뭇 더 진지하게 이야기를 듣고 있었기 때문이다. 발표하는 친구는 농구를 좋아하는 아이였다. 그리고 집에서 거북이를 키우는 아이도 있었다.

'농구를 좋아한다고 했는데 언제부터 농구를 했나요?'라는 질문에는 '5학년 때부터요.'라는 대답이 나올 수밖에 없다. 친구가 사탕을 가져가도록 일부러 길게 세 문장을 이야기하지는 않는다.

마찬가지로 '거북이는 무엇을 먹나요?'라는 질문에 '시중에 나와 있는 사료로 감마루스와 맛기차 햄버거, 냉동 짱구 등이 있습니다. 그 외 건새우, 멸치, 생먹이를 먹습니다.'가 최선이다. 두 문장으로 끝났으니 사탕 획득에는 실패다. 난 '땡~'이라고 하며 아쉬움을 표현하며 더 좋은 질문을 유도한다.

아이들은 감을 잡았다. 사탕을 받을 수 있는 획기적인 질문을 고민했다. 그리고 같은 반 친구들 앞에서 수업 시간에 먹는 사탕의 맛을 느끼고 싶어 했다. 질문의 내용은 달라졌다. '첫째, 지금 키우고 있는 거북이는 육지거북인지 반수생거북인지 알고 싶고 둘째, 거북이는 무엇을 먹고 사는지가 궁금하고 셋째, 강아지처럼 거북이도 운동을 시켜 줘야 하는지 알고 싶습니다. 마지막으로 거북이를 왜 키우게 되었는지 거북이를 키우면서 힘들었던 점이나 좋았던 점 등을 말씀해주시기 바랍니다.'라고 질문을 했다. 질문에 대한 답은 세 문장 이상으로 나왔고 발표자가 관심이 있는 분야를 묻게 되니 눈빛까지 달라지더니 세 문장이 아니라 세 페이지가 나올 수도 있을 것 같았다.

이렇게 단순하게 자기소개를 하는 시간에서 아이들은 질문이 주는 의미와 역할에 대해 알 수 있었다. 사실 좋은 질문 하나가 수업 분위기를 바꿀 때도 많다. 하지만 질문보다는 답을 찾는 데 더 익숙한 것이 우리의 교실이다. 그리고 아이들은 보았다. 날카롭게 질문하게 되면 결국은 자기소개를 하는 친구가 정확히 세 문장, 아니 그 이상을 줄줄줄 이야기하는 모습을 말이다.

보통 질문은 그 사람의 수준을 잘 보여준다. 무조건 '왜요?'라는 식의

Question mark만 붙이면 질문이 아닌 것을 아이들에게 반드시 알려주고 싶다. 때론 질문이 그 사람의 모든 것을 보여줄 수 있다고 말이다. 얼마나 책을 많이 읽었는지 아니면 그 사람의 지식과 상식이 풍부한지 그리고 무엇보다 자신의 삶에 대해 얼마나 진지한지를 말이다.

질문을 한다는 것은 궁금한 것이 있다는 것이고 목표가 있다는 것이다. 하고 싶은 것이 있고 그것을 해내고자 하는 욕구가 있다는 것은 곧 해낼 수 있는 가능성을 동반하는 것이다. 그렇기에 조용히 입을 다물고 선생님의 말에 수긍만 하는 태도의 수업은 곤란하다. 궁금한 것을 물어볼 수 있는 분위기 그리고 아이들의 반응에 함께 춤을 추고 동작을 함께 하는 교사의 마인드는 또 다른 소통의 중요성을 말해주는 것이다. 배우고자 하는 사람이라면 질문과 함께 커갈 수 있는 존재들이기 때문이다.

질문을 받고 또 질문에 답하고자 하는 과정은 교실의 분위기를 바꾼다. 질문을 하는 아이와 질문을 받는 교사 그리고 그 과정을 지켜보는 교실의 아이들 모두 함께 성장할 수 있는 최고의 방법이다.

5

모든 것을
다 가르칠 수 없다

개개인의 욕구는 다 다르다

2년 전, 내가 근무하는 학교는 아침 8시 30분까지 출근이었다. 8시 30분까지 출근하기 위해서는 집에서 적어도 7시 45분에는 차에 올라 시동을 켜야 한다. 그리고는 매일 8시에 한결같이 흘러나오는 KBS FM 93.1에서 흘러나오는 〈출발 FM과 함께〉라는 클래식 방송을 듣는다. 그곳에서 나오는 이재후 아나운서의 목소리가 바쁜 출근 시간의 여유를 찾아준다.

어느 청취자가 신청한 베토벤의 바이올린 소나타 5번 〈봄〉이 끝나고 다시 이재후 아나운서는 차분한 음성으로 사연을 읽어 준다. 이번에는 그날 처음 〈출발 FM과 함께〉를 듣게 된 청취자의 사연이었다. 사연을 보낸 그 청취자는 우연히 채널을 돌리다 바이올린 소리가 너무 아름다워서 계속 듣게 되었다고 한다. 그래서 처음으로 사연까지 보내게 되었다는 내용이다. 그리고 클래식에 대해 잘 알지 못하니 음악에 대한 지식이 없는 초보자들을 위한 코너를 만들어 달라는 제안을 했다. 좀더 쉽게 클래식을 접할 수 있는 코너가 필요하다고 한 것이다. 그에 대한 대답으로 이재후 아나운서는 프로그램의 코너까지 DJ가 결정할 수 있는 문제가 아니다. 좋은 제안이긴 하나 일단 참고는 하겠다고 했다. 그리고 클래식을 즐기고자 하는 마음이 있다면 유튜브 등을 이용해서 많이 듣는 것을 추천한다고 전했다. DJ는 조금 미안해하면서 별로 좋은 답변을 드리지 못한 것 같다며 도움이 못 돼서 죄송하다고 했다.

브람스의 첼로 소나타 1번이 흘러나오면서 DJ의 목소리는 잠시 사라졌다. 〈출발 FM과 함께〉는 하루에도 많은 청취자가 드나드는 인기 클래식 프로그램이다. 청취자들의 모든 요구사항을 다 들어줄 수는 없겠다는 생각을 하면서 운전도 하고 음악도 들으며 학교로 향하고 있었다. 청취자한 명 한 명 스스로 곡을 찾고 노력하려는 자세 없이 방송사가 각 개인에 맞는 코너를 그때마다 제공하는 것은 다소 어려움이 있겠다는 생각이 들었다.

브람스의 곡이 끝난 후 다시 이재후 아나운서의 고즈넉한 목소리가 차

안을 편안하게 만들어준다. 그는 좀 전에 청취자의 의견에 대한 다른 애청자가 보내준 메시지를 전해 주었다. 그것은 클래식 음악을 많이 듣고 자주 듣는 것을 추천하는 내용이었다. 그렇게 하면 자연스럽게 음악에 대한 이해도 높아질 수밖에 없다는 것이다.

그리고 무엇보다 아름다운 클래식 음악과 친해지기 위해서 〈출발 FM과 함께〉와 같은 좋은 프로그램을 자주 청취하면 되지 않겠냐는 생각도 덧붙였다. DJ는 아까 초보 청취자를 위한 클래식 코너를 제안한 청취자에게 도움이 될 수 있는 매우 좋은 답변이라고 하면서 100% 제안에 200% 답변이라고 하며 마무리 지었다. 다양한 청취자의 의견을 애청자의 의견으로 문제를 해결해 나가는 DJ가 노련하다는 생각이 들었다.

초보 클래식 청취자가 음악을 알고 싶어 하는 마음과 클래식을 배우고자 하는 욕심도 이해가 된다. 하지만 방송이라는 것이 개개인의 구미에 맞게 모든 코너를 다 만들어낼 수는 없는 노릇이다. 라디오 방송이 지식을 전달하는 매체로서의 역할도 있지만 그 이전에 음악을 즐기는 차원에서 비중을 두어 생각해 달라고 말하는 것이 인상적이었다. 그리고 나중에 애청자가 낸 의견을 잘 전달한 DJ의 순발력과 센스에 응원을 보내게 된다. 그리고 나는 짧은 시간 동안 청취자의 요구와 음악과 그리고 DJ가 전하는 말 속에서 학교 현장에서 느꼈던 답답함이 해소되는 것을 느꼈다. 아이들은 매일 등교해서 공부하고 운동하고 급식도 먹는다. 또 청소도 하고 친구들도 만나 사귀는 등 다양한 활동을 하고 있다. 오전 8시 50분부터 오후 3시 30분 정도까지 하루의 3분의 1 정도의 꽤 많은 시간을 학교에서 보내고 있는 것이다.

어느 날 3교시 수업 중이었고 복도는 조용했다. 마침 수업이 없던 나는 화장실을 다녀오면서 우리 반 교실을 지나가게 되었다. 우리 반은 체육 수업 중이었고 교실에는 아무도 없었다. 그런데 행정실 주무관 한 분이 우리 반 교실을 찍고 있었다. 무슨 일이냐고 물어보니 교장 선생님이 시켜서 하는 일이라고만 했다.

사실을 알고 보니 2교시가 끝난 후, 쉬는 시간에 3층의 교실 창문에서부터 화단으로 물건이 하나 떨어졌다고 한다. 그것은 우리 반 아이가 친구가 건네준 비타 500을 마시고 버린 병이었다. 지나가는 1학년 여학생이 그것을 목격하게 되었고 마침 순회하고 계시는 교장 선생님에게 말씀을 드렸다. 학생의 이야기를 전해들은 교장 선생님은 행정실 주무관님에게 우리 반 창문의 위치 등을 찍어 오도록 한 것이다.

누가 들어도 위험천만한 일이다. 마시고 난 음료수 병을 화단에 떨어뜨리려 했다는 발상 자체도 상식 밖의 일이었다. 그러나 정작 먹고 남은 음료수병을 화단으로 떨어뜨린 우리 반 지호는 그 일의 심각성을 모르고 있다는 것이다.

벌써, 학년부 선생님들은 지호를 불러 앉혀놓고 사실 확인서를 쓰게 했다. 항상 장난을 잘 치는 지호였다. 그런데 이번 일은 장난이 심하니 조심해라 하고 말 성질의 것이 아니었다. 지호는 억울함을 호소했다.

　처음에는 실수였다더니 3층 우리 반 창문에서 바로 밑 화단 쪽으로 떨어뜨리려 한 것은 사실임이 밝혀졌다. 지나가는 학생 중 한 명이 맞기라도 했으면 어쩔 뻔 했냐고 물었다. 그랬더니 다친 사람이 없다고 강조한다. 높은 곳에서 병을 떨어뜨리고도 아무도 다친 사람이 없다는 것에 초점을 맞추는 지호를 지도하기는 쉽지 않았다.

　결국 학부모님이 보는 앞에서 선도 위원회가 열리고 교내봉사를 시키긴 했지만 어렸을 때부터 시작해서 초등학교 때 이미 숙지하고 내재되어 있어야 할 기본 생활 수칙 중 한 가지가 아닌가. 어디서부터 설명하고 어디까지 알려줘야 하는지 모르겠다는 생각이 드는 부분이다.

　우리 학교 교육의 사각지대인가 싶기도 하다. 운전을 하다 보면 아무리 조심해도 순간 내차 바로 뒤에서 따라오는 다른 차를 발견하지 못한다. 뒤따라오는 차가 갑자기 나타난 것처럼 느껴질 때가 있다. 그렇게 아무리 조심해도 나의 영역 밖이기 때문에 보조 사이드미러를 장착하는 사람들이 많다. 이처럼 분명 가정에서부터 유치원을 거쳐 초등학교 시절에 이미 교육되었어야 할 부분인데 안 되어 있는 아이들을 발견할 때가 있다. 이래서 '소를 물가에 데려갈 수는 있어도 억지로 물을 먹일 수는 없다'는 말이 있는 것 같다.

지금의 순간이 얼마나 감사한지 알아야 한다

소를 물가에 데려 갔지만 억지로 물을 먹일 수 없는 경우가 또 있다. 딸아이하고 둘이서 뉴욕을 4일간 자유 여행을 하고 캐나다 투어를 한 적이 있다. 캐나다 나이아가라 폭포에 도착했는데 나는 거기서 자연의 경이로움에 감탄했다. 높은 곳에서 물줄기가 떨어지는 폭포를 보기 위해 사람들은 보트를 탄다. 비옷을 입고 폭포 가까이에서 사진을 찍었다. 역시 가까이 가서 보는 폭포보다는 조금 멀리 거리를 두고 손에 닿을 듯 말 듯 보는 것이 훨씬 좋았다.

이 폭포를 보기 위해 나는 얼마나 많은 거리를 달려왔나. 또 얼마나 많은 비용을 지불했나. 이런저런 생각을 하면 나이아가라 폭포는 그만한 가치가 있다고 생각하며 즐기고 있었다. 인간이 아무리 손재주가 뛰어난들 또 아무리 건축 디자인이 훌륭한들 이 대자연의 경이로움을 대체할 수 있을까 하면서 말이다. 그러나 정작 초등학교 4학년 딸은 매우 지루한 표정이다. 난 그 순간에 갑자기 화가 났다. 딸의 이름을 부르며 다른 관광객들 사이에서 나는 딸을 훈계하기 시작했다. 우리가 이걸 보기 위해서 얼마나 먼 거리를 비행기를 타고 왔는지 아느냐. 이곳을 위해 지불

한 비용이 얼만지 아느냐. 온 김에 다 보고 가야 할 것처럼 난리를 쳤었던 적이 있다. 물론 난 그때 그 일을 후회한다. 내가 폭포를 보고 느낀 감동을 딸에게 전해주고 싶어서 애닳아 하던 것은 어리석은 것이었다. 그 일이 얼마나 메아리 없는 외침인지 이제는 알게 되었다. 다시 그 순간으로 돌아간다면 나는 딸아이에게 주변의 기념품점을 혼자 돌아볼 시간을 좀 더 주거나 아니면 손을 잡고 같이 좀 더 나이아가라의 장관을 단지 바라만 볼 것이다.

내가 볼 수 있는 감동을 강요하지 않을 것이다. 내가 느낄 수 있는 부분이 있을 것이고, 아이가 볼 수 있는 상황이 있을 것이기 때문이다. 나는 나이아가라의 멋진 장관을 보고 감동을 느낄 것이고 아이는 그냥 관심 없는 장소라 여겨도 괜찮은 것이다. 하나도 조급해할 일이 아닌 것이다.

모든 것을 다 가르쳐줄 수 없다. 이 세상이 얼마나 아름다운지 우리가 사랑했던 순간들이 얼마나 행복한 것인지 그리고 지금의 순간이 얼마나 감사한 것인지는 가르쳐준다고 되는 것이 아니다. 아이가 그 많은 것들을 느끼는 시기는 따로 있을 수 있다고 인정할 수 있는 여유가 생겼고 나보다 더 인생을 향유할 수 있을 거라 믿기 때문이다.

6

이름을
불러준다는 것

더러운 학교 안 다니겠다

어느 정보 고등학교에서 근무할 때 일이었다. 5교시 미술 시간 수업을
하다 말고 남학생이 자리에서 일어나 나를 향해 저벅저벅 걸어 나오고
있다. 그 남학생의 노랗게 염색한 머리카락이 보였다. 앞머리가 왼쪽에
서 오른쪽으로 흘러내려 한쪽 눈을 가리고 있었고 왼쪽 손은 바지 주머
니에 꽂고 있었다. 교실은 갑자기 얼어버렸다. 나는 칠판과 교탁 사이에
서 있었고 수업 중이던 다른 아이들은 모두 자리에 앉아 있었다.

그 해 유난히도 교사가 학생에게 폭행을 당했다는 뉴스 소식이 많았
다. 학생들과 학부모의 폭언으로 병원 치료까지 받는 경우도 많아져서

교사들 마음에 멍이 들어 있었다. 심지어 경기도의 어느 학교 기간제 선생님이 수업 중 학생에게 맞았다는 뉴스로 선생님들은 마음이 많이 힘들었다. 내가 그해 근무하던 학교는 정보 산업고등학교였다. 인문계 고등학교로 입학하지 않고 취업과 진학의 선택이 모호한 학생들이 여러 가지 이유로 오게 된 학교였다.

그해 1학년 입학 학생들은 특히 상황이 좋지 않은 상태에서 편성된 아이들이었다. 학기 초 1학년 전체가 가는 수련회에서 교관들을 폭행하고 도망가는 학생들이 생기는 바람에 학교는 발칵 뒤집혔다. 그 정도 되면 학교에서 학생들의 수업 태도는 보나 마나 뻔하다. 몇몇 학생들 때문에 꿈을 가지고 진학한 선의의 피해자들이 생기면 안 된다. 그래서 교사들은 문제 행동을 보이는 학생들과의 전쟁이 시작되었다. 교장 선생님을 비롯한 모든 선생님들이 한마음이 되어 학교를 살려야 한다는 한마음으로 힘을 모았다. 정상적인 수업은 기대하기 힘들었다. 등교 시간은 8시 30분까지였으나 하루 종일 등교하는 학생들이 있었고 수업 시간 중에도 학교 담을 넘어 나가버렸다.

교장 선생님은 그해 매일 운동화를 신고 다니시며 도망가는 학생을 붙들어 교실로 돌려보내려 애쓰셨다. 훈화를 하려는 교장 선생님과의 대화를 거부한 한 문제 학생은 1층 현관 로비 커다란 화분을 깨고 학교 밖으로 뛰쳐나갔다. 수업 중에 밖으로 나가려는 학생과 지도를 하려는 교장 선생님이 싸우는 듯한 목소리가 들렸고 뭔가 깨지는 소리를 우리는 다 들을 수밖에 없었다.

지난 해까지만 해도 상업고등학교의 정체성을 가지고 취업률도 높고 명성이 있는 학교였으나 갑자기 이렇게 된 상황에 대해서 선생님들도 여러 가지 면에서 책임을 통감하고 있었다. 학교의 혁신을 위해 교장 선생님이 과감한 결단을 내리셨다. 학급 인원수를 맞추기 위해 문제 있는 학생을 그냥 두지 않겠다는 의지를 표명했다. 그리고 그해 100명 정도의 학생들이 자퇴를 하거나 전학을 가거나 했다. 그 학교에는 가정 형편이 넉넉하지 않은 학생들이 상대적으로 많았고 초등학교 때부터 담배를 피는 학생들도 꽤 있었다. 학교장이 의지를 가지고 학교를 바꾸려 하니 조금씩 변화가 일어나기 시작했다. 모든 교사들이 한 목소리로 지도를 하니 다양한 곳에서 변화가 일어나기 시작했다. 매 쉬는 시간 화장실에서 담배 연기가 나서 당황하던 선생님들은 조를 짜서 화장실과 복도 등 학생들이 흡연할 만 곳에 지켜 서서 지도를 했다. 쉬는 시간을 뿌옇게 채우던 담배 연기가 사라지기 시작했다.

그러던 어느 날 우연히 나는 1학년 부장 선생님과 점심시간 옆자리에 앉게 되었다. 그래도 문제 있는 학생들이 많이 정리되어 학년 부장으로서 맘이 좀 편하지 않냐고 물었다. 사실 그냥 인사말로 건넨 정도였다. 학교상황이 아주 좋아진 것도 아니었으니까 말이다. 그런데 1학년 부장의 좌절에 빠진 말이 이어졌다. 1학년 7반의 한 학생 때문에 수업이 되지 않고 지난 수업 시간에는 교직 경력이 얼마 되지 않은 영어 선생님 시간에 의자를 박차고 일어나 책상도 뒤집는 일이 발생했다고 한다.

그 학생의 그런 행동은 비단 영어 시간뿐만이 아니다. 그 교실에 들어가는 모든 선생님들이 힘들어 했다. 나도 그 아이 때문에 당황했던 적이 한두 번이 아니었다. 문제는 그 아이가 수업만 안 한다는 게 아니다. 학교에 담배를 가져와 얼마씩 받고 판다는 것이다. 지나가다 우연히 보게 되었는데 책가방 대신 어깨부터 크로스해서 메는 작은 가방을 메고 다녔다. 학생이 아니라 마치 장사를 하러 학교에 오는 사람 같았다. 매일 학생부로 불려가는 그야말로 블랙리스트였다.

그리고 이어지는 1학년 부장의 말은 그 학생이 학교의 지도를 전혀 따르지 않는다는 것이었다. 문제가 있을 때마다 담임선생님과 학년 부장이 수시로 지도했을 것이고 선도위원회에도 여러 번 회부되어 교내 봉사, 사회봉사, 특별 교육, 출석 정지까지 모든 단계를 다 거쳤다.

다음 단계는 이제 자퇴밖에 없다. 학교의 규칙을 전혀 지키지 않고 지키려는 의지가 없는 학생이 있는 반은 다른 학생들 지도하기도 더 어렵다. 그리고 1학년 전체가 힘들어질 수 있으니 학년부장의 고충은 짐작이 되고도 남았다.

이름만 불러도 학생이 된다

점심 식사 후 1학년 7반 5교시 미술 시간이었다. 수업에 늦게 들어오는 학생들을 자리에 앉히고 수업을 해야 하는데 그 학생은 여전히 친구들과 학생들이 나누는 대화라고 생각할 수 없는 대화를 나눈다. 어떻게 지도해야 할지 모르겠다 싶었다. 조용히 하라 했더니 교실 바닥에 가래침을 뱉어낸다. 아이들은 다 나를 쳐다봤다. 교실 바닥에 침을 뱉은 학생을 보고 교사는 어떤 행동을 하나 보는 듯했다. 너무나 당황스러웠지만 그냥 넘어갈 수가 없었다. 나는 단호한 목소리로 벌점을 주겠다고 했다.

그간 그 학생이 받은 징계는 벌점을 받아 교내봉사부터 시작된 것이다. 학교에서는 다른 형태의 체벌이 없었다. 벌점이 쌓이면 담임교사가 남겨서 상담을 하고 학생부에 올라가서 지도를 받았다. 그러고도 개선이 없으면 선도위원회에 회부되어 학교가 정한 규칙에 따라야 한다. 그렇게 해서 학교를 떠난 학생들이 그해 50명도 더 된다.

그 학생은 벌점이라는 내 말에 적잖이 놀란 눈치다. 그리고 그냥 조용히 할 줄 알았다. 이제 벌점을 더 받으면 학교를 못 다니게 되는 상황이 될 수도 있으니 바로 자숙하고 반성 모드로 들어갈 줄 알았다. 그런데 갑자기 나를 향해 평생 잊을 수 없는 말을 했다. "너는 공부 잘해서 선생 됐지? 나는 이 더러운 학교 안 다닐라고."라는 말을 던졌다. 나는 내 귀를 의심했다. 순간 내가 벌점을 준다는 말이 그 아이에게는 더 이상 이제 학교를 못 다닌다는 말이나 다름없다는 것을 알았다.

그러고는 갑자기 앞에서 다섯 번째쯤 앉아 있던 그 아이는 자리에서 일어나 앞쪽으로 걸어 나온다. 내 몸은 마치 얼음처럼 굳어버렸다. 시간도 잠시 멈춘 듯했다. 다리는 바로 교실바닥에 붙어버려 난 마치 동상 같은 느낌이 들었다. 그리고 머릿속에는 꿈처럼 여러 가지 생각들이 지나간다. 여교사가 남학생한테 맞았다는 뉴스가 나온다. 이제 학교를 어떻게 다니나.

나는 자연히 그렇게 되었다. 미리 다른 선생님들에게 들은 그 학생의 정보가 나를 힘들게 했다. '아! 난 곧 맞고 쓰러지겠구나' 그렇게 생각하니 아무것도 할 수 없었다. 몸에 힘이 다 빠지고 그냥 바로 쓰러질 것만 같았다. 그런데 그때 PC 방에서 놀다가 느즈막히 점심을 먹기 위해 학교로 온 진석이가 교실 앞문을 드르륵 열고 들어왔다.

7반 담임선생님이 쉬는 시간, 수업 시간 개념 없이 교실을 드나드는 학생들 지도 차원에서 아예 뒷문을 자물쇠로 채워놓은 바람에 진석이는 바로 앞문으로 들어오려 했던 것이다. 그러면서 교실에 있던 모든 아이들의 시선과 함께 얼음같이 묶여 있던 끔찍한 상황도 달라지게 되었다. 나는 바로 정신을 차리고 "진석아 쟤 좀 잡고 있어."라고 부탁했다. 진석이와 함께 앞줄의 반장도 자리에서 일어나서 그 아이를 붙잡고 있었다. 문쪽에 앉아 있던 희정이를 데리고 학생부로 올라갔다. 마침 자리에 있던 학생부장님께 수업 중에 일어난 상황을 말씀드렸다. 문제의 그 아이는 이미 교내 봉사, 사회봉사, 특별 교육을 거쳐 출석 정지도 몇 회 진행된 상태고 하니 어머니와 통화 후 자퇴를 결정하겠다고 하셨다. 너무나 순식간에 진행된 일이고 다음 날부터 그 아이는 학교에서 볼 수 없었다. 그 반에서 수업을 하셨던 선생님들은 모두 말씀하셨다. 그 녀석이 학교 나오지 않아서 학급 분위기도 좀 좋아지고 수업하기도 훨씬 수월하시다고 마치 내가 골치 썩이는 아이와 싸워서 해결한 듯한 분위기가 느껴지기도 했다.

그날 이후 가끔 그 녀석의 소식을 들을 수 있었다. 학교 주변에서 오토바이 배달을 하며 지낸다고 한다. 그 아이가 학교를 떠난 것은 5월이었다. 한 학기가 끝나고 학교는 수행평가며 학기말 준비에 한바탕 분위기가 집중되었고 곧 여름방학을 맞았다. 나는 충격적인 일에 대해서는 거의 잊고 있었다. 그리고 8월 말에 다시 개학을 했고 9월이 지나고 10월이 지나 바람도 스산해지는 늦가을도 지났다. 학기 말 다시 어수선한 미술 시간에 아이들끼리 얘기하는 소리를 들었다.

학교를 떠나 오토바이 아르바이트를 하며 지내는 그 아이가 친구를 만나러 바로 내가 수업하는 교실로 찾아온다는 얘기를 들었다. 나는 내 귀를 의심했다. 그리고 이야기를 나누는 아이들에게 자초지종을 물었다. 이번시간이 끝나면 교실 앞으로 오기로 했다는 것이다. "그래?" 하며 난 표정을 담담하게 짓고 있었지만 교실 앞에 서서 나와 마주칠지 모르는 그 아이를 신경 쓰고 있었다.

수업이 끝나는 종이 울리고 교무수첩이며 이것저것 챙겨 교실 문을 나왔다. 그러면서 나는 아닌 듯 하면서도 그 학생을 찾고 있었다. 잠시 딴 곳을 보고 있는 듯한 그 아이와 나는 어쩔 수 없이 눈이 마주쳤다. 학교에 다닐 때 교실 바닥에 침을 뱉고 머리를 노랗게 염색하고 다소 삐딱한 느낌의 그 아이는 왠지 측은한 모습으로 서 있는 것 같았다.

나는 아무렇지도 않은 듯이 크지도 작지도 않은 목소리로 '혁수 오랜만이다.' 하며 최대한 담담한 목소리를 담아냈다. 혁수는 거친 표정의 아이였지만 순간 이름을 부르는 내 목소리에 적잖이 당황한 듯이 보였다. 그리고 어떻게 자신의 이름을 기억하냐는 표정을 지었다. "왜 몰라, 너 방혁수 맞지?" 하며 혁수와 나는 시끄러운 복도 앞에서 잠시 둘만의 시간을 가졌다.

매일 같이 불러주는 이름에 대해 우리는 쉽게 지나칠 수 있다. 내가 혁수의 이름을 부르는 순간 마음이 편해졌고 혁수도 학생으로 돌아가는 듯한 느낌을 받은 것 같았다.

7

세상은
시험지가 아니다

우리가 교실에서 할 수 있는 것들

중학교 2학년의 아침 시간은 새싹들이 피어나는 시간 같다. 갓난아기
나 유아, 초등학교 아이들은 둔 부모들은 중학교 2학년 정도면 다 키워놓
은 것 아니냐고 할 수도 있다. 하지만 생각해보라. 그들은 초등학교를 벗
어난 지 얼마 되지 않은 아이들이다. 키가 큰 아이들도 있지만 덜 자랐고
몸도 아직 덜 완성되었다.

8시 30분이 좀 넘으면 아이들은 교실에 하나둘씩 들어오기 시작한다.
간단하게 눈인사를 하거나 큰 소리로 이름을 불러주기도 하고 그냥 본
것만으로 인사를 대신 하기도 하면서 각자 정해진 자리를 채워 가며 앉

는다. 아무래도 교실은 35명의 아이들이 다 함께 생활하는 공간으로는 그리 넉넉한 공간이 아니다.

그렇기에 아이들은 작은 책상에 만족해야만 한다. 책상 서랍에 교과서도 넣고 교실 뒤켠에 마련된 사물함도 이용한다. 아이들은 자리를 정리 정돈해가며 딱 혼자만 앉을 수 있는 교실 책상과 의자를 항상 소중히 생각한다. 의자 위에 옷도 걸쳐놓고 책상 옆 고리에 실내화 주머니도 걸어 놓는다. 그러나 의자 위에 걸쳐진 옷은 때로 바닥에 떨어지고 책상 고리에 걸어둬야 하는 실내화 주머니는 가끔 주인을 잃고 헤매기도 한다.

어제 체육 시간이 끝나고 교복으로 갈아입은 뒤 누군가 체육복을 미처 못 챙긴 모양이다. 체육복 바지가 아침 시간에 주인을 찾지 못하고 사물함 위에 누워 있다. 누구 거냐고 물어보니 다 모른 척한다. 체육복의 주인이 나타나지 않으니 교무실에 분실물로 접수하겠다고 했다. 그제서야 몇몇 아이들이 정신을 차리고 체육복을 살펴보더니 바로 주인이 나타난다. 그런 아이들을 보면서 이미 중학교 시절을 겪은 딸들의 모습들이 스쳐지나간다. 학교 교사로 직장에 다니느라 제대로 챙겨주지 못했는데 어느새 잘 자란 딸들에게 고마운 마음이 드는 순간이다.

학기 초 우리 반은 34명으로 출발할 뻔했다. 그러나 개학과 동시에 준석이가 말레이시아에서 재입학하는 바람에 35명으로 재적 인원이 조정

되었다. 35명의 아이들은 다 예쁘고 똑똑했다. 아직 새싹이라는 느낌이 들었지만 새싹의 크기나 색깔과 모양이 다 달라서 조금 자라면 확실한 개성이 보이는 굵직한 어른들이 될 것 같은 느낌이 드는 아이들이 있다.

학기 초 우리 반 아이들은 35개의 자리에 번호순으로 앉아 공부했다. 그 자리에서 수업도 하고 점심시간에 그 자리에 앉아 급식도 했다. 그런데 한 달도 지나기 전에 거의 모든 아이들이 자리를 바꿔 달라고 건의했다.

나도 그럴 생각이었다. 어떻게 자리를 바꿀 건지 궁금해했다. 나는 랜덤으로 내가 만든 35명의 자리표를 가지고 있었고, 아이들은 번호표를 뽑았다. 다음날 조례시간에 내가 만들어놓은 자리표와 아이들이 뽑은 자리표를 맞춰가는 시간이 있었다. 아이들은 누구 옆에 앉느냐가 중요했다. 자신의 표를 들고 와 내가 들고 있는 자리표를 맞출 때마다 환호성 또는 탄식이 들려온다. 그날 자리 바꾸는 시간은 짧은 순간이었지만 아이들이 누구랑 친한지 어떤 성향의 아이들인지도 알 수 있었다.

그렇게 우리 반 자리 바꾸는 시간은 한 달에 한 번씩 돌아온다. 그때마다 아이들은 표를 한 장 뽑고 내가 만든 자리 배치도를 기다린다. 수업시간에는 자리를 바꿔서도 안 되며 자리를 바꾸면 방과 후에 남아서 성찰 일기나 마음을 다스리는 글 등을 써야 한다.

정답 없는 문제를 해결하는 법

항상 짝이 있는 상태에서 생활하게 되지만 오롯이 혼자 앉아야 하는 날이 있다. 그날은 다시 번호대로 앞줄에서부터 시작해서 5열 6줄로 자리를 배치해야 한다. 짧게는 이틀, 길게는 삼일 정도 걸리는 중간고사, 기말고사 기간이다. 다른 날은 랜덤으로 제비뽑기를 해서 앉기도 하지만 시험 기간에는 반드시 교실 복도 쪽 책상 가장 앞줄에 학교 번호 일 번부터 앉아서 시험을 봐야 한다. 시험 일주일 전부터 아이들은 슬슬 긴장하는 조짐이 보인다. 내가 그렇게 느껴서 그런지 몰라도 쉬는 시간에도 교과서를 들여다보기도 하고 수업 시간에 나눠주었지만 이리저리 흩어졌던 프린트들을 정리하는 아이들도 있다. 미처 필기를 하지 못했던 친구들은 다른 친구의 교과서를 보고 베끼기도 한다.

우리 반에는 수학, 과학을 잘하는 친구들도 꽤 많다. 일찌감치 학원을 다니고 과외를 하는 등 조기교육의 효과를 본 아이도 있지만 계속해서 엄마랑 수학을 하면서 학교 수학 공부를 하고 있는 준영이가 있다. 준영이 엄마와 통화를 하면서 알게 된 사실이지만 이번 시험결과에 어떻게 나타날지도 궁금해지는 부분이다. 지난해에는 자유 학기제라 해서 중학교 일학년은 시험이 없었다. 그래서 중학교 이학년의 중간고사는 이 아이들이 태어나서 보는 사실상 첫 시험인 것이었다. 중간고사 이주일 전부터 이미 보이지 않는 경쟁모드에 돌입했다.

기존에 수학, 과학을 잘 한다고 알려진 아이들은 또 그들만의 리그를 펼치고 있기도 했다. 학원에서의 레벨 경쟁이나 외부 경시대회 같은 곳에서 수상 실적 등으로 이미 자리매김되어 있기도 하다. 하지만 학교 시험은 또 달랐다. 학교에서 치러지는 시험은 공교육에서 이루어지는 가장 큰 국가적인 행사인 대학수학능력 평가에 대한 가능성 테스트이기도 한 것이다. 아직 멀찌감치 있긴 하지만 대입 수능에 대한 부담감이 중학교 2학년 교실에서 느껴졌다는 건 나의 오해였으면 좋겠다.

　우리 반에서 수학, 과학을 잘하는 아이들이라고 소문난 대표 주자 중 김화미라는 아이가 있다. 오빠도 이미 과고에 진학해서 다니고 있다고 하니 화미의 부모님은 남매를 다 수학, 과학을 잘 시키고 있는 것이다. 수학, 과학을 잘 한다는 것은 요즘 대세에 많이 부응하는 것이다. 주변에 자녀를 둔 학부들은 거의 이과를 선호한다. 수학, 과학 과목에 재능을 보이는 아이들은 머리가 좋을 확률이 높고 대학을 잘 갈 수 있는 가능성이 높아진다.

　차분하고 성실하고 공부도 잘 하는 화미는 앉아 있는 자세도 모범적이고 학교생활에서 문제점을 찾아 볼 수도 없는 완벽한 학생이다. 화미가 우리 반 학생이 된 것을 알게 된 1학년 때 담임선생님이 화미를 회장감을 적극 추천할 정도로 괜찮은 학생이었다. 운동 잘 하는 남학생에게 회장 자리를 양보했지만 이번 시험에서의 부담은 남다른 것 같았다.

중간고사 이틀 중 두 번째 날이었다. 첫날에 영어와 국어를 보고 그날은 수학과 과학을 보는 날이었다. 한마디로 과고나 특목고를 목표로 하는 아이들은 그날이 D-day인 것이다. 어제 본 시험에 대한 충격을 삼키고 아이들은 교실로 찾아왔다. 평소와는 다르게 진지한 모습으로 시험을 보기 위해 온 아이들이 한편으론 안됐지만 이 또한 겪어야 할 일이다. 먼저 세상을 살아온 나로서는 아이들이 귀엽기도 하고 마냥 기특하다는 생각이 들었다.

이번 시험은 우리 반 앞 번호 1번부터 17번까지가 3학년 교실로 이동한다. 역시 3학년에서도 앞 번호 아이들이 우리 교실로 오게 된다. 이동하기 전 다시 시험 시 유의사항을 일러주고 있었다. 그런데 갑자기 화미가 자신의 책상에 토를 하고 말았다. 아침에 등교할 때부터 표정이 안 좋아 보이긴 했었다. 속이 많이 불편한 모양이었나 보다. 나는 눈 깜짝할 사이에 화미가 토한 것들을 치워버렸다. 다른 아이들이 '어?' 하는 소리가 들림과 동시에 교탁에 있던 휴지를 돌돌 말아 책상 위를 감쪽같이 닦아버렸다. 물티슈로 냄새까지 닦아버렸다. 앞 번호였던 화미는 아무 일 없이 시험을 잘 보러 갔다. 다행히 그날은 화미가 시험을 잘 본 모양이다. 하지만 평소에 더 잘한다는 수학 선생님의 말이 걸렸다. 화미가 너무 긴장을 한 탓인지 실력 발휘를 못한 건 아닌가 하는 생각이 들었다.

1학기 기말고사를 볼 때는 아무 일이 없었지만 2학기 중간고사 때 화미는 한 번 더 토를 했다. 그날도 나는 오랜 교직 경험을 살려 순식간에 치웠다. 1학기 때와는 달리 이번에는 화미의 수학 성적이 좋질 않았다. 특목고에 갈 때 발목을 붙잡을 수 있는 성적이 나와 버렸다. 시간이 지나 학부모 상담 기간에 화미 어머니가 상담 차 학교에 왔다. 학교생활에서 나무랄 것 없는 최고의 아이지만 화미의 어머니는 화미의 수학 성적으로 얼굴에 수심이 가득했다. 중간고사에서 수학시험을 망친 탓에 기말고사에서 무슨 일이 있어도 A를 받아야 했기 때문이다.

두 달 뒤 기말고사에서 화미는 수학시험 객관식에서 만점을 받았다. 그런데 서술형에서 점수가 깎였다는 얘기를 듣게 되었다. 걱정이 되어 수학선생님에게 물어보니 다행히 화미는 수행평가를 잘 해냈고 A를 받아냈다. 결국은 해낸 것이다. 나는 담임으로서 화미를 응원한다. 목표를 세우고 그것을 향해 가는 것이 우리의 숙명이기도 하다. 누구나 학교 다닐 때는 수많은 시험을 보고 시험지를 마주한다. 하지만 지금은 좀 생각이 다르다. 그래서 아이들이 중간고사 기말고사를 앞두고 조금 초조해하는 기색이 보이면 얘기해준다. 이번 시험을 잘 보기 위해서 노력해라. 하지만 원하는 성적이 나오지 않았다고 좌절하거나 실망하지 말라고 말이다. 그리고 무엇보다 전해주고 싶은 것은 세상은 시험지가 아니라는 것이다. 시험지 없는 세상에서 정답 없는 무수히 많은 문제에 직면하며 살아야 하는 아이들에게 꼭 해주고 싶은 말이다.

8

독서하는 아이가
교실을 바꾼다

책 읽는 아이는 희귀한 종족

지금 근무하는 학교에 교직원들의 출근 시간은 8시 30분까지이고 학생들의 등교 시간은 8시 50분까지이다. 교무실에서 그날 반 아이들에게 전달할 사항을 정리해서 교실로 들어가 출석 체크를 하고 수업에 집중을 위해 휴대폰을 수거한다. 매일 똑같은 루틴으로 진행되는 일이다. 그때 35명의 아이들의 아침시간 교실에서의 행동을 다 관찰할 수 있다.

엎드려 있는 아이, 그날까지 마감해야 할 숙제를 급히 하는 아이, 제출해야 할 휴대폰으로 끝까지 웹툰을 보는 아이도 있고 그냥 친구랑 이야기하거나 교실을 돌아다니는 아이들도 있다. 그중 눈에 띄는 아이는 단연 독서하는 아이다. 학기 초부터 줄곧 교실에 들어가면 책을 읽고 있는 윤정이라는 학생이 있어 행복했다. 윤정이의 책 읽는 모습을 보면 나도 마음이 편안해졌다. 교직 경력 20년을 넘기면서 담임을 여러 해 했지만 교실에서 책을 읽는 아이는 그리 쉽게 발견할 수 없는 희귀한 종족(?)이다. 그렇기에 자연스레, 책을 손에서 놓지 않는 아이는 단단해 보이고, 특별하게 보이고 그 아이의 미래를 상상하게 한다.

일 년간 담임을 하는 동안 윤정이를 보면서 느낀 점 중에 하나는 매일 책을 읽는다는 것이다. 물론 책을 읽지 않는 특별한(?) 날이 있기도 했다. 수행평가 시즌이라 많은 과제가 한꺼번에 몰린 시험기간 일주일 전은 윤정이도 바빠 보인다. 수행평가 제출물을 챙기는 분주한 모습도 몇 번 본 적이 있다. 그리고 현장체험학습이 있어 에버랜드에서 만난 날, 윤정이의 손에 책이 들려 있지 않았다. 그리고 체육대회가 있던 날에는 아이들이 다 함께 우리 반 반티를 입고 들떠 있었고 그사이에 윤정이도 책 대신 응원도구가 들려 있었다.

무엇이든 꾸준히 해야만 습관을 들일 수 있다. 운동이 그렇고 악기 연습, 영어 회화 훈련 등이 그러할 것이다. 반복해서 그 습관을 챙기고 끊임없이 책을 손에 놓지 않고 아침 시간과 쉬는 시간을 활용하는 윤정이를 바라보며 많은 생각을 했다. 좋은 독서 습관을 가지고 있다는 것이 부럽기까지 하다. 독서는 습관이 중요하고 매일 조금씩이라도 꾸준히 읽어야 지속할 수 있다. 그런 습관이 잘 되어 있는 학생의 어머니가 궁금해지기도 하는 지점이다.

때로는 일부러 교실 책상과 책상 사이 공간으로 아이들을 살피는 척하며 책을 읽는 윤정이의 곁으로 다가가기도 했다. 오늘은 무슨 책을 읽고 있는지 궁금해서이다. 깨알 같은 글씨에 두껍기까지 한 영어책을 손에 들고 읽고 있는 날도 있고 과학 관련 책을 읽고 있는 날도 있었다.

나는 윤정이의 독서하는 모습을 늘 바라보다가 독서 습관을 자연스럽게 알게 되었다. 아침 8시 50분까지 등교하여 3시 20분에 끝나는 6교시까지는 모든 아이들이 함께 생활하는 시간이다. 그 속에서 유독 윤정이만 독서를 할 수 있는, 그만의 독서하는 모습은 나의 마음속 깊이 아름다운 기억으로 남아 있다.

첫 번째, 윤정이는 자신만의 독서시간을 만들었다. 아이들이 아침에 학교에 하나둘씩 교실에 등교하여 자신의 자리에 가서 앉는다. 그때 대부분의 아이들은 휴대폰을 보거나 친구랑 대화를 나누며 시간을 보낸다. 때에 따라서는 휴대폰도 볼 수 있고 친구와 이야기를 할 수 있지만 늘 그런 식의 태도는 곤란할 수도 있다. 아이들을 지켜보면, 휴대폰 보는 아이는 늘 휴대폰을 보고 있고 책상 위에 엎드려 있는 아이는 늘 그럴 경우가 많다는 것을 알게 되었다.

알고 보면, 교실은 독서를 할 수 있는 최고의 아지트이다

윤정이는 자리에 가방을 메고 들어와 인사를 하고는 바로 자리에 앉아 실내화 가방을 책상에 걸었다. 친구들과 간단한 이야기를 나누고 바로 책상 위에 책을 올려놓는 모습을 볼 수 있었다. 그렇게 하면 가장 가까운 곳에 책이 놓여 있게 되고 별일이 없는 한 책을 읽게 되는 효과가 있을 것이다. 교실에서 그만의 독서시간 확보는 읽어야 할 책을 책상 위에 올려놓는 일부터 시작되었던 것이다.

두 번째, 언제나 아침 10분 독서로 학교생활을 시작한다는 것이다. 아이들의 등교 시간은 8시 50분까지이고 윤정이는 보통 8시 45분쯤 학교에 도착한다. 담임 조례가 9시부터 9시 10분까지이다. 그는 적어도 9시쯤 책을 보기 시작하는 것 같다. 담임인 내가 조례시간에 전달하는 사항은 주로 미리 공지된 경우가 많고 특별한 공지사항은 알리미를 통해 학부모님들께 미리 공지가 된다. 우리 반 아이들의 단체 카톡방에도 올려지는 내용이기도 하다. 아침 조례시간은 그런 공지사항들을 한 번 더 이야기하는 시간인 경우가 많다. 아이들이 학교에 잘 왔는지 그리고 챙겨줄 것들은 없는지 점검하는 시간의 의미도 많으므로 조용히 진행되는 경우가 많다. 그래서 책을 읽고자 하는 윤정이에게는 그리 시끄러운 시간이 아니다. 책을 읽고자 마음먹고 책을 읽는 것이 습관이 되어 있는 윤정이에게 아침 시간 10분은 학교생활에서 누릴 수 있는 최고의 시간이었다.

세 번째, 지금 읽고 있는 책은 아이의 미래인 것이다. 윤정이는 자신이 읽고 있는 책을 통해 앞으로 그 아이가 살아갈 미래를 보고 있는 것이다. 윤정이는 책을 한 번 손에 들면 빠르면 이틀, 적어도 나흘을 넘기지 않는 것 같았다. 영재고나 과고를 목표로 하고 있던 윤정이가 읽는 책은 주로 과학, 수학 관련 도서였다. 때로는 영어책도 읽고 가끔 인문학 관련된 책도 읽고 있었다. 짧은 쉬는 시간과 자율 활동으로 주어져 특별한 교과수업 시간이 아닌 시간에 항상 책과 함께 했다. 윤정이의 책 속에서 자신의 미래를 보았기 때문에 자신의 목표를 위해 달려가고 있는 느낌이었다. 독서에 대한 집중력은 교사인 내가 봐도 부러웠다.

네 번째, '독서 아지트를 만들고 숨 쉬듯 습관으로 만들어라'이다. 윤정이가 앉은 자리는 언제나 독서할 수 있는 공간이 되었다. 한 달에 한 번 자리를 바꾸게 되는 우리 반에서 윤정이도 매번 다른 자리, 다른 짝과 함께 한다. 어느 날은 일 분단 앞줄에 앉게도 되고, 여름방학 전쯤에는 삼분단 가장 뒷자리에 앉았다. 그리고 그때 짝꿍은 우리 반에서 제일 시끄러운 종원이였다. 바뀐 자리와 짝을 확인하면서 자연스럽게 윤정이 자리도 체크하게 되었는데 종원이와 짝이 되어서 살짝 염려가 되었다. 하지만 윤정이는 전혀 상관하지 않았다. 가만히 돌아보니 늘 그랬던 것 같다. 누구와 앉든 어떤 자리에 앉든 윤정이의 책 읽는 습관을 방해하지 못했다. 윤정이가 앉은 공간은 바로 그만의 작은 아지트가 되었고 늘 읽던 책을 펼쳐 드는 것은 숨 쉬듯 자연스러웠다.

마지막으로 '독서를 꼭꼭 씹어서 근육으로 만들어라'이다. 윤정이는 크지 않은 키에 아직 젖살도 채 다 빠지지 않았다고 느껴지는 사랑스러운 학생이다. 책을 많이 읽어 두꺼운 안경을 쓰고 운동을 아주 잘 하진 않지만 늘 최선을 다한다. 점심시간에는 급식 메뉴가 뭐가 나오든 상관없이 다 잘 먹는다. 건강한 체력에 건강한 정신이 깃든다는 말을 다시 한 번 떠올리게 하는 아이다.

윤정이의 모습은 이제까지 내가 얘기한 그 어떤 모습보다 수업 시간에 가장 빛난다. 수학, 과학, 영어, 국어 모든 과목이 수업 시간에 집중해서 듣는 것은 물론 수행평가도 완벽하게 해내기 때문에 성적이 우수한 것은 너무나 당연한 아이다. 미술 시간에도 윤정이는 또 특별하다. 그림을 잘 그리거나 손재주가 좋다는 느낌이 들지 않지만, 상상력이 풍부하고 그것을 현실로 만들려고 노력한다. 다른 아이들과 협동하여 만들어내는 조별 학습에서 다양한 의견을 내며 친구들과 잘 지낸다. 윤정이는 혼자 하는 수행평가를 할 때도 여럿이서 함께 해야 하는 수행평가를 할 때도 어느 누구와 함께 해도 잘 해냈다. 그것은 윤정이가 다양한 상황에서도 대처할 수 있는 생각을 할 수 있는 아이이기 때문에 가능하다. 독서는 이렇게 생각의 근육을 키워주고 실행력을 만들어주었다.

윤정이는 책을 많이 읽어서 언제나 다양한 생각을 만들어 냈다. 본인이 알고자 하는 것을 책을 통해서 얻은 경험도 많고 목표하는 바를 얻는 방법도 책이 가장 빠르다는 것을 알고 있다. 그렇게 독서가 생각할 수 있는 힘을 길러준다. 경험하지 않은 일에서도 해결 방법을 찾게 해줄 에너지를 가져다준다. 그렇게 1년간 함께했던 윤정이는 한국과학영재학교에 합격했다는 소식을 내게 전해줬다. 어려운 공부를 하는 중에도 끝까지 책을 손에서 놓지 않았었던 것이 인상 깊었다고 전하는 내게 윤정이는 시험을 치르게 된 과정을 말해주었다.

한국과학영재학교에 입학하기 위한 마지막 관문인 3차 시험에 나온 인성 문제에 대해서 이야기해줬다. 윤정이는 평소 책을 많이 읽다 보니 모든 면접에서 자신의 소신 있는 생각으로 답변을 할 수 있었다고 했다.

항상 독서를 하는 윤정이는 영재고에 진학해서도 계속해서 좋은 독서 습관을 가지고 학교생활을 할 것이며 그리고 좀 더 밀도 있고 깊이 있는 독서를 하게 될 학생이다. 항상 주변에 책을 두고 어디든 자신의 독서 아지트로 만들어갈 테니까. 그래서 누구보다 자신의 꿈에 좀 더 가까이 다가갈 것이라는 확신이 든다.

아이들을 바꾸는 교사

조금만 다르게 가르쳐도
많이 달라진다

1

괜찮다고
말해줘라

인싸가 아니더라도

이제 초등학교 2학년이 된 조카가 있다. 엄마, 아빠를 닮아서 키도 크고 여동생의 곱고 정돈된 얼굴을 닮아 단박에 잘생겼다는 느낌이 드는 아이다. 주말을 이용해서 조카의 이모인 우리 집에 와서 놀고 가곤 한다. 요즘 아이들은 일찍부터 컴퓨터 등의 기계에 익숙한 건 알고 있었다.

두 딸도 일찍부터 휴대폰을 사줬으며 지금 근무하는 중학교에서도 휴대폰이 두 개 있는 아이는 있어도 하나도 없는 아이는 찾아볼 수 없다. 그런데 초등학교 2학년인 조카는 아이패드가 두 개나 있으며, 지난번 한강에서 마라톤을 연습하는 엄마를 따라 갔다 잠깐 길을 잃는 소동이 벌어진 이후에 아이패드 원, 투에 아이폰까지 추가되었다.

내가 조카를 집으로 데리고 우리 집에서 1박 2일을 하기 위해 챙겨야할 물건은 하루 동안 갈아입을 속옷과 학원숙제 그리고 아이패드 원, 투이다. 그리고 마지막으로 이제 아이폰도 챙겨 와야 한다.

조카는 아이패드로 다양한 게임도 하고 유튜브에서 다양한 콘텐츠를 돌려보아서 그런지 어린아이가 모르는 게 없을 정도로 상식이 많다. 조카와 대화를 나누다 보면 초등학교 2학년과 대화를 나누는지 중학교 2학년과 대화를 나누는 건지 헷갈릴 정도이다.

나는 그런 기기들을 이용해 게임도 하고 다양한 콘텐츠를 보면서 즐기는 조카가 바로 요즘 아이들의 모습이라고 생각하며 그러한 것들도 꼭 필요하다 생각하지만, 항상 운동을 하라고 조언한다. 아직 나가서 뛰노는 것만 좋아해도 되는 나이지만 조카가 어렸을 때부터 커오는 모습을 보면 운동보다는 저렇게 게임을 하거나 혼자 조용히 노는 것을 더 좋아하는 것 같아 내심 걱정이 되기도 했다.

난 조카가 꼭 축구를 잘 했으면 좋겠다는 생각을 한다. 왜냐면 중학교 아이들과 생활하는 교사이다 보니 아이들의 학교 일상을 누구보다 잘 지켜볼 수 있다.

중학생 정도만 되면, 축구 하나만 잘해도 남학생들 사이에서는 최고의 인기를 누릴 수 있다. 축구를 잘 한다는 것은 일단 체력이 좋다는 것이고, 아이들끼리 몸으로 소통하며 운동을 할 때 거기서 생기는 멤버쉽은 가히 상상 이상의 무엇인가가 있다.

운동을 잘하는 데서 오는 자신감은 특별한 경우가 아니면 공부뿐만 아니라 또 다른 학교생활에서 항상 긍정적인 결과를 가져올 것이다.

아이들 사이에서 따돌림을 당할 일은 걱정할 것도 없거니와 학교를 졸업하고 평생 삶을 살아가는 데에도 도움이 되는 좋은 경험이 된다.

축구가 몸으로 너무 부딪히는 운동이라 좀 부담스럽다면 농구나 배드민턴도 정말 좋다. 농구의 좋은 점은 신체접촉을 허용하지 않으면서 지구력, 순발력, 민첩성 등 기초체력을 향상시킬 수 있다. 그리고 배드민턴은 중학교 수행평가에 항상 포함되는 종목이다.

그 이유는 언제 어디서나 배드민턴 채와 작은 셔틀콕만 있으면 운동이 가능하니 생활 속 운동으로 가져가기 좋다. 장소와 날씨에 구애를 더 많이 받는 테니스에 비해서 학교 체육관을 이용해서도 얼마든지 운동이 가능하며 나중에 사회에 나가서 누구와도 공을 주고받으며 칠 수 있으니 사회성 개발과 심신 건강에 더할 나위 없는 운동이다.

궁금충이 뭐가 어때서?

2년 전 내가 담임을 하던 반에 키도 크고 공부도 잘하고 점심시간에 밥도 잘 먹고 어느 하나 나무랄 데 없던 남학생이 한 명 있었다. 1학년 때 이미 영재반을 수료하고 올라와 4월에 있었던 과학탐구대회에서 토론 부분에서 최우수상을 받을 정도로 이미 준비되어 있는 학생이었다. 하지만 난 학기 초부터 뭔가 이상한 느낌을 감지했다.

한슬이는 쉬는 시간에 별일 없으면 자신의 자리를 벗어나는 일이 없었으며 학교 준비물을 비롯한 수행평가 등 자기관리를 잘 하는 학생 중 한 명이었다. 매일 아침 조례시간에 아이들 자리 사이사이를 순회하며 우연찮게 알게 된 사실이 있다. 한슬이는 손바닥보다 조금 큰 수첩을 가지고 다녔다. 매일같이 그날 해야 할 일을 적고 하나하나 지워나가며 체크하고 있었다. 교사로서 볼 때 한슬이는 매우 모범적이고 한결같고 성실한 학생이었다.

그런데 다른 아이들은 실수를 해도 친구들이 주로 편을 들어주는데 한슬이가 실수를 하면 바로 한슬이를 큰 소리로 탓했다. 우리 반 아이들 대부분은 신형에 가까운 폰을 소지하고 있었으며 적어도 공신 폰이라 불리는 휴대폰을 가지고 있는 아이는 거의 없었다. 그런데 공신 폰을 가진 아이 중에서 한 명이 한슬이었고 다른 한 명은 역시 공부를 잘하는 주원이었다. 한슬이는 쉬는 시간 공부를 하면서 음악을 듣기도 했는데 이어폰 대신 헤드폰을 가져와서 들었다.

나는 이미 두 아이를 다 키워놓은 학부모인데다가 또 매년 다양한 학생들을 만난다. 많은 학생을 경험했지만 그중 한슬이도 나름 독특한 학생에 속한다는 생각이 들었다. 조용히 자신의 일을 열심히 하는 한슬이가 기특하기도 했고 그런 아들이면 엄마가 참 흐뭇하겠다는 생각도 들었다. 이유 없이 한슬이를 공격하는 아이들의 이유가 궁금해지기 시작했고 좀 더 자세히 그 부분을 관찰하기 시작했다.

체육대회가 돌아왔다. 각반에 한 명씩 사진을 찍을 수 있는 친구를 뽑아 명단을 제출해야 했다. 나는 종례시간에 공개적으로 한 명을 모집했다. 즐겁게 체육대회에 참여하고 싶은 마음만 가득한 아이들은 사진 찍어주는 봉사에 지원하고 싶어 하지 않았다. 선뜻 아무도 하겠다고 나서지 않아 내가 곤란해하고 있을 때, 한슬이가 손을 들었다. 서로 하지 않겠다던 아이들이 한슬이가 하겠다니 안된다고 말리는 거다.

그 이유는 한슬이의 폰이 사진이 잘 나올만한 최신형이 아니라는 것이다. 그때도 역시 나는 뭔가 석연찮은 느낌이 들었다. 한슬이에 대한 남학생들의 반응은 약간, 반대를 위한 반대를 한다는 느낌을 주었다. 더 재밌는 것은 한슬이가 물러서지 않는다는 것이다. 작지만 정확한 목소리로 집에서 디지털 카메라를 가져오겠다고 했다. 나는 한슬이를 사진 담당 도우미로 정했다. 그리고 아이들의 요구를 받아들여 최신 폰이 있는 여학생 한 명을 더 배정했다.

체육대회 당일 한슬이는 언뜻 보기에 전문가용 같은 디지털 카메라를 들고 왔다. 그리고는 체육대회 행사 곳곳을 다니며 사진을 촬영하기 바빴다. 키가 크고 체구도 있고 언뜻 아저씨 같은 느낌도 좀 있어서 사진 기사 같았다.

체육대회가 끝나고 몇몇 선생님들이 물었다. 우리 반 주변에 오래 머물던 사진 찍던 사람이 학생인지 아니면 외부에서 출장 온 사진기사인지 궁금해했다. 사진 기사인 것 같은데 반티를 입고 있어서 이상하게 생각했다는 것이다.

그처럼 한슬이는 그렇게 자신이 맡은 일에 욕심을 냈다. 교실에서 때론 거친 또래 아이들에게 말로는 당하지 못하는 모습도 있지만, 자신이 맡은 일은 끝까지 해내는 근성이 있다. 하지만 다른 아이들에게도 한슬이에게 인색한 이유가 있을 수 있다. 주는 거 없이 한슬이가 마음에 안 드는 이유가 분명히 있겠지라는 생각도 들었다.

며칠 뒤 점심시간에 아이들 모두가 좋아하는 음식이 급식으로 나왔다.

그날 잡채와 치킨 그리고 키위가 들어간 샐러드가 나왔다. 점심을 먹기 위해 줄을 서서 순서대로 배식을 받는다. 그리고 더 먹고 싶은 아이들은 나중에 또 줄을 서기도 한다.

한 번 더 먹는 학생들은 주로 식사량이 많은 남학생들이며 메뉴에 따라 멤버는 바뀌지만 늘 줄을 다시 서는 아이들이 몇 명 정해져 있다. 한슬이도 그중 한 명이다. 그런데 뜬금없이 그날 짓궂은 녀석 한 명이 한슬이에게 또 줄을 서냐며 나무란다. 그만 좀 먹으라며 말을 덧붙인다. 나는 듣고도 모르는 척했다. 어느 정도 아이들의 교실에서의 생태계 현상은 크게 상관하지 않는 게 좋을 때가 더 많기 때문이기도 하다. 하지만 한슬이의 문제가 뭘까 하는 생각은 계속해서 내 머릿속을 떠나지 않았다.

다시 몇 주가 흐르고 미술 수업 시간이었다. 짝꿍도 바꿔주었기 때문에 각자 다른 친구들과 앉은 지 얼마 되지 않은 채로 미술 시간을 맞았다. 나는 교탁에서 가까운 앞자리에 한슬이와 함께 앉은 승재에게 짝이 된 소감을 물었다.

승재는 젠틀하고 매너가 좋은 학생이다. 그런데 한슬이하고 같이 앉으니 부담스럽다는 얘기를 했다. 항상 수업 시간에 집중하고 공부도 잘하는 한슬이의 모범적인 모습이 또래 친구들에게는 그다지 매력적이지 않은 걸까? 그때, 대화를 엿듣고 있던 주장이 강한 남학생들이 우리의 대화에 끼어들었다.

그들은 다시 한슬이를 깎아내리려는 느낌의 말을 하기 시작했다. 나는 그 아이들에게 왜 한슬이에 대해서만 다른 친구들과는 다른 엄격한(?) 잣대를 들이대냐고 물었다. 우리 반 남자아이들은 무슨 일이 생기면 무조건 남학생들 편만 들고 보는 아이들이다. 그들이 말하는 내용을 들어보니 장난스럽긴 했지만 결국 한슬이가 너무 욕심이 많다는 것이다. 그리고 한슬이의 캐릭터가 궁금충, 지식충이라고 하면서 다른 남학생들의 동의를 구했다. 맞지? 맞지? 하면서….

지난번 미술 조별 과제 시간에는 내가 알고 있던 한슬이의 다른 모습을 보게 되었다. 평온한 선비처럼 보이던 한슬이는 같은 조 아이들과 논쟁을 벌이고 있었다. 한슬이가 속한 모둠은 함께해야 하는 과제를 위해 방과 후 운동장에서 모이기로 한 날 서로 약속이 어긋난 모양이다. 그날 약속을 지키지 않은 승호와 잘잘못을 따지고 있었다. 승호는 담임인 내가 보기에는 다소 자기 멋대로인 아이고 소위 남학생들 사이에 통하는 '주먹'이기도 했다. 승호가 약속을 지키지 않아 미술과제를 진행하는 데 문제가 생긴 거였고 그것에 대해서 한슬이는 자신의 학급에서 승호의 포지션이 어떻든 상관없이 승호에게 책임을 묻고 있었다.

그리고 그제야 나는 아이들과 한슬이의 관계가 좀 이해가 갔다. 한슬이는 아직 때가 덜 묻은 아이였다. 어떻게 보면 융통성이 없기도 하고 타협에 좀 서툴기도 한 것이다. 그래서 그렇게 혼자 하는 것이 아닌 여러 명이 함께하는 협동 학습에 좀 힘들어 했다. 본인의 눈높이와 맞지 않고 아직 따라올 준비가 되어 있지 않은 친구들과의 간격 때문에 스스로의 마음을 힘들게 하고 있었다.

그때 그 일은 내가 본 일 중 한 가지에 불과하고 작고 큰 갈등 속에서 한슬이는 성적이 좀 불안했던 적도 있었다. 나는 중간 중간에 한슬이의 기분도 살폈고 한슬이가 고민하고 있는 부분도 상담을 했다. 내가 걱정하는 것 이상으로 한슬이는 자신을 잘 알고 있었다. 축구를 잘하고 싶지만 너무 몸으로 부딪히는 운동이라 힘들어 농구를 잘하고 싶은데 농구도 썩 잘하는 편이 아니라는 것도….

친구들에게 인기가 없는 자신의 성격도 잘 알고 있었다. 자신의 부족함을 알지만 노력해도 잘 안되고 뭔가 겉과 속이 다른 아이들이 이해가 안 가는 부분도 있다고 했다. 누구보다 학교생활을 열심히 해서 언뜻, 가장 모범적이게 보이는 한슬이다. 어깨가 축 쳐지고 자신감 없는 모습이 한없이 안쓰러웠다.

나는 한슬이에게 해주고 싶은 말이 많았지만 다 삼켜버리고 "괜찮아."라고 말해줬다. 조금 달라도, 많이 달라도 그리고 그 어떤 모습이어도 우리 아이들에게 괜찮다고 말해주고 싶다. 이렇게 일찍 학교에 나와 자신의 미래를 위해 공부하고 친구들과 이야기하고 시간에 맞춰 수업을 해내는 아이들이다.

'괜찮아.'라는 말은 꽤 괜찮은 말인 것 같다. 그 말은 결코 자극적이지 않고 감정을 들뜨게도 하지도 않는다. 어느 정도 선을 가지고 있으면서도 큰 테두리를 벗어나지 않고 있다는 이야기이다. 그것은 충분히 잘하고 있다는 또 다른 말이 되는 멋진 말이다.

2

소질이 있다고
말해줘라

내가 잘 할 수 있는 것을 찾자

"우리가 다른 사람에게 할 수 있는 가장 좋은 일은 단순히 우리의 재물을 나눠주는 것이 아니라 그에게 그 자신이 가진 것을 알게 해주는 것이다."라는 말은 벤저민 디즈레일리의 명언이다.

나는 미술을 전공했다. 그리고 지금은 미술 교사이다. 그러나 나는 고등학교 3학년 때가 돼서야 미술학원에 등록해서 입시 미술을 공부했다. 별로 빠른 시작은 아니었다. 왜냐면 나는 중학교 고등학교를 거쳐 가며 고2가 될 때까지 미술을 전공하겠다고 생각한 적이 없기 때문이다. 중학교 때 1학년 때 과목별로 들어오는 선생님들과 각기 다른 공부가 재밌어서 나름 열심히 공부했더니 갑자기 전교권의 등수가 나온 적이 있다. 그 이후로 아버지는 동생들에게 모범 사례로 이야기하시며 나를 추켜 세워 주셨다. 그러나 나의 우등생 시절은 그때가 다였다. 점점 내가 원하는 성적은 나오지 않았고 급기야 고등학교에 진학해서는 공부만으로는 대학을 진학하기 힘든 성적이 되었다.

아버지와 나의 고민은 깊어졌다. 삼남매 중 첫째인 딸이 공부로 대학을 가지 못할 거라는 위기감이 생긴 아버지는 나와 이런저런 이야기도 하시며 함께 고민을 공유하셨다. 이미 수학, 영어의 기초가 부족하다는 것을 알아버린 나는 죽기 살기로 공부할 자신도 없었다.

그러던 어느 날 고등학교 2학년 학기 말쯤이었다. 학교 미술 시간에 한 작품을 방 한 켠에 세워 놓았다. 그 그림은 학기 말 실기 평가에 들어갈 작품으로 디자인 실기였다. 4절 켄트지에 약화 시킨 그림을 겹쳐 그려넣고 색의 단계에 맞게 칠한 것이다. 난 내가 잘했다고 생각해서 책상 위에 세워 놓은 것이 아니다. 학교 미술 시간 평가 때문에 하게 된 과제였다. 쉽지 않았는데 끝까지 해낸 내가 대견하기도 했다. 하지만 도화지를 세워놓은 궁극적인 목적은 물감을 말려 다음날 학교에 가져가기 위함이다. 아버지께서 지나가다 우연히 그 실기 작품을 보신 모양이다. 한참이 지나고 내가 그 일이 있었는지 조차도 잊은 어느 날이다. 아버지께서 내게 미술을 전공하면 어떻겠느냐고 하시는 것이다. 예전에 방에서 내가 그린 그 미술 실기 과제를 보시고 내게 말씀하셨다. 아버지가 보시기에는 잘 그리는 것 같다고 하시며 미술을 전공했으면 좋겠다는 말씀을 하신 것이다. 그날의 느낌을 난 잊지 못한다. 뭔가 아버지께서 매우 창의적인 생각을 해낸 것 같은 그런 생각이 들었다. 나도 그림을 그려서 학교에서 상을 받은 적도 있긴 있었다. 그런데 워낙 그림을 잘 그리는 아이들이 많이 있고 따로 그림공부를 하지 않았던 나는 학교 미술 시간에 크게 주목받지 못했다.

미술 학원을 일찌감치 다니거나 학교 미술부에서 활동하는 친구들의 그림을 보면 느낌이 달랐다. 연필로 스케치하는 모습이나 붓으로 색감을 내는 것을 보게 되면 확실히 손놀림이 예사롭지 않았다. 나는 그림을 잘 그렸으면 좋겠다는 막연한 생각을 했던 적이 있긴 했다. 하지만 그것은 뭐든 다 하고 싶지만 무엇 하나 제대로 하는 게 없는 나의 일시적인 욕심 중 한 가지라고 생각했다. 그런데 아버지께서 내게 그림을 그려보라고 제안을 먼저 한 것이다. 그것은 내가 그림공부를 해서 대학에 진학할 수 있게 도와준다는 말과 같다. 꽤 괜찮은 제안이었다. 하지만 걱정이 앞서는 것도 사실이었다. 평소 아껴 쓰는 것이 몸에 배어 있는 아버지께서 꽤 비싸다는 미술 학원비를 내주셔야 한다는 것이 부담스러웠고 비싼 미술 재료비가 걱정되었다. 하지만 아버지의 권유를 나는 받아들였다. 그렇게 나는 미술 공부를 시작하게 되었다. 마음에 부담을 안고 아버지의 기대도 받으며 출발했다. 그리고 무엇보다 내 마음속에 여러 가지 갈등이 아버지의 '소질 있다.'라는 말로 다 정리가 되는 느낌이었고 그날부터 난 미술에 소질 있는 사람이 된 것이었다.

그렇게 나는 확신을 가지고 집과 학교에서 멀리 떨어진 미술 학원에 방과 후에 매일 같이 다니게 되었다. 목표가 생겼으니 함께 즐겁게 놀던 친구들과도 잠시 멀어지기로 했다. 지금도 친구들은 나를 만날 때마다 갑자기 고등학교 3학년 때 돌변한 나를 비난도 하고 칭찬도 한다. 그렇게 나는 미술대학에 입학하게 되었고 지금도 항상 아버지의 선택에 감사하고 있다. 그리고 나에 대한 확신을 가졌던 스스로에게도 고마운 마음이 들었던 순간이다.

새마을 금고를 그만두고 대학에 간 이유

며칠 전 스승의 날이었다. 요즘은 지난 제자들에게 카톡 메시지만 받아도 감사한 세상이다. 그런데 매년 전화를 주고 가끔 만나기도 하는 제자가 있다. "스승의 날에 찾아뵙지도 못하고 전화만 드려요." 하며 위안이 되고 행복해지는 목소리를 전해준다.

연정이는 내가 초임 교사 시절 고등학교에 근무할 때 만난 거의 첫 제자이다. 담임 반 학생은 아니고 미술 수업에 들어가서 일주일에 한 번 만나는 아이였다. 눈웃음이 예쁘고 미술 시간을 유난히 즐거워한다는 것 정도는 알고 있었다. 반에서 중간 정도 성적이었지만 새마을 금고로 취직되었다. 지금도 그렇지만 은행권들은 상업고등학교 학생들이 취업할 수 있는 최고의 직장이다. 특히 그곳은 여자상업고등학교로서는 학생들이 우수하고 취업이 잘 되는 곳으로 유명했다. 해마다 많은 학생들이 졸업을 하고 새로운 출발을 한다. 연정이도 졸업을 하고 취업을 해서 더 이상 볼 수 없었다. 그리고 자연스럽게 연정이는 내 기억 속에서 희미해졌다.

학교 교무실은 갑자기 더워진다. 5월이 되자 항상 준비해서 가지고 다녔던 카디건을 벗고 바로 반팔을 입어야 할 정도가 되었다. 그리고 내 머릿속은 매년 여름 방학 전에 치르는 졸업 작품전 준비로 가득했다. 이번 졸업 작품전의 콘셉트을 잡고 그 콘셉트에 맞게 아이들이 작품을 만들어 낼 수 있도록 준비해야 할 것들이 한두 개가 아니었다. 딱히 누구의 도움을 받을 수 있는 상황도 아니다.

나는 컴퓨터 안으로 코를 박고 들어갈 듯이 앉아 자료 찾기에 바빴다. 교무실 안으로 누군가 들어오는 느낌이 들었다. 언뜻 컴퓨터를 하는 중에 굳이 고개를 들지 않아도 졸업생임이 느껴졌다. 스승에 날에 졸업생이 찾아오기도 하는 일은 학교에 늘 있는 일이다. 그런데 출입문 쪽에 가까운 선생님에게 그 졸업생이 찾는 사람은 나였다. 고개를 들어 누가 왔는지를 확인해야만 했다. 언뜻 졸업생의 이름이 생각나지 않는 나를 향해 환한 미소로 확인한 후 "선생님, 연정이예요." 하며 내 자리로 왔다.

연정이는 예쁜 보자기에 떡을 싸서 나를 찾아왔다. 새마을 금고를 다니며 열심히 돈을 모으고 있을 줄 알았는데 그 좋은 곳을 취업하고도 1년 남짓 다니고 그만 두었다 했다. 그것도 놀라운데, 그사이 전문대 시각디자인과를 졸업하고 양재동에 있는 광고 디자인 쪽에서 일을 하고 있다고 했다.

그때가 벌써 15년 전인데 아직 그 회사를 다니고 있으니 연정이도 한 직장을 꽤 오래 다니고 있는 셈이다. 은행원에서 갑자기 디자이너가 된 연정이는 그간 얘기들을 다 풀어놓았다. 은행에서 묶인 생활이 싫었다고 하면서 월급은 꽤 많아서 월급날은 잠깐 좋았지만 돈을 정확하게 세야 하는 일이 싫었고 창구에 고객이 없어도 그 자리를 동상처럼 지키는 일도 힘들었다고 한다. 남들은 서로 가고 싶어도 못 가는 직업도 본인이 하기 싫으니 핑곗거리가 한두 가지가 아니었다.

연정이는 나와 알게 된 인연에 대해 이야기하기 시작했다. 미술 수업 외 방과 후 수업 시간의 일을 꺼냈다. 나는 컴퓨터 그래픽실에서 일러스트레이션과 포토샵 프로그램을 가르친 적이 있었다. 연정이가 얘기를 꺼내니 나도 생각이 났다. 연정이가 그렸던 일러스트레이션을 이용한 캐릭터들이 하나둘씩 떠오르기 시작했다. 그 순간 우리 둘은 그때 그 장소로 함께 이동하는 느낌도 들었다.

연정이는 그때 일을 감동스러워 하며 회상했다. 내가 연정이에게 '소질이 있다'고 했던 말을 떠올리며 미소지었다. 연정이의 말을 듣고 보니 바로 나도 어렴풋이 생각이 났다. 연정이가 그린 교복을 입고 다양한 표정을 지었던 캐릭터들이 말이다. 메인 캐릭터를 만들고 서브 캐릭터도 만들라고 했더니 재밌어 하면서 뚝딱뚝딱 만들었던 연정이의 모습도 떠올랐다. 연정이는 지금 자신의 하는 일을 매우 만족스러워 했다. 그리고 그때 자신에게 소질 있다고 얘기했던 나를 특별하게 생각해주었다.

사실 교사로서 고백하건데 연정이의 드로잉 능력과 그림 그리는 능력은 최상은 아니었다. 내가 소질 있다고 한 얘기는 보통 이상이라는 얘기에 가깝다. 때로는 내 감정 상태에 따라 조금 과장되게 할 때도 있다. 또 한편으로는 더 잘 그리는 비교 대상이 있었으면 묻힐 수도 있을 만한 능력일 수 있었다. 하지만 내가 언제 말했는지도 기억나지 않는 한마디에 연정이는 자신의 모든 것을 걸었던 것이다. 하지만 그것이 바로 그녀의 가능성이고 진정한 소질인 것이다.

그녀는 자신의 소질을 개발하기 위해 새마을 금고를 그만 두고 대학을 진학하는 무리수를 두었다. 하지만 목숨을 걸 정도로 디자인 실기 과제를 해냈고 바로 원하는 곳에 취업이 된 것이다. 그리고 그 불씨를 제공한

내게 감사한 마음을 가질 수 있는 진정 자신의 가능성을 알고 있는 사람
이다.

　나는 매년 무수히 많은 재능을 가진 학생들을 본다. 그런데 정작 자신
이 무엇을 좋아하는지 잘 모른다며 답답하다고 한다. 하지만 난 다르게
생각한다. 아이들 대부분 자신을 무엇을 좋아하는지 알고 있다. 용기 있
게 좋아한다고 말하고 도전하지 않을 뿐이다. 스스로 하고 싶다고 느낀
다면 지나가다 얘기하는 작은 칭찬 한마디에 꽂혀서 인생을 바꾸기도 한
다. 그래서 나는 소질 있다는 말을 아끼지 않는다.

3

원래
그런 아이는 없다

코로나 19, 조용한 학교

대한민국 5월 27일 현재 경기도 분당의 중학교 3학년들은 오늘 등교 개학을 한다. 몇 달새 우리는 마치 다른 나라에 와서 살고 있는 듯한 형국의 모습들을 하고 있다. 우리 학교는 한 학년에 35명씩 10반으로 이루어진 규모가 꽤 큰 학교에 속한다. 3개 학년이면 거의 1000여 명의 학생들이 같은 시간에 등교를 했었다. 사회적 거리 두기로 내가 근무하는 학교는 그 주에 3학년 아이들만 등교를 하기로 했다.

350명 정도만 학교에 오게 되니 아이들이 학교에 왔는지조차 모를 정도로 신속하고 조용하게 등교가 이루어졌다. 마치 초고성능 우주선을 타고 왔는지 쥐도 새도 모르게 교실에 와서 앉아 있었다. 이제 곧 수업을 시작하려는 모양이다. 수업 시작 2분 전을 알리는 안내방송이 너무 오래간만이라 깜짝 놀라기까지 했다.

교실 책상은 칸막이를 설치하여 사설 독서실 같은 분위기를 만들어냈다. 복도에서도 마스크를 착용하고 다녀야 하며 화장실 사용 외에는 교실 밖으로 나오는 것도 지양해야 한다. 친구들과 운동장에서 운동을 하는 것도 안 되고 점심 식사도 책상 위 칸막이 속에서 조용히 혼자 해야 한다. 점심 식사를 하기 전 4교시 수업 교과 담당 선생님들은 발열 체크를 한다. 담임교사 임장 지도 후 식사를 하게 되며 청소 없이 바로 하교하게 된다. 예전처럼 다른 반 친구를 기다리거나 방과 후 운동장에서 친구들과 운동을 하게 되는 일들은 허용되지 않는다.

지난 몇 달간 코로나 19 속에서도 수업 결손이 없게 하기 위해 온라인 수업 준비와 카카오, 밴드 등 다양한 방법으로 학생 생활지도를 해온 동료 선생님들이 대단하다는 생각이 든다. 지금 아이들의 등교를 위해 나도 책상을 몇 번이나 다시 배열하고 책상 위도 소독하고 교실 바닥을 다시 청소하는 등 최대의 노력을 기울였다. 좌측 통행을 위해 밝은 색 띠를 전교에 걸쳐 복도 중간에 부착했으며 계단에도 작은 화살표 표시의 사인을 해놓는 등 아이들의 건강한 학교생활을 위해 무수한 회의를 통해 학교마다 나름의 최적화 된 모습으로 거듭났다. 이렇게 내가 중학교 교사로 근무하는 것에 대해 늘 관심을 갖는 조카가 있다. 그런데 그 관심의 끝은 조카의 고모인 나를 괴롭히는 학생들이 있으면 직접 학교에 와서 혼내주겠다는 이야기이다. 고모의 대한 관심이 고맙기도 하지만 어처구니가 없어 웃어넘기곤 했다.

며칠 전 그 조카와 카톡을 했다. 미국에서 공부를 하고 있었지만 코로나 19로 인해 칠레에 있다. 나의 남동생이 한진해운에 근무할 때 브라질 주재원으로 가 있었고, 남미 전문가로 인정받아 브라질 근무가 끝난 후 칠레로 옮겨 갔다. 조카는 주재원인 아버지를 따라 브라질에서 학교를 다녔다. 그 후 2년 정도 우리나라에 와서 초등학교를 마치고 다시 칠레로 가서 12학년 공부를 끝낸 뒤 지금은 버클리 EECS(Electrical Engineering Computer Sciences)에서 공부하고 있다.

지금 코로나 19로 칠레 집으로 가서 지내는 중이며 남미는 2주째 통행금지라 한다. 계속 이런 추세라면 버클리에 가서 공부하기도 애매한 상황이라 인턴쉽을 먼저하겠다고 했다. 조카는 카카오에 합격해서 다음 달이면 한국에 온다고 한다. 내가 근무하는 중학교와 가까운 곳에 있으니 조카가 우리 학교에 오겠다 할지도 모르겠다. 조카는 대학생이 되고 좀 여유가 생기니 중학교 교사인 고모의 학교에 와서 나를 도와(?)주겠다고 했다. 운동으로 다져진 몸과 인상 쓴 얼굴을 보여주면 그날부터 우리 반 아이들이 내 말을 잘 듣게 될 거라는 이야기를 천연덕스럽게 한다. 엉뚱

하고 생뚱맞은 조카의 말에 웃음이 나왔지만 조카의 과거를 생각하니 감개무량 했다.

나는 딸만 둘인 엄마고 올케는 아들만 둘이다. 딸들만 키우는데도 많은 노력과 기상천외한 일들이 많이 있었지만 올케의 육아는 그야말로 파란만장(?)했다.

조카가 태어나고 몇 개월 되지 않아 한진해운을 다니던 남동생은 칠레로 발령이 났다. 올케는 혼자서 조카와 생활하면서 가끔 올케에게 시부모가 되는 나의 친정인 수지에 방문했다. 조카가 6개월쯤에 아기를 데리고 혼자 운전해서 수지를 갔던 모양이다. 가는 길 40분 내내 카시트에 묶여 있는 게 싫어 울었다 하니 여간 극성맞은 아이가 아니었다. 거기에 비하면 비교적 온순한 편이었던 딸만 키웠던 나는 올케의 말을 믿기 어려웠다. 하지만 그 후 나는 한번 수가 틀리면 목이 상할 것 같이 울어대던 조카를 여러 번 볼 수 있었다. 그렇게 많이 울어서인지 아니면 감기 끝에 오는 성대결절이었는지 정확한 원인을 알 수 없었지만 전신 마취해야 하는 수술을 2번이나 받았다. 조카 도원이가 6살 때쯤 브라질에 있을 때였다. 결절 위치가 대칭으로 똑같은 곳에 있어서 한 번에 다 잘라내면 두 개가 다 유착된다 해서 전신마취를 두 번이나 하게 된 것이다. 너무 어렸을 때 수술이고, 수술 후 목 관리가 제대로 되지 않아 도원이는 아주 허스키한 보이스를 자랑한다.

도원이를 낳고 도원이 엄마 올케는 돼지족을 6개월간 삶아 마셨다. 젖이 부족했던 올케는 모유가 좋다는 생각에 어떻게든 꼭 먹여야겠다는 일념으로 먹기 힘든 돼지족 삶은 물을 마셨다. 그뿐만이 아니다. 도원이 얘기는 아직 시작도 안했다. 여기서 올케의 힘든 자식 뒷바라지가 끝난 게 아니다. 도원이는 7살 때쯤부터 면역체계 이상에서 오는 자반증에 걸렸었고 그 후유증으로 신장에 이상이 왔다. 우리나라도 아닌 지구 반대편에서 올케와 남동생은 아들의 알 수 없는 상황에 함께 고통스러웠다. 그즈음 나는 초등학교 3학년이 된 딸을 데리고 미국과 캐나다를 여행을 갔고 남동생 가족이 있는 브라질도 들르기로 했다.

미국과 캐나다 여행에 이미 지쳐 있기도 했지만 조카가 신장 기능 저하로 아팠으므로 그곳을 여행하겠다는 마음을 가질 상황은 아니었다. 누구는 브라질까지 가서 왜 이구아수 폭포를 보고 오지 않았냐고 묻지만 귀여운 조카가 부어 있는 모습을 보고 폭포 관광 가고 싶은 마음 드는 고모는 없을 것 같다.

소아 신장 기능 저하에는 치료약이 딱히 없었다. 브라질 의사는 올케 부부에게 스테로이드 저용량을 장기 투여하면 신장기능이 완화된다는 눈문을 보여줬고 그 방법을 선택한 올케는 매일 그 약을 조카에게 투여했다. 올케는 조카에게 사골을 고아 먹이겠다고 하다가 잠깐 잠이 들어 태운 적도 있었다. 큰 조카는 아팠고 작은 조카가 어려 밤에 깬 모양이다. 올케는 아이들을 챙기다 그만 늦게 다시 잠이 들어 사골을 다 태운 것이다. 여러 가지 상황에 힘든 것이 폭발해버린 올케는 탄 사골을 살려보겠다고 울면서 수세미로 사골을 닦았다고 한다. 다시 고았지만 탄 냄새 때문에 결국은 버렸다고 했다.

몇 년 후 그들은 한국에 돌아왔고 조카는 얼마 동안 더 약을 먹다 중단했다. 세브란스에서 의사 선생님에게 소변검사 후 이제 약을 안 먹어도 된다는 진단을 받았다. 그렇게 된통 병치레를 한 도원이의 부모는 그에게 건강을 최우선으로 하는 교육을 시킬 수밖에 없었다. 그래서인지 도원이는 한국에 있을 때도 남미에 있을 때도 항상 운동과 함께 했다. 다섯 살 때부터 수영을 시작하여 스피드스케이트, 야구, 볼링, 배드민턴 등 거의 모든 종목 운동선수다.

방학을 이용해서 한국에 올 때 올케는 학원 스케줄에 맞춰 공부 스케줄도 미리 짜 온다. 그리고 운동 스케줄을 더 빡빡하게 만들어놓는다. 수영장도 미리 알아보고 필요하면 그 분야에 맞는 개인 코치를 찾아가서 아이를 맡겼다. 그런 도원이가 공부를 꽤 잘한다는 이야기가 들렸다. 물론 그 소문의 근원지는 도원이 아빠이지만 어렸을 때부터 알고 지낸 남동생은 공부를 좀 하는데 잘 한다고 할 사람이 아니었다. 도원이는 초등학교 때부터 학교 공부 할 때도 10분을 가만히 앉아 있기가 어려운 아이였다. 나가서 운동을 해야 했고 수학 한 문제 풀고 물 마시고 또 돌아서면 먹을 게 없다고 하던 아이였다. 그 덕에 올케는 레스토랑을 차려도 될 만큼 음식 솜씨가 화려하다.

도원이는 승부욕도 강해서 웬만한 운동은 무조건 이겨야 직성이 풀리는 아이로 자랐다. 10학년부터는 칠레 수구 대표로 뽑혀 SAAC(South America Athlete Competition)에도 몇 회를 나가게 되었다. 외국에서 자식을 키우는 부모는 자식 사랑에 애국심이 더해져 더 사명감이 클 것 같다. 그런 부분에 대한 올케 부부의 자부심은 하늘을 찌른다.

도원이가 다니는 인터내셔널 스쿨 수영부의 캡틴은 아이비리그에 진학하는 데 절대적으로 필요한 스펙이기도 하지만 그 나름의 명예가 대단했다. 도원이가 11학년 때 투표로 캡틴을 했고 12학년에 또 투표를 해서 2년 연속 수영부 캡틴을 노렸다. 아쿠아틱 센터 디렉터가 코치 임명으로 바꾼다고 갑자기 그랬다. 그 사람 아들이 그 사이 수영팀에 합류했는데 자기 아들을 시키려는 얕은 수가 있었다.

도원이 아버지는 올케와 함께 아쿠아틱 디렉터랑 수영팀 코치들 다 만나고 동영상을 만들어 뿌리며 난리쳤고 결국 도원이를 다시 캡틴을 시켰다. 그래서인지 도원이는 그해 수영팀에서 무지 힘들었다고 한다. 불행인지 다행인지 무릎을 다쳐 수영을 못하게 되었지만 아직도 두 부부는 가족모임에서 침을 튀기며 무용담처럼 이야기하는 부분이다.

한 명의 아이를 키우기 위해 온 마을이 필요하다

도원이는 대학교에 들어가서는 럭비반에서 활동하고 있는데 격렬한 운동으로 어깨가 탈골 되어 수술 받으러 한국에 왔었다. 그때, 도원이는 아무에게도 말하지 말라고 하며 장래희망이 격투기 선수라고 귀띔해 주었다. 격투기 선수가 돈을 많이 벌 수 있다고 꼭 한 번 도전해보고 싶다고 하는데 동생 부부에게 말을 해야 하나 말아야 하나 잠시 고민했었다. 키가 큰 그의 아버지에 비해 어렸을 적 성장판 검사에서 커봐야 174 정도라고 했던 도원이의 키는 지금 180cm 정도이다. 다양한 운동으로 다져진 근육질 몸을 자랑하며 몸에 좋지 않은 음식을 스스로 잘 가려 먹을 수 있는 멋진 청년으로 자랐다.

도원이는 나를 볼 때마다 그의 아버지에 대한 불만을 얘기한다. 자신의 아버지가 꼰대라는 것이다. 그리고 지나가는 어린 청소년들의 단정하지 못한 모습을 지적질하고 특히 운동하지 않는 사람들을 얕잡아 본다. 조카는 혈기 왕성하다. 지금의 모습을 볼 때, 세상에 못해낼 것이 없어 보인다. 하지만 나는 도원이에게 마주 앉아 이야기해주고 싶다. '도원아 원래 네가 이렇게 멋지지 않았단다.' 부모의 지극 정성이라는 말도 모자랄 정도의 공이 있었기에 오늘의 도원이가 있는 것이다. 버클리 공대 2학년을 마치고 이제 3학년에 접어드는 도원이는 요즘에야 좀 겸손해졌지만 내가 볼 때는 아직 멀었다.

코로나 19 속에서도 어렵게 등교개학을 했다. 도원이가 마냥 어리게 보는, 내가 학교에서 맡고 있는 아이들을 보며 나는 또 이런저런 생각을 한다. 아이들의 수업과 생활지도는 코로나 19 시대에도 계속되어야 한다. 그리고 학생들의 안전을 보장하면서도 미래를 생각하는 교육을 위해 선생님들이 감당해내야 하는 수고는 생각보다 크다. 방역이 잘 되어 있고 위생적인 급식을 위해 곳곳에서 많은 손길들이 매일 이루어지면서도 빈틈없이 진행되어야 하는 일이 한두 가지가 아니다. 우리의 학교가 변함없이 학생들을 맞기 위해 노력을 기울인 것처럼 한 명의 아이를 위해 부모님을 비롯한 주위의 많은 지원들이 이루어진다. 그것을 잘 알게 된다면 우리 아이들이 좀 더 책임감을 가지고 학교생활을 해 나갈 거라는 생각이 든다.

교실에서
나를 보다

아름답게 나이 드는 것

나태주 시인의 「혼자서」라는 시의 한 구절을 소개한다.

나이를 먹어 갈수록 뭉클하고 감동으로 와 닿는 시 중에 하나다. 자세히 보고 오래 보아야만 그 진가를 알 수 있다고 말한다. 진정한 사람들의 내면을 발견하는 일이야 말로 아름답게 나이 드는 거라고 시인은 말하고 있는 듯하다.

나는 어느 순간 내게서 나오는 이 알 수 없는 느낌이 외로움이라는 것을 알게 되었다. 그리고 사람들은 누구나 외롭다는 것도 알게 되었다. 그 느낌의 정체와 마주하고 보니 담담하게 보듬어 안을 수도 있다. 특히 '너는 오늘 비록 혼자서 꽃으로 피어 있을지라도 너무 힘들어하지 말아라.' 이 대목이 좋다. 그렇게 나의 삶에 대해서 좀 더 진지해지는 나를 알게 된다.

교사라면 사회에서 요구하는 높은 수준의 윤리의식을 지닌 가면을 쓰고 교단에 서게 된다. 때로는 아이들의 행동에 더 격한 호응을 해줄 수 있음에도 그러한 반응을 보일 수 없을 때도 있다. 어떨 때는 색깔을 드러내지 않는 것이 현명한 모습일 때도 많다. 시간이 지날수록 교사는 더한 책임감을 가지고 교단에 서게 된다. 때로는 그것 때문에 알게 모르게 상처도 받게 되고 속상한 일이 많이 생기기도 한다.

일 년 열두 달을 보내며 내가 매일 일기를 쓴다면 하루도 같지 않게 그날의 날씨 상황을 기록할 자신이 있다. 그렇게 365일 다 다른 날씨에 상관없이 나는 매일 학교에 간다. 정해진 시간에 집을 나서서 항상 같은 길을 운전해서 23년간 학교에 갔다. 그리고 날씨만큼이나 매일 다른 나의 기분 상태와 상관없이 교실에 들어간다. 좋을 때 그리고 기분이 나쁠 때 교사는 여지없이 정해진 수업 시간표대로 교실에 들어가서 수업을 해야 한다. 그게 내 삶이고 그게 나다. 최상의 컨디션을 가진 날이라고 해도 수업이 썩 잘 되지 않을 때도 있고 또 내 기분이 별로여도 수업이 잘 될 때도 있다. 그건 매일 반복되는 나의 일상이 수많은 주변의 환경과도 상호작용을 하고 있기 때문이기도 하다. 순간순간 찾아오는 외로움은 내가 누구인지에 대한 고민을 던져주기도 한다. 항상 아이들과 함께 생활하는 나는 1년에 한 번씩은 꼭 생각하게 되는 일인 것 같다. 그런데 좀 더 교직 경력이 오래되니 더 깊게 고민하게 되는 부분이다. 특히 내가 교사가 아니면 무엇이 되어 있을까 하는 부분이다.

지난해 내가 근무하는 학교에 한 유명 강사가 특별 강연을 하러 왔다. 우리 학교 인문사회부 주관으로 도서관과 함께하는 프로그램이었다. 인문학 강의를 하는 그 강사는 전직 국어교사로 TV에도 자주 나오는 유명한 강사였다. 우리 학교 학생의 학부모여서 특별히 섭외되기도 했다.

그날 강연을 위해 학부모와 학생, 교사를 다 모아 학교 강당에 자리를 마련했다. 나는 밀린 업무를 할까 유명 강사를 보러 갈까 잠시 고민했다. 그러나 곧 유명 강사님의 얼굴이라도 꼭 보고 오자는 심정으로 강당으로 향했다.

이미 학부모님들과 선생님들이 200여 석 자리를 거의 다 채우고 있었다. 혹시 빈자리가 있을 수도 있어 각 반의 회장 부회장 학생들도 의무적으로 참석시켰다. 내가 강당에 도착했을 때는 몇 자리 비어 있질 않았다. 난 적당히 뒤쪽에 같은 2학년 담임인 영어 선생님 옆에 자리를 잡았다. TV에서도 본 얼굴이었다. 연예인을 보는 느낌도 있고 신선했다.

무엇보다 강사는 청중들을 사로잡는 아우라가 대단했다. 역사에 해박한 그는 시인이자 독립운동가인 이육사의 시를 화면에 띄우고 진심을 다해 「청포도」라는 시를 낭독했다. 그리고 일제에 저항하다 열일곱 차례나 감옥에 투옥되었던 그를 그리워했다. 우리 민족의 신념을 지키며 죽음으로 일제에 저항한 그를 강연하는 그 자리에 불러낼 것만 같았다.

그리고 강사는 자신이 좋아하는 역사 속의 인물들을 소개했다. 목소리까지 리얼하게 묘사하여 감동스럽게 그때 그 상황을 재현했다. 특히 이순신 장군의 죽음 직전의 안타까운 느낌을 앉아 있는 청중들에게 전달했다.

오래 보고 자세히 보아라

강의가 꽤 길었고 봄날의 나른함으로 잠깐씩 졸기도 했다. 옆자리 영어 선생님이 어제 밤에 못 잤냐고 묻기도 했다. 강의가 끝난 후 강사는 학생들에게 몇 가지 질문을 했다. 우리나라 역사에 대한 것인데 우리 학교 아이들은 한 번에 척척 맞혀냈다. 선생님들과 학부모님들은 뿌듯해했다. 그리고 마지막으로 질문을 받겠다고 했다.

강당 앞쪽에 앉아 있던 학부모님이 이육사의 시에 관련되어 질문을 한 가지 더했다. 강사의 답변이 이어지고 마지막으로 한 가지 질문만 더 받겠다고 했다. 학부모님이 하셨으니 교사 중 한 명이 질문하면 가장 좋을 상황이었다. 나는 하고 싶은 질문이 있었다. 그래서 손을 번쩍 들었다.

옆에 있던 선생님이 나에게 졸고 있더니 이번에는 손을 들고 질문이라도 할 거냐며 뭐라 했다. 머리를 묶고 꽤 뒤에 앉아 있는 나를 보고 강사는 "저 뒤에 학생분 질문하세요."라고 했다. 내가 대학생인 줄 착각했나 보다. 그리고 바로 내가 일어나니 "대학생인 줄 알았는데 학생이 아니셨네요?"라고 했다.

나의 질문은 "강사님은 역사 속의 인물들을 잘 알고 있고 그 인물들이 역사 속에서 어떻게 살아갔는지 누구보다 잘 알고 있을 것 같습니다. 만일 역사 속으로 들어갈 수 있다면 어떤 인물로 살아보고 싶은지 그리고 그 이유를 알려줄 수 있으면 감사하겠습니다."라고 했다. 나를 아는 사람들은 의아하겠지만 그 질문은 내가 요즘 자주 생각하는 것 중 하나였다.

강사는 잠시 당황했는지 아니면 그 많은 역사 속의 인물들 중 누구 하나를 얘기해야 할지 모르겠는지 몇 초간 침묵했다. 그리고 답을 이어나갔다. 역사 속에서 본인은 그냥 아무개로 살고 있지 않을까 한다고 말이다. 아무개는 평범한 사람을 뜻하는 듯함을 알고 있었지만 약간 섭섭함이 느껴지는 답변이었다. 역사 속의 인물을 소개할 때 열변을 토하듯 강의하던 강사에게 나는 좀 더 열정적인 답을 기대했었나 보다. 답변할 시간이 부족했나? 아무튼 나는 조금 아쉬움이 남았다. 내가 요즘 고민하고 있는 일에 뭔가 도움이 될 만한 답변을 기다렸는데 약간 시시하게 끝난 것 같았다.

그날 이후 나는 교실에 들어가 아이들에게 같은 질문을 했다. 강사가 그날 강당에서 학생들에게 질문했던 역사 퀴즈는 교실에 있는 학생들도 잘 맞혔다. 그리고 나는 아이들에게 역사 속으로 들어갈 수 있다면 너희들은 어떤 위인의 삶을 살아보고 싶냐고 물었다. 각 반마다 아이들 마다 다양한 인물의 삶을 말해주었다.

그런데 쉽게 누구처럼 살아보고 싶다고는 말을 못한다. 어려운 질문이었던 건 사실이었다. 그런데 한 반의 어떤 남학생은 나를 실망시키지 않았다. 확실하게 큰소리로 "의자왕이요!"라고 당당하게 말한다. 이유는 묻지 않았다. 하지만 동시에 킥킥거리며 삼천궁녀 어쩌고저쩌고 하는 말도 함께 들린다.

그럼, 정작 나는 다시 태어나면 어떤 삶을 살고 싶냐고 내 스스로에게 물었다. 나는 23년 교사로서 생활했다. 다시 태어나면 하고 싶은 것도 많다. 어떤 수단과 방법을 동원해서라도 돈을 많이 벌 수 있는 직업을 가져보면 어떨까 싶다는 생각도 잠시 해본다. 그런데 나태주 시인의 〈혼자서〉라는 시가 떠오르며 눈시울이 적셔졌다.

내가 교사로서 아쉬움이 많은가 보다. 더 좋은 교사가 되지 못해서 섭섭하고 외로웠다. 그리고 마음 깊은 곳 나를 보았다. 내가 다시 교사가 되면 더 많은 것을 해보고 사랑이 가득한 교사가 되고 싶다고 말이다. 외로워도 처절하게 깨져도 산산이 부서져도.

5

힘들어도
견딜 만한 이유

같은 느낌을 공유할 수 있는 친구를 찾아라

친구 경미는 고등학교 때 동창이다. 피부과 의사이고 두 자녀의 어머니고 아내이다. 내 주변의 친구들 중학교 다닐 때 가장 공부도 잘했고 지금도 의사라는 직업을 가지고 열심히 살고 있다. 고등학교 때는 그렇게 절친이 아니었는데 우리가 둘도 없는 친구가 된 데는 몇 가지 우여곡절이 있었다.

나는 불혹이 다 되어 가는 나이에도 얼굴 여드름에 시달리고 있었다. 소위 좁쌀 여드름이라고 하는 짜잘 짜잘한 여드름이 이마에도 났으며 때로는 관자놀이쯤에도 올라와서 골치를 썩였다. 그러다 무슨 일인지 턱이

나 코에 큰 염증이 올라오면 난 정말 세상 살기 싫어질 정도로 속상했다. 학교에서 다른 선생님들이 업무 때문에 가까이 다가와서 물어보면 그들의 얼굴을 쳐다보지 않고 말을 하고 싶을 정도였다.

그래서 여드름 치료를 위해 자주 경미의 병원을 방문했다. 가서 여드름을 짜내고 스케일링도 하고 팩도 하고 적외선 레이저를 이용한 치료도 받았다. 그러나 관리를 받을 때뿐이고 또 다시 시간이 지나면 이마에 여드름이 어김없이 올라왔다.

호르몬 때문인지 턱이랑 코 주변에도 다시 큰 염증이 생겼다. 경미에게 찾아가 염증 주사라도 맞아야 나의 일상이 가능할 정도였다. 그렇기 때문에 경미는 나의 여드름 주치의였다. 내가 퇴근하고 가서 피부 관리를 받고 끝날 때쯤이면 경미가 퇴근할 시간과 거의 같을 때가 있다. 그럴 때 시간이 서로 맞으면 같이 저녁도 먹으면서 많은 이야기도 했다.

경미는 내가 여드름 관리를 받게 되면 피부 관리비를 지인 할인을 해준다. 그렇기 때문에 나는 비교적 착한 가격으로 피부 관리를 받을 수 있어 그 고마움으로 저녁을 내가 사기도 한다. 경미는 주로 순댓국이나 해장국 등을 좋아했다. 내 여드름 때문에 정기적으로 만나 치료를 겸한 여드름을 짜고 나서 순댓국을 먹었다. 자주 만나 힘들게 세상사는 이야기를 하다 보니 우리들의 우정은 꽤 깊어졌다.

그렇게 몇 년이 흐르니 우리들의 딸이 사춘기가 되었다. 우린 둘 다 직업이 있는 워킹맘이었다. 나는 딸이 둘이 있고 경미는 딸, 아들 남매가 있다. 아이들이 어렸을 때는 다 같이 만나 패밀리 레스토랑 같은 곳에 가서 식사도 하고 또 집으로 모여 다시 놀곤 했었다. 우리는 그때 자주, 서로 살아가는 모습을 바라보며 우리의 아이들이 말을 잘 듣는 편에 속한다고 생각하고 자신만만했었다.

　경미와 나의 큰딸 둘은 동갑이다. 둘이 같은 해 초등학교를 졸업했고, 중학교에 입학했다. 어렸을 때는 우린 딸들이 착하고 온순하다고 생각했고 말을 잘 듣는다고 서로 자랑을 했었다. 하지만 중학교에 입학할 때쯤 둘 다 고집이 만만치 않다는 것을 알게 되었다. 그러다 두 딸이 사춘기가 되면서 경미와 나는 매일 통화를 하지 않으면 안 될 정도로 힘들었다. 어떤 날은 경미가 딸과 싸우고 분이 풀리지 않아 전화를 했다. 내가 출근하고 있는 차 안에서 학교에 도착할 때까지 통화가 이어지기도 했다. 가끔은 자기 전에 전화가 오기도 해서 한참을 통화한 적도 많다. 지금은 기억도 나질 않는 일이 대부분이지만 그때는 딸과 관련된 문제가 세상의 전부였던 것 같다. 경미가 딸 흉을 볼 때면 나는 항상 생각했다. 어쩌다가 내 친구가 저 지경까지 되었을까 하고 말이다. 경미는 항상 나에게 푸념했다. 자신은 딸에게 조용히 이성적으로 접근하는데 딸이 잔소리를 못 받아들이고 공격한다는 식이다. 그리고 결국은 그 모든 것이 성적과 관련된 것이었다. 서로 갈등하고 미워하고 대치되는 상황의 출발점은 결국 공부였다.

경미의 걱정이 좀 지나치다 생각될 쯤이면 어김없이 내가 또 딸하고 부딪힌다. 경미에게 내가 속상해서 털어놓는 그 고민 역시 학교 시험을 앞두고 딸이 공부를 안 한다거나 시험이 끝난 뒤 성적표가 나왔는데도 가져오지 않는 것들에 관한 것이다. 따지고 보면, 다 성적과 공부를 벗어난 일이 없다. 그 일의 끝에 딸들의 친구 관계도 나오고 인성도 나오고 말버릇도 나오고 엄마를 대하는 태도부터 용돈을 헤프게 쓰는 것까지 다 꺼내게 된다.

내가 직장을 다니느라 두 딸을 친정어머니가 거의 키우다시피 하셨다. 특히 큰딸은 친정어머니의 첫 손주라 각별하다. 가끔 우리 엄마는 나의 엄마인지 내 딸의 엄마인지 모를 알 수 없는 말씀을 하실 때가 많다.

큰딸이 고1 때쯤이었던 것 같다. 사춘기의 정점을 찍고 아직 성적도 포기가 되지 않은 상태여서 우리 집은 늘 살얼음판 같았다. 공부에 최선을 다하지 않는 딸 같아서 섭섭하고 화가 나고 그리고 분했다. 내가 딸을 위해 애쓴 시간과 돈을 생각하면 억울하기까지 했다. 그날은 딸도 중간고사 시험이었고 그리고 나도 학교 중간고사 기간이었다. 각자 일찍 끝나다 보니 점심시간쯤 집에서 만나게 되었다. 집에 들어가니 딸이 점심 식사를 해결하기 위해 사온 햄버거가 식탁 위에 놓여 있었다. 배가 고팠던 나는 잠시 화장실에 들어간 딸에게 묻지도 않고 햄버거를 삼분의 일 정도 잘라서 먹었다.

화장실에서 나온 딸은 일부가 잘려나간 햄버거를 보고 "엄마가 잘라먹었어?"고 물었다. 나는 너무 배가 고파서 그랬다고 했다. 그것에 대한 딸의 반응은 좀 황당했다. 햄버거를 조금 먼저 말없이 먹은 것 치고는 파급이 너무 컸다. 딸은 햄버거를 먹지 않겠다고 했다. 묻지도 않고 먼저 먹어버린 나를 원망하면서 몹시 속상해했다. 그 모습을 보니 나는 더 속상했다.

그때 갑자기 가까이에 살고 계시는 엄마가 저녁에 소고기 국을 해주시겠다며 이것저것 장을 봐서 들어오셨다. 집 분위기가 이상한 것을 보고 내게 물으셨다. 난 있는 그대로를 말씀 드렸다. 그랬더니 친정엄마는 딸에게 엄마가 조금 먹을 수도 있지 뭘 그런 걸 가지고 그러냐고 내 편을 들어주셨다. 그러자 딸이 눈물을 뚝뚝 흘리며 말했다. 시험 끝나고 집에 와서 햄버거 먹으려고 먼 길까지 돌아가서 사 왔는데 화장실 간 사이에 엄마가 먼저 먹어버렸다고 했다. 할머니 같으면 기분이 좋겠냐고 되물었다. 그랬더니 조금 전까지 내 편을 들어주시던 엄마가 순간 돌변해서 왜 애 것을 빼앗아 먹었냐며 나를 나무라셨다.

말 안 듣는 딸과 나랑 통하지 않는 엄마 사이에서 난 생전 처음 깊은 외로움 그리고 서러운 맘이 들었다. 그리고 그냥 무작정 밖으로 나가버렸다. 그냥 동네를 한참 걷다 보니 목이 말랐다. 순간, 지갑을 챙겨 나오지 않았다는 것을 깨달았다. 편의점에서 물을 사 먹을 수도 카페에서 음료를 시켜 먹을 수도 없었다. 그래서 난 화가 나서 집을 나온 사람치고는 빨리 집으로 돌아가야 했다. 집에 들어가서 딸에게 어떤 말을 해야 하나 생각하며 발걸음을 집 쪽으로 옮겼다.

딸을 따끔하게 혼을 내야 할까? 아니면 그냥 아무 말 없이 넘어가는 방법을 써볼까? 하는 생각을 하며 키 버튼을 누르고 문을 열었는데 잠금 걸쇠가 걸려 있어 문을 열 수가 없었다. 순간 가슴이 철컥하고 내려앉았다. 딸은 나에게 훈계나 잔소리 따위는 듣지 않겠다는 의지를 강하게 표현하고 있었다.

딸에게 문을 열어달라고 하니 한참 만에 답을 했다. 집에 들어와서 혼을 낼 생각이면 문을 열어줄 수 없다고 말이다. 내가 딸을 꾸중을 많이 하기는 했다는 것을 인정한다. 그런데 엄마에게 문을 안 열어주겠다는 말을 하는 딸을 어떻게 대해야 할지 몰라서 나는 아파트 계단에 주저앉고 싶었다. 직장에 있는 남편에게 전화를 걸어 딸에게 문을 열어주기를 요청하는 방법을 썼다. 남편이 딸을 설득(?)하여 딸에게 사정하다시피해서 해서 집으로 들어갔다. 그리고 나는 정말 딸과 아무 말도 나누지 않았다.

부모로서도, 어른으로서도 도대체 위신이 서지 않는 일이었다. 많이 속상하고 좌절했고 자존감이 땅에 떨어진 채로 지냈다. 한동안 아무에게도 말하지 못하고 입 꽉 다물고 지냈다. 하지만 여전히 나는 학교에서 나는 업무를 보고 수업을 했다. 그렇게 속상하고 힘든 일이 있다고 해도 거품처럼 사라질 수는 없었다. 아무 일도 없었던 것처럼 일상생활을 해내고 있어야만 하는 일도 쉽지 않았다.

학생들은 나의 에너지 원동력

중간고사가 끝나고 몸과 마음이 지쳐가던 그 주간은 학교에서 유난히 정신이 없었다. 특히 내가 계획한 수업이 손이 많이 가는 염색 수업이어서 더 정신이 없었다. 나는 집에서 이미 혼이 나간 상태로 학교에 와서 애써 태연한 척 수업도 하고 점심도 먹고 했지만, 마음은 이미 만신창이가 된 상태였다. 하루는 2학년 12반 수업이었다. 나눠준 수행평가지에 이미 디자인을 끝낸 아이들은 내가 미리 잘라준 25*25cm 정도의 종이에 염색지를 붙였다. 다 붙인 뒤 준비된 손수건 천에 미리 염색지가 붙여진 천에 열을 가하면 멋진 염색 손수건이 탄생했다. 아이들은 눈앞에 펼쳐진 형형색색 파스텔 톤의 컬러에 반하고 자신들의 작품에 감탄했다.

반별로 분위기가 조금씩 다르지만 2학년 12반 여고생들은 유난히 나를 좋아했다. 학기 초 나를 소개하면서 좀 솔직하게 표현했더니 그때부터 나의 모든 것을 다 좋아한다는 식으로 나를 즐겁게 했던 아이들이다. 딸과의 일 때문에 힘들었지만 학생들이 적극적으로 수업하는 태도와 스스럼없이 나를 대하는 모습이 나에게 다시 좋은 에너지가 생기게 만들었다. 즐겁게 수업하며 때로는 그들의 오버스러운 호응에 나도 모르게 가라앉았던 기분이 좋아졌다. 2학년 12반 미술 시간이 있었던 그날 아이들은 나의 패션 센스를 칭찬하며 역시 선생님이 최고라며 추켜세우는 통에 집에서 딸과의 일이 아무것도 아닌 것처럼 되어버렸다.

부끄럽지만 나라는 사람이 그렇다. 내가 힘들어하던 일도 따지고 보면 별거 아닌 일이었다. 딸에게 엄마로서 존중받지 못했다고 좌절하고 있었는데 그 또한 나의 잘못으로부터 비롯된 일일 수 있다. 나도 딸을 충분히 존중하지 못했으니까 말이다.

그때 나와 말도 안 되는 일로 싸우던 딸은 이제 커서 우린 서로 언제 그랬었냐며 서로 친구같이 잘 지낸다. 때로는 같이 못할 이야기가 없을 정도이며 이래서 딸 없는 엄마들은 외롭겠구나 싶은 마음이 들 때도 있다. 그리고 하루가 멀다 하고 통화하던 친구 경미도 나와 마찬가지다. 우린 이제 딸이 있어서 좋다는 말을 더 많이 하기도 한다.

이렇게 나는 가장 가까운 딸과의 관계에서 힘들 때, 의지가 되고 위로가 되는 친구가 있어서 힘든 시절을 이겨낼 수 있었다. 자식과의 관계에서 어려움을 겪는 사람이 세상에 나뿐만이 아니라는 것을 확실히 느낀 것은 거의 매일 통화하는 친구와의 대화에서 알게 된 것이다. 오늘 내가 더 힘들면 내일 친구가 힘들고 했다. 그리고 하소연을 하면서도 우리는 새로운 힘을 얻었다.

나는 교사로서 학생들에게 항상 무엇인가를 주어야 한다고 생각했는데 때로는 학교에서 아이들의 한마디가 엄청난 힘이 될 때도 있었다. 어쩌면 내가 그들에게 받는 것이 더 많다는 생각이 들 때도 많다. 어떻게든 내가 힘들 걸 알아차리고 "선생님 저희가 있잖아요. 힘내세요." 외쳐주었던 아이들을 다시 만나고 싶다. 그때 너희들 때문에 선생님이 버틸 수 있었다고 말이다.

6

나는 이런
수업이 좋다

바람에 흔들리며 비에 젖던 시간

요즘 유난히 길가의 꽃이 눈에 들어온다. 바쁘게 길을 걷다 보면 언뜻 눈에 띄지 않는다. 하지만 고개를 돌려 자세히 들여다보면 저마다의 이야기가 있는 작은 이름 모를 꽃을 보게 된다. 그리고 이 작은 꽃들도 흔들리며 피어났겠구나 하는 생각에 잠깐 발걸음을 멈추게 된다.

처음 교직에 들어와서 수업을 하는 내게도 바람에 흔들리며 비에 젖던 시간이 있었다. 아이들과 나와의 사이에 어떤 공간이 존재하는 줄도 모르고 형식적인 수업을 위한 수업 지도안도 준비했었다. 수업 자료도 아이들과 나와 공간을 채우고 꾸며주는 자료가 아닌 나만을 위한 수업을

준비하기도 했었다. 수업을 잘한다는 다른 교사의 수업 모형을 놓고 나
는 많이 좌절하고 힘들어했던 적도 있다. 내가 아무런 꽃도 피울 수 없을
까 하고 초조했던 순간이 있었음을 밝힌다. 그것은 내가 흔들리거나 비
에 젖지 않고 꽃을 피우고 싶었기 때문이었다.

네모난 교실, 네모난 책상 그리고 네모난 창문을 통해 보이는 네모난
하늘만큼이나 내 수업도 틀에 갇혀 있었다. 정해진 교육 과정, 일괄적으
로 만들어진 지도안 그 속에서 나는 편리하게 인스턴트 같은 수업 키트
를 만들어내고자 애썼다. 그렇게 획일화시킨다면 수업이 쉬워지고 내 시
간이 많아질 것 같았다. 교직은 제대로 하고자 한다면 시간이 한없이 부
족했고 게으름을 피우고자 마음먹는다면 시간이 한없이 남아돌기도 하
는 직업이었다. 그 어떤 수업 모형도 매번 같은 형태로 교실에서 적용시
킬 수 없었고 부분적으로든 대대적으로든 수정이 필요했고, 디자인이 필
요했다. 그렇게 하지 않으면 수업을 제대로 할 수 없었다.

그리고 나는 내가 원하는 수업이 무엇인지를 찾기 위해 작은 순례 길
을 떠났다. 스페인 산티아고로 떠난 것이 아니고 내 마음속 깊은 곳을 열
번, 스무 번, 서른 번을 더 돌아 나왔다. 수업을 위한 수업을 하는 한 나
는 다른 사람들보다 더 바람에 젖고 비에 젖을 수밖에 없었다. 그것이 나
를 위한 수업이 될 수도 있고 아이들을 위한 수업일 수도 있지만 단지 수
업만을 위한 수업은 나를 흔들어놓았고 비에 젖게 만들었다.

그렇게 여러 번의 순례 길에 오르던 나는 어느 한순간에 알게 되었다. "모든 것을 용서하고 마음을 내려놓는다."는 페르돈 고개에서 나는 아이들과 나, 교실 그리고 수업을 하는 우리를 보게 되었다. 그때 나는 아이들의 눈을 맞추는 것을 두려워하지 않게 되었고 교사임을 인정하고 줄기를 곧게 세웠다. 아무리 재밌는 영화도 감동적인 이야기도 내 이야기만큼 재밌는 것은 없다. 누구나 자신의 이야기와 경험을 이야기할 때 신이 나고 삶의 경험도 나오고 교훈도 나올 수 있다. 수업도 그러하다. 그것이 그간 순례 길에 올라 돌고 돌아서 낸 결론이다. 그렇기 때문에 내가 마음에 드는 수업을 위해서는 내 머릿속에 있는 경험을 수업 지도안이라는 시나리오로 만들어내야 한다.

그것이 일종의 교육과정 재구성이라는 것이다. 반찬거리를 사러 나가기 전에 먼저 무엇을 살지에 대한 리스트가 있어야 한다. 그전에 이미 머릿속에 하고 싶은 요리가 계획되어 있어야 한다. TV 프로그램에서 스쳐 지나 갔었던, 유튜브에서 검색했든 책에서 봤든 다 상관없다. 먹고 싶은 요리, 만들고 싶은 요리가 머릿속에서 이미 만들어져 있거나 계획되어 있어야 한다.

그것은 나만 먹고 싶은 요리도 안 되고 아이들만 원하는 메뉴이기만 해서도 곤란하다. 반드시 그 속에 아이들에게 필요한 영양소가 들어가 있어야 한다. 그 다음은 얼마든지 내가 맘대로 할 수도 있는 부분이 있다. 만드는 모양, 끓이는 방법 등은 내가 정해도 된다. 나중에 보기 좋게 접시에 담는 방법도 내가 정하면 된다. 하지만 그 모든 것에 어떤 경험을 했든 내 이야기가 빠질 수는 없다.

스토리를 만들어라

아이들이 꼭 먹어야 할 영양소를 포함한 재료를 잔뜩 준비해서 교실로 가지고 들어간다. 그런데 내가 재료를 다 씻고 다듬고 하는 것이 아니라 아이들에게 씻고 다듬고 할 수 있도록 해 주어야 한다. 물도 튀고 쏟고 재료를 다듬다 손도 다친다. 내가 혼자 다듬는 거보다 열 배의 시간이 더 걸릴 수 있다. 참고 기다려야 한다. 그렇게 뜸을 들이는 시간에 아이들은 많은 일들을 만들어낸다. 의미를 찾으며 다양한 경험으로 그들의 삶이 풍부해지기도 한다.

그러면서 아이들은 그들만의 재료 선택 방법과 재료 다듬는 방법, 음식 맛내는 방법을 알아낸다. 음식을 하는 방법은 요리사마다 다르다. 그리고 때로는 남들이 생각해내지 못한 특별한 과정과 형태의 요리가 돋보인다. 이렇게 새로운 아이디어들이 생겨나는 기쁨을 느낄 수 있다. 그렇게 아이들은 창의적인 사람들로 자라날 수 있다.

음식 만들기가 다 끝난 후 다 함께 먹어보기도 한다. 누구의 음식이 더 잘 만들어졌는지 누가 더 정성스럽게 만들었는지를 알아볼 수도 있다. 같은 재료로 만들었지만 그 형태와 모양은 다 다르다. 백 퍼센트 완벽하지 않지만 저마다 정성과 노력의 결과물과 마주할 수 있다. 그리고 다음 번에는 어떻게 해야 할지 생각하게 되고 돌아보게 된다. 이렇게 수업 속에서 스스로를 성찰할 수 있다.

 마지막으로 위의 모든 것들에 앞서 반드시 해야 할 것이 있다. 바로 아이들이 만들어야 할 음식의 종류이다. 이 부분에서 확실히 교사의 전문성이 필요하다. 지금 밥을 짓고, 김치찌개 정도를 끓이고 고작해야 볶음밥 정도를 할 수 있는 아이들에게 깐풍기나 장어구이를 해보자고 하는 것은 다소 무리가 있다.

 위의 모든 것에 기름 한 방울을 떨어뜨려야 한다. 내가 힘들었을 때 수업을 인스턴트 음식이라고 생각했던 시절이 어려움을 고백했었다. 나는 수업을 예술적인 차원에서 다루어야 한다고 생각한다. 예술가는 자신의 신념을 자신의 작품에 형상화한다. 비평가들은 비평을 통해 그것이 어떻게 구현되었고 그 속에 어떤 의미가 있는지를 살핀다. 수업도 마찬가지다. 일정한 틀로 교사의 수업을 재단할 수 없다. 교사가 어떤 의도와 목적을 가지고 수업을 연출하고 있는지를 볼 수 있어야 한다.

 뜨거운 프라이팬의 온도를 느끼고 바쁘게 물을 틀어놓고 재료를 씻고 다듬다 보면 왜 음식을 만들었는지 어떤 음식을 만들었는지 모른다. 음식을 먹고 나서도 맛있다, 맛 없다의 이분법으로 끝나는 수업은 곤란하다. 적어도 조건을 주거나 그에 앞서 음식 만들기 곳곳에 다양한 의미를 갖게 한다면 한 시간의 수업에서도 수많은 의도가 들어 있을 수 있다.

예술 작품을 보면서 우리는 수많은 이야기를 한다. 얀 반 에이크의 〈아르놀피니의 약혼〉을 보면 그림 중심의 부부 외에 많은 이야기들이 숨은 그림 찾기처럼 그려져 있다. 그리고 전체적으로 볼 때 꼭 필요한 요소로 자리 잡고 있는 것은 그 그림 하나하나가 담고 있는 이야기가 있기 때문이다.

그림 하단에 그려진 강아지는 충성을 의미하며, 남녀 부부 사이의 상대에 대해 충실할 것을 의미한다. 그리고 그림 중간쯤 그려진 블록 거울에 비친 사람들은 아르놀피니 부부의 결혼식의 증인인 것이다. 당시 결혼식에는 두 명 이상의 증인이 있어야 했다고 한다.

이처럼 명작들은 그림 안에 신비한 이야기들을 곳곳에 많이 숨겨 놓고 있기도 하다. 그리고 하나하나의 소품이 위치와 선택에는 예술가의 의도가 들어 있다. 나는 내 수업의 의도를 수업 도입 부분에도 넣어놓고, 한창 진행이 될 때도 숨겨둔다. 질문 형태로 숨겨놓기도 하고 사진 자료로 그리고 아이들이 활동을 할 때도 숨겨지기도 한다. 중간에 아이들이 나의 의도를 알아차렸을 때 그 기쁨은 교사가 아니고서는 경험할 수 없는 것이다.

그리고 아이들은 내가 의도한 것 이상으로 발전하는 모습도 보게 된다. 그 짜릿한 경험을 일종의 중독성을 동반하기도 한다. 그래서 나는 오늘도 내 수업에 뭔가를 숨기려 애를 쓴다.

그렇게 내가 숨겨놓은 작은 씨앗을 찾아낸 아이들이 그 씨앗으로 꽃도 피우고 열매도 만들어낼 수 있다. 아이들이 자신들만의 것들을 만들어내는 수업이었으면 좋겠다. 그것은 곧 그들의 삶이 되고 꿈이 되게 하는 수업이 되기를 희망한다.

7

내가 되고 싶은
선생님

투머치는 아니야

나는 옷이 많은 편이다. 직장 생활 23년 차이니 매년 옷을 몇 벌씩만 샀다고 해도 그렇지 않겠나. 옷장에는 옷이 이미 차고도 넘친다. 나는 다양한 곳에서 옷을 구입한다. 백화점, 아울렛, 동네에 있는 작은 숍, 그리고 동대문의 대형 상가까지. 요즘에는 압구정 가로수 길의 로드 숍과 고속버스터미널 지하상가에서 많이 산다.

나는 긍정적인 나의 자아를 드러내주는 밝은 색의 옷을 즐겨 입는다. 그리고 항상 투머치 룩이 되지 않도록 한다. 대신 여백의 미를 살리는 스타일을 좋아한다. 한마디로 '꾸안꾸' 스타일이 나와 잘 맞는다.

'꾸안꾸룩'은 쉬울 것 같지만 꼭 그렇지만도 않다. '꾸안꾸룩'을 완성하려면 먼저 꾸밀 수 있어야 한다. 그렇다고 남을 의식해서 지나치게 꾸몄다는 느낌을 주는 것은 옷을 잘 입는 게 아니다. 색과 색 사이에 자연스럽게 중간색을 넣듯이 전체적으로 튀는 느낌이 없도록 해줘야 한다. 그러면서도 어느 곳에서든 개성이 드러나게끔 해줘야 한다.

처음부터 내가 옷차림으로 나의 정체성을 나타내려고 한 것은 아니었다. 중학교와 고등학교 시절에는 주로 엄마가 사 주는 옷을 입었다. 대학교에 가서도 특별히 내가 옷을 산 경우는 없었다. 때문에 내가 입을 수 있는 옷에는 한계가 있었다. 중학교, 고등학교 시절 나에게도 입고 싶은 스타일의 옷이 있었다. 하지만 그때는 생각에 그칠 수밖에 없었다.

고등학교 2학년 때쯤이었다. 엄마와 같이 옷을 사러 간 적이 있었다. 동네에 있는 보세 옷가게였다. 바지 위에 입을 옷으로 니트 카디건을 골랐다가 이유 없이 엄마에게 혼난 적이 있다. 아마도 엄마는 학교에 입고 갈 평범한 옷을 사주시려 했을 거다. 그런데 손질이 어려운 니트를 고르니 어이가 없으셨나 보다. 엄마는 좀 무서운 편이셨다. 나는 내가 입고 싶은 옷을 이유 없이 별로라고 하는 엄마의 말을 반박하지 못했다. 그 일이 알게 모르게 상처가 되어서 그때부터 엄마가 사 주는 옷만 입었다. 삼남매 중 내가 첫째 딸이다. 그리고 바로 두 살 터울의 남동생이 있다. 여동생은 나와 일곱 살 차이가 난다. 때문에 학창시절 여동생과 옷을 공유할 수도 없는 상황이었다. 대학교에 진학해서도 나는 계속 엄마가 사주는 옷을 입었다. 아버지가 대학교에 입학했다고 내게 사 주신 꽃무늬 핑크색 구두는 아직도 생생하게 기억난다.

옷도 나와 함께 가서 골라 주는 것이 아니라 엄마가 직접 골라 왔다. 엄마는 옷이 예뻐서 사주셨겠지만 내 마음에 썩 들지 않는 경우가 더 많았다. 하지만 그냥 입고 다녔다. 20대 초반은 어지간하면 다 어울리는 나이가 아니겠는가. 가끔 엄마는 색상이 선명한 티셔츠를 사 주기도 하셨다. 특히 나에게는 주황색이 매우 잘 어울렸다. 그 티셔츠를 입을 때면 생동감 넘치는 여대생으로 변신한다고 생각해 꽤 자주 입기도 했다.

대학교 졸업식 때 입으라고 부모님이 나와 함께 백화점에 가서 꽤 비싼 투피스를 사주신 적도 있다. 비싸고 고급스럽고 예쁜 옷이었다. 그런데 난 그 옷이 썩 마음에 들지 않았다. 옷이 나의 정체성과 맞지 않아서 그랬던 것 같다. 그때는 나의 이미지에 대해 확고한 생각을 갖지 못했다. 내가 어떻게 입어야 할지 자신감도 없었다. 그래서 부모님이 예쁘다고 골라 주는 옷을 그냥 입고 졸업식에 참석했다. 나는 성인이 되고도 한참이 지나서야 나의 정체성에 따라 옷을 입기 시작했다.

그런 나와는 달리, 나의 딸들은 일찍부터 그들이 추구하는 이미지가 있었고 그에 맞는 옷을 찾아 입을 줄 아는 세련된 아이들로 자라났다.

그들은 이미 자신들이 어떤 스타일을 좋아하고 어울리는지 잘 알고 있다. 딸들은 자신의 눈과 직관을 신뢰한다. 그런 모습이 보기 좋다. 딸들은 자신들의 매력을 알고 있다. 장점을 드러낼 줄도 알고 단점도 커버할 줄 안다. 그들은 패션 공식을 기본으로 삼아 자신의 존재를 드러낸다. 하지만 본인들의 외모를 객관화하고 인정하고 받아들일 줄도 안다.

첫째는 미술을, 둘째는 음악을 한다. 전공이 다른 만큼 옷을 입는 스타일도 다른 편이다. 하지만 너무나 감사하게도 둘 다 나의 옷장을 좋아한다. 외출하기 전에 항상 그 옷장을 뒤지며 뭘 입으면 좋을지 물어본다. 내가 새 옷을 사서 걸어놓으면 나보다 먼저 입고 나가기도 한다. 처음에는 옷이 망가질까 봐 옷을 같이 입는 것이 반갑지만은 않았다. 그런데 생각해보니 딸들과 함께 옷을 입으니 좋은 점이 많다.

딸들과 함께 옷을 입으니 상대적으로 옷값이 줄어드는 효과가 있다. 좀 비싼 옷을 구입할 때도 딸과 함께 입을 수 있는지의 여부를 따져 보면 선택이 쉽다. 패션의 완성은 얼굴과 몸매라고 한다. 아무리 예쁜 옷도 몸에 맞아야 입을 수 있다. 딸들과 함께 입으려면 몸매 관리를 안 할 수가 없다. 그래서 딸들이 성인이 된 이후에 나의 몸은 더 젊어졌다.

패션디자인을 배우러 영국에 유학 중인 큰딸과 여행을 간 적이 있다. 여행 계획은 딸이 짰고 나는 여행 경비를 댔다. 딸은 여행 계획에 장소와 음식과 패션을 넣었다. 딸과 여행을 다니면 평소에 입지 못하는 좀 더 과감한 옷에도 도전할 수 있다. 딸은 내게 어깨가 드러나는 짧은 데님 스커트도 권한다. "엄마 나이에 이런 옷을 입어도 돼?"라고 물으면 딸은 나이가 뭐가 중요하냐고, 어울리면 입으면 된다고 응원한다. 나도 그렇게 생각한다. 나이는 중요하지 않다고 생각한다.

나란히 함께 있어도 어색하지 않고 싶은

딸들과 같이 옷을 입기 시작하면서 내 패션은 좀 더 과감해졌다. 크게 남을 의식하지 않는 다는 뜻이다. 나는 지금 50대다. 그런데 이렇게 철없이 살다 보니 남이 어떻게 나를 보든 '젊다'는 말이 꽤 오래 써먹을 수 있는 표현이라 좋다. 그래서 어느 순간부터 나이는 생각하지 않고 살기로 했다. 내가 아무리 동안이어도 서른다섯은 아니고 아무리 내가 노안이어도 예순은 아님을 잘 알고 있다.

그리고 내가 나이를 뛰어넘어, 젊은 감각으로 옷을 입게 된 중요한 이유는 따로 있다. 대학 졸업 후 나는 매일 학생들 앞에 서야 하는 교사가 되었다. 학생들은 교사의 옷차림에 관심이 많다. 즉각적인 반응을 보여주기도 하고 때론 뜨거운 반응을 보이기도 한다. 자신들의 수준에서 좋아하는 옷차림에 그런 반응들을 보였다. 본인들이 입을 수 있음직한 옷차림에 더 크게 반응하곤 했다.

때론, 특이하게도 나는 수업을 잘하는 교사보다는 옷을 잘 입는 교사라는 말이 더 듣고 싶었다. 그래서 학생들의 취향을 반영한 옷을 입으려 노력했다. 그 때문인지 나는 옷을 젊게 입는다는 말을 많이 들었다. 또한 내가 원하는 스타일대로 입고 출근하면 자신감이 생겼다. 학생들 앞에서 수업할 때도 좀 더 행복했다.

유행에 민감한 학생들의 반응은 나를 변화시켰다. 엄마가 사주는 옷만 입던 나의 패션 센스는 나날이 발전했다. 나는 기본적으로 열정적이고 화려한 스타일의 옷을 선망한다. 하지만 실제 내가 입고 다니는 옷은 잡지나 모델, 사진 속의 연예인들처럼 치밀하게 계산된 화려한 룩일 수는 없다. 그러한 옷차림은 일상생활과 괴리될 수밖에 없을 것이다. 그래서 화려한 것을 좋아하지만 지루하지 않은 선에서 여백의 미를 갖추려고 노력했다. 그렇게 아이들 속에서 작은 것이라도 소통하고자 하는 노력으로 나는 즐겁고 행복한 학교생활을 해왔다. 하지만 이제 경력이 23년째다. 나이가 들어가는 것은 어쩔 수 없는, 자연스러운 일이라는 것은 알고 있다. 하지만 나는 매년 나와 나이 차가 더 많이 나는 학생들과 만나게 된다. 나의 교육 경력이 많아질수록 딸들보다 더 어린 학생들과 수업을 하게 되고, 올해는 어린 조카와 같은 학년의 아이들과 수업을 한다.

나이가 많은 교사여서 그런지 학교에서 만나 대면 수업을 먼저 하던 예전의 아이들보다 코로나 19로 인해 SNS에서 먼저 만나게 된 이번 학년 아이들과 더 잘 소통되는 느낌이다. 내가 카톡이나 밴드 등에서 그리고 줌으로 하는 수업에서 그들에게 다가가고자 노력한 결과라고 생각한다. 하지만 그것도 잠깐일 수 있다.

점심시간 학교 급식을 먹고 가끔 산책을 한다. 동료 선생님들과 이런저런 이야기를 나누며 학교 건물 주변도 돌고 체육관에 가서 원을 크게 돌고 나오기도 한다. 그때, 교감 선생님이 나타나실 때가 있다. 물론 교감 선생님도 점심시간을 활용해서 걷기를 하고자 강당에 오신 것이다. 하지만 거침없이 실내 체육관을 돌고 있던 우리들은 슬그머니 나가자는 싸인을 주고받은 뒤 꼬리를 감추며 나와버렸다.

개인적으로 나는 교감 선생님이 좋다. 인간적으로도 관리자로서도 꽤 괜찮은 분인 것도 알고 있다. 운동도 좋아하시고 여행도 좋아하시고 패션 감각도 있으셔서 함께 이야기 나누고 있으며 즐겁다. 하지만 교감 선생님이 체육관에 나타나는 순간 이유 없이 그곳의 공기가 달라지고 불편했다. 교감 선생님과 좋은 관계로 지내면 내게 훨씬 유익한 일도 많겠지만 그런 이유로 선생님들이 관리자와 친해지지는 않는다.

그러면서 나는 우리 반 아이들과 나의 관계를 다시 생각해보게 되었다. 내가 아무리 애써도 아닌척해도 내가 아이들의 친구가 될 수는 없다. 내가 필요할 때만 그들이 다가오게 하고 너무 무리한 요구는 하지 않으면서 적절하게 서로 도움을 주고받을 수 있는 계산이 확실한 관계도 어렵다.

　하지만 딸들이 내 옷장을 좋아하는 것처럼, 나와 함께 커플룩으로 맞춰 입고 싶어 하는 것처럼 아이들에게도 그런 선생님이 되고 싶다. 가끔 내 옷을 빌려 입어 조금 손상이 되어도 그들과 함께할 수 있다는 자부심이 생긴다는 것을 솔직하게 고백하고 싶다. 아이들이 즐거운 시간을 보내고 있을 때 내가 나타나도 전혀 어색하지 않은, 궁금한 게 있을 때 부담 없이 물어볼 수 있는 그런 선생님이 되고 싶다.

8

이 문제를 다르게
볼 수는 없을까?

한 번도 경험하지 않은 일

학교는 학교, 학생, 그리고 교사 그리고 행정실 다양한 구성 요소들이 각자의 역할에 맞게 생활하면서 지내는 교육 공동체이다. 학생 사안이 있고 또 교사의 문제가 있고 학생과 교사 간의 일, 교사와 교사 간의 일, 학생과 학생 간의 일, 교무실과 행정실 간의 일 등 다양하다.

언뜻 밖에서 보면 학교는 타종에 의해서 아이들이 일사불란하게 움직여 수업 시간과 쉬는 시간만이 존재하는 단조로운 현장으로 오해할 수 있지만 단 하루라도 경험하게 되면 변화무쌍한 학교의 상황에 고개를 절레절레 흔들 수도 있다.

대기업에 다니는 친구들은 말한다. 교사들은 퇴근 시간도 빠르고 방학도 있고 무엇보다 돈과 관련된 일이 아니라 책임 소재도 그리 크지 않을 것 같다고 한다. 부러움 섞인 그들의 의견에도 어느 정도 동의는 한다. 그렇다면 이런 경우에는 어떻게 생각하는가?

내가 교사라는 이름으로 아이들과 함께 생활한 지 얼마 되지 않았을 때다. 한마디로 초보 운전 시절일 때다. 나는 그해 실업계 고등학교 3학년 담임이었다. 요즘 모든 학교가 학기 말 증후군에 대해 몸살을 앓고 있는 것은 오늘 내일 일도 아니지만 학교는 그에 대한 책임을 가지고 많은 변화를 꾀하고 있는 중이기도 하다. 이런 변화가 있기 전 거의 학교가 무방비 상태로 있었을 때 일이다.

여자상업고등학교 학생들의 2학기 말은 취업이 결정 난 학생과 또 앞으로 취업할 학생 그리고 취업이 아닌 진학을 결정한 학생으로 나뉘게 된다. 우리 반 학생들은 그해 유난히 취업보다는 진학 쪽으로 많이 기울어져 있는 학생들이 많았지만 2학기 말 수업 분위기는 그야말로 뒤숭숭했다.

결국은 그렇다. 인생사 새옹지마라고도 하고 일체유심조라고도 한다. 그래서 매일 감사하며 기도하는 마음으로 살아야 하는 게 정답인지도 모르겠다. 그렇게 이 일이 왜 생겼지? 이 문제의 이면에는 무엇이 있지? 이런 생각하지 않을 수 있도록 명쾌한 일들만 생겼으면 한다. 내가 스스로 해결할 수 있는 일들만 있길 바라면서 이야기를 풀어놓겠다.

아침에 학교에 출근했는데 느낌이 이상했다. 우리 학교가 9시 뉴스에 나왔다는 것이다. 별로 좋은 일로 나온 것 같지가 않았는데 이상하게도 나를 연관시킨다. 여느 때와 다를 거 없는 아침이었지만 기분이 영 별로였다. 정말 학교가 발칵 뒤집힐 일이 생기긴 한 것 같다. 모 방송국에서 여자 실업계 고등학교의 2학기 어수선한 교실 풍경을 주제로 동영상으로 내보냈다고 한다. 보도하는 기자가 특정한 학교를 이야기하지는 않았지만 우리 학교 선생님이나 학생들 그리고 우리 학교와 관련된 모두는 알 수 있었다. 동영상에 소개된 우리 학교 교실은 교복을 입은 아이들은 자고 있거나 이야기를 하고 있었다. 그리고 수업을 하는 선생님을 아이들을 깨우거나 조용히 시키고 있었다. 그런데 그 교실은 내가 담임을 맡고 있는 3학년 9반 교실이었고, 조용히 시키는 교과 선생님은 나와 같은 과목의 이지영 선생님이었다.

이 정도 되면 나는 이 문제의 심각성을 모를 수가 없다. 어디서부터 잘못 되었는지 이제부터 어떤 일이 일어날지 알 수 없는 상황이 시작된 것이다. 먼저 그 동영상을 누가 촬영했는지에 대해 조사가 시작되었다. 나를 배제시킨 채 아이들을 조사했고 문제의 학생은 금방 밝혀졌다. 안 좋은 일로 방송을 타는 순간 우리 반 분위기는 초토화되었고 학교는 방향을 잃어 곧 좌초될 듯이 휘청거렸다.

그 방송국에서는 누군가가 취재 아이디어를 냈을 것이다. 아마도 방송 기자가 아닐까 싶다. 그 방송국에는 우리 반 아이의 언니가 취업해서 다니고 있었다. 학기 말 수업 시간이 무너진 교실을 촬영하고자 우리 반 아이를 이용한 것이다. 아르바이트 형태로 아이를 설득했고 백팩에 기자가 준 몰래카메라를 장착하고 수업 시간에 교실이 보일 수 있도록 돌려놓는 것이 그 아이의 미션(?)이었다. 그리고 편집을 거쳐 가감 없이 우리 반의 수업 시간은 방송을 타고 전국으로 나갔다. 대부분의 학교가 학기 말, 그와 같은 진통은 다 겪고 있는 일이었지만 우리 학교가 단독으로 언론사의 직격탄을 맞았다는 것이 학교 전체 구성원을 고통 속으로 몰아넣었다.

학교 선생님들은 물론이고 졸업생들도 자존심이 많이 상하는 일이고 방송사를 소송해야 한다는 여론도 만만치 않았다. 그리고 거의 모든 선생님들이 우리 반 학생을 가해자로 생각하고 있었고 그날 수업한 선생님을 피해자로 인정했다. 비교가 될지 모르지만 요즘 학생에게 얻어맞는 선생님들이 있다고 한다. 인정하고 싶지 않지만 실제 그런 일이 많이 일어나므로 학생 인권 보호에 맞서 교권 보호 위원회에 대한 이야기도 심심찮게 들려온다. 그렇다 하더라도 선생님이라는 직업의 특성상 학생과 맞대응하게 될 때 우스운 꼴도 배제할 수 없다는 것을 우리끼리는 공감한다. 그처럼 방송사가 우리 학교를 이용해서 별로 좋지 않은 기사를 내보냈다는 것이 분하고 억울하지만 그에 대해 마땅하고 적합한 대안은 쉽지 않았다.

그것까지는 이해할 수 있다. 학교의 입장도 있고 학생들의 입장도 있고 우리나라 전체 교육의 표상이 되어버린 그 현실에 학교는 몸살을 앓을 수밖에 없었다. 그리고 우리 반 아이에게 찍힘을 당했다고 생각하는 선생님의 입장도 생각할 수 있다. 담임교사의 입장에서 죄송한 일이다.

지혜롭게 문제를 해결할 수 있기를

방송사 사건에서 내가 가장 속상하고 억울했던 일은 우리 반 아이에 대한 부분이었다. 학생이 몰래카메라를 장착하고 교실을 찍어 방송에 나가게 된 일을 어떤 시각으로 봐야 맞는 것인지 잘 모르겠다. 우리 반 아이가 잘못이 있냐 없냐 두 가지 중 한 가지로 대답해야 한다면 잘못이 있다가 맞다. 그것도 많이 잘못했다고 인정한다. 그래서 우리 반 아이는 책임을 지고 전학을 가게 되었다.

학교는 나름대로 방송사 측의 사과도 받아내는 등 긍정적인 조율이 있었나 보다. 그런데 그 누구도 방송국 기자의 책임을 물어 사과를 요구하지 않는다. 기자의 책임을 묻는 일은 성역 같은 부분이었는지 아무도 그

때 그 일을 시도하려 하지 않았다. 학생은 전학을 보내라고 하면서 그 학생을 종용한 기자의 잘못에 대해 묻질 않는다.

다른 선생님들은 또 내게 화살을 돌린다. 왜 문제로 가득한 아이를 감싸냐는 것이다. 이런저런 이야기 속에서 나는 또 외부의 상황과 자존심 싸움을 하고 있었다. 일단 우리 반 아이를 지켜야 하는 역할은 나밖에는 할 수 없었다. 내가 아이들을 지극히 사랑하고 진정한 교육자여서가 아니다. 저절로 생기는 감정이었다. 담임이 자신이 맡은 반 아이에 대한 걱정인 것이다. 왜 그것에 대해 질책을 받아야 하는지 몰라서 안타까웠다.

나는 기자의 전화번호를 알아내서 통화를 시도하기도 했다. 그리고 지금 우리 반 아이들이 많이 힘들다. 기자님이 와서 아이들에게 사과를 했으면 좋겠다고 부탁했다. 기자는 지방에 취재를 가야 할 일이 있어서 다녀와서 학교에 방문하겠다고 했다. 하지만 기자는 학교에 방문하지 않았고 우리 반 아이는 결국 전학을 갔다. 그날 수업을 하다 명예가 훼손된 동료 선생님은 다른 학교로 전근을 갔고 나도 아예 다른 지역으로 근무지를 옮겼다.

꺼내기 힘들었던 이야기를 힘겹게 끌어올린 것은 아직까지도 이 문제를 어떻게 봐야 할지 모르겠다는 것이다. 누구의 입장에서 봐야 할지 어떻게 해결해야 할지 모르겠다는 것이다. 이런 일 앞에서는 나는 정신을 똑바로 차리기 힘들고 땅을 딛고 서 있기도 어렵다는 자괴감에 빠진다. 그럴 때마다 기도한다. 내가 해결할 수 있는 일만 일어나기를 내가 이해하고 경험한 일만 일어나기를 바라는 것이다.

그리고 다양한 입장과 생각이 공존하는 일들 앞에서 항상 다르게 생각하고자 노력하게 되었다. 그렇게 해야 결국 내 마음이 편안하다. 우리는 누구나 수학 문제를 풀지 못했을 때 그 좌절감을 알고 있다. 쉬운 문제만 풀고 시험을 봐서 항상 백 점을 맞으면 좋은데 그런 일들은 흔치 않다. 내게는 남들이 못하는 어려운 수학 문제를 풀 수 있는 능력은 없다. 하지만 세상 문제를 다르게 보고 좀 더 지혜로운 방법으로 해결하고자 하는 마음은 있다.

4 교시

아름다운 교사

최선을 다해
살아가라

1

아이들과 함께
올라간 축제 무대

아이들 파악은 점심시간에 이루어진다

2년 전 중학교로 근무하는 학교를 옮겼다. 초임교사 시절부터 늘 20년 간 고등학교에서만 근무하던 나는 처음 경험하는 중학교가 낯설고 신기 했다. 아직 자라고 있는 아이들의 3년 정도 나이 차이는 꽤 크다는 생각 이 들었다. 고등학교 1, 2학년 학생들에게는 너무나 당연한 것들이 중학 교 1, 2학년에게는 처음인 것들도 많다. 생각해보니 중학생들은 이제 막 초등학교를 졸업한 지 얼마 되지 않은 조금 더 큰 어린이였다.

중학교에 오니 나의 수업 시수도 늘어났다. 고등학교에서는 기껏해야 16시간이고 많아야 18시간을 넘지 않았는데, 1주일에 무려 20시간의 미술 수업을 소화해야 한다. 수업이 많으니 학교에서는 딴생각할 겨를 없이 수업만 해도 시간이 빨리 지나갔다. 오전에 2학년 7반에 들어가 수업을 하고 점심을 먹는다. 그리고 오후에 2학년 3반에 들어가 수업을 하면 하루 4시간을 다 채우는 식이고 그렇게 일주일이 쌓이면 20시간이 된다.

새로 옮긴 중학교는 학교에 학생들 급식실이 없다. 늘 고등학교에 근무했고 그간 거쳐 왔던 고등학교는 모두 학교 급식실이 있었다. 교사들이 번갈아가며 당번을 정해서 급식실 지도를 하면 되었다. 그 차례가 한 달에 한 번 정도인 것으로 기억한다. 그렇게 내가 해당되는 차례에만 급식실에서 급식 지도를 하게 되면 반 아이들 급식 지도를 하지 않아도 되었다. 그런데 새로 옮긴 중학교는 담임 반 교실에서 매일 아이들과 함께 점심을 먹어야 했다. 나는 2학년 6반 담임이니까 점심시간이 시작되는 12시 50분부터 교실에 가서 아이들 배식 지도를 하고 함께 교실에서 점심을 먹었다. 미리 배식 당번을 뽑았다.

1학기 다섯 명, 2학기 다섯 명씩 정해졌다. 그리고 배식 당번 학생들에게는 한 학기에 10시간의 봉사 점수를 주었다. 학교 점심시간을 이용해서 배식 도우미를 하고 봉사 점수도 채울 수 있는 좋은 방법이었다. 배식 당번 아이들에게 머리에 하얀색 모자와 앞치마 그리고 비닐장갑이 제공되었다. 1학기에는 우리 학교 배식 당번이 남학생 3명 여학생 2명이었다. 그런데 배식 당번을 잘 못 뽑았다는 것을 일주일 정도 지나서 알게 되었다. 일주일 정도는 배식 당번이 꼭 써야 할 흰색 모자와 앞치마를 하더니 서서히 모자와 앞치마를 하지 않고 배식을 하는 거였다. 돈가스나 만두 새우튀김, 탕수육 등이 나오는 날은 배식할 때 친구들에게 조금씩 주고 좀 많이 남겨서 나중에 먹게 되는 자신들이 먹을 것을 확보(?)하기도 했다. 그리고 내가 점심시간에 일이 있어 조금 늦게 교실에 들어가게 되면 배식 도우미들은 아주 최소한의 음식만 식판에 준비해놓곤 해서 그날은 바로 배가 고팠다. 그리고 어느 날 제공된 스틱 식으로 된 요구르트 '짜요 짜요'는 내가 늦게 간 사이에 내 몫은 없어졌다.

다음날 학급회의 시간에 앞으로 담임선생님 짜요짜요를 미리 확보해 놓지 않으면 앞으로 특별식은 내가 직접 나눠주겠다고 했다. 배식 도우 미들이 꼭 왜 그래야 하냐고 원성이 자자하다. 아무래도 점심 안 먹고 조 퇴하는 아이들도 가끔 있고 아파서 늦는 아이들도 있어서 생기는 특별식 을 배식도우미들끼리 나눠 먹으려 하는 모양이다. 중학생들의 점심시간 은 조용히 먹거리 경쟁 시간이기도 하다. 경우에 따라서 원래 먹는 것에 욕심이 없는 학생들도 있지만 학교 급식이 워낙 맛있고 해서 아이들이 잘 먹었다. 그들이 좋아하는 메뉴가 나오는 날은 배식도 힘들고 배식 지 도하는 나도 힘이 들었다.

처음에는 배식 지도를 하는 것도 쉽지 않았다. 그리고 교탁에 식판을 올려놓고 아이들 앞에서 밥을 먹는 일이 그렇게 어색할 수가 없었다. 35

명의 아이들의 움직임도 함께 봐야 하므로 밥이 코로 들어가는 지 어디로 들어가는지 알 수 없다는 심정이었다. 그런데 아이들과 함께 매일 밥을 먹으니 그들을 빨리 파악할 수 있었다. 누가 누구랑 친한지 누가 뭘 좋아하는지 매일 밥을 두 번씩 먹는 먹성 좋은 아이들이 누군지 말이다. 빨리 먹고 다른 반으로 놀러가버리는 아이, 음식 먹는 속도가 너무 느린 아이들 등 너무도 다양하다.

이렇게 나는 급식 지도를 통해서 사제동행이라는 말의 깊은 의미를 생각하게 되었다. 매일 밥을 함께 먹으면서 그들의 생각, 행동, 그들이 좋아하는 음악도 알게 되었다. 그리고 자연스럽게 점심시간은 생활지도 시간이 되기도 했다.

우리 반의 미술 시간은 수요일 3, 4교시에 있다. 그날은 수업이 끝나고 바로 교무실로 가지 않을 때도 많다. 바로 급식 지도를 하면 되기 때문이다. 나는 수업을 위해 준비해 간 노트북으로 바로 이어지는 점심시간에 아이들에게 음악을 들려줄 때도 많다. 처음에는 음악을 틀어만 줘도 좋아하더니 시간이 지나면서 듣고 싶은 음악만 들려 달라 한다. 그러고는 이제 직접 나와 내 노트북을 직접 조작하려고도 한다. 물론 다 그러는 것 아니다. 몇몇 극성스러운 녀석들의 경우다. 2학기 기말고사도 끝난 시점에 점심시간에 아이들이 컵송으로 유명한 〈When I'm gone〉을 틀어달라고 했다. 그 음악은 우리 반 아이들이 학기 말 랭귀지 페스티벌에 나갈 곡이다. 랭귀지 페스티벌은 학기 말 느슨해진 아이들을 음악으로 묶어 일주일간의 연습 시간을 주고 리허설을 거쳐 학교 체육관에서 이루어지는 축제다. 일종의 합창대회인데 5월 정도에 미리 하는 것이 아니고 학사 일정의 융통성을 발휘한 부분이다.

학교 행사에 들어갈 음악을 틀어달라고 했다. 음악도 듣고 아이들 연습도 시킨다고 생각하니 일석이조가 따로 없다는 생각이 들었다. 반복해서 듣다 보니 팝송도 좀 귀에 들어오고 귀에 익으니 꽤 흥겨웠다. 점심 식사를 얼추 마친 아이들은 우리 반의 랭귀지 페스티벌 무대에 올라갈 노래를 자연스럽게 따라 부르며 음악에 맞춰 가볍게 몸을 움직였다.

요즘 아이들은 영어도 잘하지만 컴퓨터나 휴대폰을 사용하는 DNA는 가지고 태어나는 것 같다. 좀 더 놀란 것은 댄스 실력도 가진 아이들이 많다는 것이다. 특히 남학생들도 음악이 나오면 자연스럽게 어깨 동작과 힙 동작이 이루어졌다. 예전에 영화 헤어스프레이를 보면 뮤지컬 영화여서 더 그렇게 표현되었다는 생각이 들기도 하지만 아무데서나 춤을 출 수 있는 아이들이 신기했다. 이제 우리 아이들이 그렇다. 음악과 장소만 있으면 어디서든 춤을 출 준비가 되어 있는 아이들이다. 웃음이 나온다. 귀엽고 멋지기도 하고 부럽다.

아이들은 음악에 맞춰 노래도 하고 춤도 실컷 놀았다. 그런데 갑자기 랭귀지 페스티벌을 주도하는 리더인 효주가 선생님도 컵송 부분에서는 함께 하자는 것이다. 다 같이 앉아서 컵송을 부르며 컵으로 연기하는 장면이다. 그리고 나는 자연스럽게 빠지면서 우리 반 다 같이 다시 춤을 출 거라는 것이다. 효주는 연기와 춤 등에 소질이 있어 계원예고 영재반에서 수업중이다.

춤추는 담임 어때요?

효주의 갑작스런 제안에 여학생들은 눈을 반짝이며 좋아한다. 정말 내가 함께 컵송을 하면 좋을 것 같다고 생각하는 게 느껴졌다. 그런데 왠지 남학생들은 조용했다. 살짝 못들은 척하는 기운이 느껴지기도 했다.

나는 체육대회에서든 어디에서든 학생들이 하는 행사나 모든 일에 교사가 함께해야 한다고 생각한다. 기본 생각은 그렇지만 사제동행이 매번 쉽게 이루어지는 것은 아니다. 교육적 차원에서 좋은 일이지만 생각처럼 이상적인 사제동행이 시간이 쉽게 주어지지 않는 경우도 많다. 그래서 체육대회 같은 때 교사와 학생이 함께 하는 이인삼각 경기라든지 선생님들과 학생들이 대항하는 피구 대회 등이 있을 때 빠지지 않고 참여하려 하지만 매번 뻘쭘하고 쉽지 않다.

못 들은 척했던 몇몇 남학생들의 행동에 섭섭함을 가지고 교실을 나왔다. 그리고 속으로 '나도 나가고 싶지 않거든 니들이랑.' 이렇게 유치하게 맘먹고 교무실로 왔다. 5교시에는 2학년 9반에서 수업이 있었다. 수업이 끝나고 나오자 앞자리의 수학선생님이 나를 붙들고 말한다. 방금 우리 반 수업을 끝내고 나온 모양이다. 내가 같이 컵송을 하겠다고 했다고 여학생들이 말했다고 전한다. 벌써 내가 컵송을 하기로 한 모양이다. 난 그렇게 말한 적은 없다. 그 선생님은 수다스럽게 내가 대단하다며 어떻게 그렇게 아이들과 함께할 생각을 했냐며 그 쪽으로 몰아간다. 그리고 다시 2학년 9반의 6교시 수업이 끝나고 복도를 걸어가고 있는데 우리 반 여학생 중 한 명인 민지가 인사를 하면서 지나간다. 그리고 생각난 듯이 전한다. "아참 선생님 남자애들이 담임 선생님이 무대에 같이 올라가서 우리 반 망했대요."

'우리 반 망했대요.'라는 말이 메아리가 되어 학교 전체를 울리고 다시 내 귀를 치는 듯한 느낌이었다. 흥, 누가 나간다고 했나? 종례시간에 살짝 랭귀지 페스티벌의 리더 효주에게 일렀다. 남학생들의 몰상식한 말을 전했다. 그리고 이번에 함께 무대에 못 올라갈 거 같다고 했다. 효주는 무슨 영문인지 몰라 당황해 보였지만 내 의견을 받아들였다.

민지가 전한 말이 잠깐 속상하긴 했지만 학기 말 업무로 해야 할 일도 많고 내가 아이들과 컵송 연습을 할 시간이 부족하다는 생각이 더 컸다. 난 이미 그런 말로 속상해하며 내 중심이 흔들릴 교육 경력이 아니다. 하지만 내가 아직 어린 아이들을 다 잡아서 함께 무대에 올라가고 춤도 추고 컵송에 맞춰 현란한 손 돌림을 할 수 있으면 아이들과 내가 얼마나 즐거울까라는 아쉬움은 갖는다.

　쉬는 시간 효주가 다시 내게 왔다. 작고 야무진 모습에 학기 초부터 친구 문제로 힘들었던 효주다. 선생님과 함께 무대에 올라가서 '우리 반은 망했다.'라고 생각하는 친구는 없다며 내게 오해하지 말라는 얘기였다. 그래, 나도 대충 분위기는 알 수 있을 것 같다. 남학생들의 반어법 같은 걸 거야. 담임이 함께 컵송을 한다니 신기하기도 했고 그래서 그냥 친구들끼리 우리 반 이제 망했다라고 했겠지. 그래 그럴 수 있다. 어떤 상황은 오해가 필연이 되기도 한다. 난 결국 컵송을 아이들과 함께 하진 않았지만 아이들과 언제나 사제동행할 마음이 있다는 것을 표현하고 싶었다. 교사는 아이들과 함께 있을 때 가장 빛나는 존재라는 걸 나는 알고 있으니까 말이다.

2

교과서를 벗어나서
나답게 재구성한 수업

내가 만든 아주 작은 떡볶이

우리가 흔히 알고 있는 사물의 크기가 있다. 셔틀콕의 크기는 보통 6cm 정도이고 신발의 크기는 사람들의 발 사이즈를 넘지 않는다. 그런데 이런 사물들을 크게 또는 작게 만들어서 센세이셔널한 느낌을 주는 아티스트가 있다. 클래스 올덴버그의 작품은 일반적인 식품을 크게 만든 오브제 작품이 많다. 마치 그것들은 거인들이나 앉아 있는 식탁에 등장할 법한 크기로 평범한 대상을 거대화 시켰다.

클레스 올덴버그의 작품에서 영감을 얻어 교과서에 제시된 내용을 재밌게 재구성해보기로 했다. 그는 일반적인 음식을 아주 크게 만들어 신선한 느낌을 준다. 올덴버그의 작품 '거대한 햄버거', '프렌치 프라이', '음식이 올려진 숟가락' 등은 일상의 오브제를 해학적이고 아이러니컬하게 표현했다. 내가 의도하는 수업은 반대로 아주 작게 만들어서 느끼게 되는 다양한 상황들을 연출해보는 것이다. 같은 수업을 듣고 같은 재료로 주어진 시간에 만들어내는 아이들의 작품들이 궁금해지기 시작했다. 그래서 이번 수업은 입체 조형 시간으로 주제는 푸드 스타일링으로 정했다. 쉽게 말하면 아트클레이로 음식 미니어처를 만드는 것이다. 손바닥 반 정도 되는 약간 두꺼운 종이 위에 점토로 만든 음식을 세팅하여 평가하게 된다. 그렇게 완성된 미니어처는 냉장고용 자석을 부착하여 냉장고에 장식할 수도 있다. 냉장고 자석으로 사용할 수 있어야 하니 완성 후에 만들어진 작품은 견고해야 함은 말할 것도 없고 냉장고 문 위에 붙여질 수 있으니 아주 작아야 한다.

고등학교 2학년 학생들을 대상으로는 점토를 이용한 수업을 해봤으나 중학교에서는 처음 시도하는 수업이고 학생들의 손 감각이 어느 정도인지 가늠할 수가 없어서 처음에 조심스럽게 접근해야 했다. 단순히 음식 모양을 똑같이 따라서 만드는 시간이 아니다. 수업의 방향을 잘못 잡으면 메뉴 안내를 위해 제작된 모형을 떠올리기 쉽다. 설명 없이, 학생들에게 점토를 비롯한 재료만 던져주면 학생들은 열이면 열 음식을 실물과 똑같이 재현하려는 시간으로 만들어버릴 것이다. 내가 원하는 결과물을 이끌어내기 위해서는 치밀하게 준비해야 한다. 푸드 스타일링은 요리에 대한 스타일링, 공간 연출, 테이블 세팅 등을 통해 요리의 맛을 미각을 비롯한 오감 전체를 최대한 끌어들여 음식 공간을 연출하는 작업을 말한다. 그런데 우리는 수업에서 식재료를 아트클레이 점토와 물감 그리고 레진이라는 재료로 바꿀 뿐이다. 손으로 뭔가를 꼼지락거리는 것을 싫어하는 남학생들은 미리부터 싫어하는 눈치지만 대부분의 학생들은 기대에 차 있다.

먼저 PPT 수업 후 학생들은 논술형 수행평가지를 작성할 예정이다. 논술형 수행평가지 작성에 50점 그리고 실제 미니어쳐 제작과정에 50점의 점수가 배정되었다. PPT 수업은 학생들이 수행평가지를 작성하는 데 많은 도움을 줄 것이고 푸드 스타일링 밑그림 작업에 다양한 아이디어를 제공해야 한다. 그리고 최종적으로 푸드 스타일링 작업을 빨리 하고 싶다는 생각과 함께 나도 잘 할 수 있다는 동기부여를 주어야 한다.

생각으로 풍성한 수업 시간

먼저 아주 작게 음식 조형물을 만들어야 하므로 기발한 상상력에 예술적 감각이 느껴지는 미니어쳐를 보여줬다. 예를 들면 이런 식이다. 하얀색 물감 팔레트가 하나 있다. 물감 팔레트 위에, 옆으로 놓인 파란색 튜브에서 물감이 나온다. 물감은 팔레트 위 동그란, 물감이 짜여지는 공간으로 물처럼 흐른다. 누가 봐도 수영장을 연상시킨다. 그 위에 물놀이를 하는 사람을 작은 미니어쳐로 만들어 올렸다. '재밌다, 귀엽다, 앙증맞다.' 하며 아이들은 동심의 세계로 빠져드는 모습이 보인다. 이렇게 상상력을 불러일으키면서 분위기를 띄웠다.

다음은 앤디워홀의 작품으로 분위기를 몰아갈 예정이다. 뭔가를 터트릴 준비를 하고 예술의 상업주의와 대량생산의 앤디워홀을 소개했다. 32개의 캠벨 스프로 이루어진 앤디워홀의 작품을 보여줬다. 앤디워홀은 캠벨 스프에 어릴 적 추억이 있다고 했다. 그는 20년간 매일 캠벨 스프를 점심으로 먹었다. 아이들은 작품 속 프린트 된 32가지의 캠벨 스프의 종류를 맞추며 즐거워했다. 이렇게 우리가 알고 있는 아티스트 앤디워홀을 음식과 관련하여 이야기했다. 그를 알렸던 첫 작품 '캠벨 스프'와 캔버스 원단에 유화로 채색된 '바나나'도 소개했다.

이제부터 내가 야심차게 찾아 준비한 순서가 이어진다. 파스텔톤 색으로 채색된 작은 케이크 바로 밑에 앤디 워홀의 레시피가 있다. 몇 개의 음식 드로잉이 담긴 레시피를 더 보여주었다. 그리고 그 드로잉 속 케이크가 그대로 재현된 제과점의 케이크 사진을 보여주었다. 사진 속의 케이크는 2018년 앤디 워홀이 사랑한 크리스마스 케이크라는 콘셉트으로 제작된 리미티드 에디션이다. 그해 크리스마스 시즌에 파리크라상에서 300개를 판매했다고 한다. 이 지점에서 아이들의 눈빛은 매우 초롱초롱해졌다.

앤디 워홀은 1928년에 태어나 1987년에 사망한 미국 팝아트의 선구자이자 현대미술의 대표적인 아이콘이다. 그의 레시피로 만든 케이크가 지금 크리스마스 시즌에 판매되었다니 머릿속에서 만감이 교차한다. 나의 이 느낌이 아이들에게도 고스란히 전달되기를 바란다. 맨해튼 모마 미술관 카페에서 파는 몬드리안의 작품과 똑같이 생긴 알록달록한 〈컴포지션〉케이크와 리차드 세라의 구조물로 만들어 먹을 수 있는 쿠키를 보여주며 누구의 작품인지 맞춰보라고 했다. 몬드리안의 노랑 빨강 파랑의 구성은 맞출 수 있지만 리차드 세라의 작품은 잘 모르는 눈치다. 당연하기도 하다. 수업 자료를 찾다가 나도 우연히 찾은 작품이니까. 그리고 음식을 만드는 예능 프로그램 〈삼시세끼〉의 배우 차승원의 사진과 음식 만드는 동영상을 보여주었다. 머리에 스카프를 아주머니처럼 두르고 앞치마를 하고 앉아서 척척 음식을 만들어낸다. 배우 차승원의 요리 솜씨를 보고 어떤 아이들은 재미있어 하기도 또는 배가 고프다고도 하니 다양한 반응이다.

이제 거의 수업에 끝에 도달했다. 직접 재배한 재료로 직접 음식을 만드는 영화 〈리틀 포레스트〉를 잠깐 보여줬다. 주인공이 직접 요리해서 먹는 장면을 보여 주었는데 영화 속에서 음식을 만드는 장면이 매우 아름답게 표현되어 함께 보는 내내 즐거웠다. 그리고 〈Western Spaghetti〉라는 영상을 보여줬다. 이것은 핀 쿠션, 1달러 지폐, 주사위, 포스트 잇 등으로 스파게티를 만든 영상이다. 사용된 사물들과 실제 식재료의 높은 싱크로율과 실감 나는 사운드가 인상적이다. 유튜브 조회 수가 9천만이 넘을 정도로 유명해서 이미 본 아이들도 많은 듯하다. 하지만, 아이들에게 수업과 관련된 동영상이라는 공감을 이끌어내기에 충분했다.

나의 설명이 끝났을 때 아이들은 다음 시간 수업에 대한 기대로 가득 찬 것 같다. 직접 그려보고 만들어보고 싶은 마음이 생긴 것이다. 나는 이때 뭔가 마음이 풍성해짐을 느낀다. 마치 잘 익은 과일을 한입 베어 물었는데 과즙이 넘쳐흐르며 입에 가득 고이는 느낌이랄까? 이 시간 내가 의도한 수업은 여기까지이다. 다음 시간부터는 아이들은 수행평가지를 작성하게 될 것이다. 수행평가 점수 50점을 잘 받기 위해 나름 노력을 할 것으로 예상이 된다. 오늘 수업한 내용으로 그들은 단순한 먹거리를 생각해내지 않을 것이다. 먼저 한식, 양식, 중식, 일식의 요리 분야를 정해야 할 것이다.

방과 후 친구들과 함께 먹는 분식집 음식으로 정할 수도 있고, 한밤에 출출한 배를 달래줄 수 있는 음식 모듬 테이블이라고 주제를 정할 수도 있다. PC방에 자주 가는 남학생들은 PC방에서 먹을 수 있는 음식 메뉴로 정하겠다고도 한다. '행복하고 소소한 카페에서의 식사'라고 따뜻한 감성을 담아 주제를 정하는 학생도 있다. 입체조형-푸드 스타일링 시간에 우리 모두는 한바탕 먹거리로 파티를 하게 될 것 같다.

3

아이들은
무조건 예쁘다

조급한 마음을 버려라

대학교를 졸업하고 대학원에 다닐 때의 일이다. '미대를 가지 않고 여상에 들어가 취업을 했으면 지금 돈을 벌고 있을 텐데.'가 우리 엄마가 이틀에 한 번꼴로 하는 기본 잔소리였다. 그런데 또 대학원에 들어가 작품을 한다니 부모님은 못마땅해서 용돈도 제대로 주지 않으셨다.

그때 나는 어리석었다. 용돈을 제대로 주지 않으셔도 학비는 내주셨고 그래도 감사하게 생각하고 주어진 상황에서 최선을 다하는 마음이 없었다. 그러고는 겉으로 보이는 대학원 친구들과 나를 비교했다. 부모님이 내가 원하는 재료를 다 사주신다면 나는 더 멋진 작품을 만들어낼 수 있을 텐데, 더 빨리 내가 가고자 하는 길을 갈 수 있을 텐데 하고 말이다. 그렇게 내게 없는 것만 챙겼다.

같은 과 친구들은 차도 있고 재료도 넘쳐나고 옷도 많고 재력 있는 부모님도 있고 그들은 다 가진 것처럼 느껴졌다. 나만 초라하고 힘들고 외롭게 작업을 하는 사람처럼 느껴졌다. 나는 그때 내가 가진 최선의 노력을 다해 매일 같이 작품에 몰입했으며 내가 만든 작품은 교수님들의 사랑을 받았고 공모전에 내기만 하면 큰 상을 받았다. 하지만 나는 그것에도 감사할 줄 몰랐다. 좀 더 큰 결과를 원했다. 남들에게 더 빨리 인정받는 길만 찾고 있었다. 그렇게 마음먹으니 친구들과 사이가 좋을 리가 없었다. 다른 친구들 작업을 낮게 평가했고 다른 작품의 칭찬에 인색했다. 급기야는 같이 작업실을 사용하는 친구의 공구를 쓰고 돌려주지 않아서 싸우기까지 했다.

친구들과의 관계 회복이 문제였지만 나는 그 부분은 타협하지 않으려고 했다. 그 일이 문제가 되어 지도 교수님은 논문을 당분간 보류하라고 했다. 교수님은 그토록 내가 빨리 쓰길 원하는 논문을 한 학기 미루라고 했다. 누가 나를 쫓아왔는지 모르겠지만 난 혼자서 쫓기고 있었다. 뭐든 빨리해내려 애썼다. 그래서 난 논문을 하루라도 일찍 쓰면 뭔가 이루어놓은 것 같을 거라는 생각으로 가득했다. 뭔가 잘못 생각하고 있었던 것이다. 나를 사랑하고 예뻐하지 않았다. 다른 사람들 눈에 보이게 하는 성과를 내고 다른 사람들이 인정하는 실적을 내기 위해서만 애쓰다 보니 난 잘못된 길로 갈 수밖에 없었다.

논문을 쓰고 작품을 해서 내가 원하는 강사가 되고 그리고 스펙을 쌓아서 교수가 되어야지 하는 욕망만 그득했던 내 계획은 바로 스톱이 되었다. 저 끝에 무엇이 있는지 알 수 없는 막막함, 멈추면 탈락할 것 같은 두려움 때문에 뒤돌아보지도 못하고 달려야 하는 압박감 이것 때문에 내가 힘들었구나. 다른 사람의 시선과 관점에서만 존재하는 나는 뿌리가 없으니 설 곳을 잃어버렸다. 논문을 쓴 이후 앞으로 몇 년간의 내 작품 리스트까지 다 뽑아놓고 매일 매일 계획을 세워나가던 나의 삶은 갈 곳을 잃었다. 나를 사랑하고 예뻐하는 마음이 없는 계획은 모래성에 쌓는 성 같은 것이라는 것을 그때는 몰랐다.

대학원을 빨리 졸업하고 돈을 벌겠다는 확언을 한 나는 부모님께도 면목이 없었다. 죄인 같았다. 세상을 다 잃은 것 같은 표정을 하고 다녔다. 집에서 나오지도 않고 누워만 있었다. 그런데 아버지가 내 방에 와서 논문을 쓰지 않아도 괜찮고 그냥 할 수 있는 일을 찾아서 뭐든 해보라고 하셨다. 용돈도 많이 주시고 격려만 해주셨다.

엄마도 은근히 나를 믿고 기다려주셨다. 항상 따뜻한 밥을 해주시고 말없이 격려해주셨다. 나는 어떤 결과를 보여드려야지만 부모님이 나를 인정할 줄 알았다. 내가 어떤 모습이든 부모님은 내가 최우선이겠구나라는 생각을 그때 하게 됐다. 그래서 진심으로 반성하기 시작했다. 부모님처럼 나도 있는 그대로 나를 예뻐하기로 했다. 멋진 작품을 못 만들어도 논문을 못 써도 그냥 있는 그대로의 나로 만족하기로 했다. 내가 브레이크 없이 달리던 그 길을 놓으니 그냥 다시 평온해졌다. 그게 아니면 안될 것 같았던 세상이 차라리 너무나 고요했다.

천천히 버스를 타지 않고 길도 걸어보고 집 주변도 둘러 봤다. 길가에 핀 꽃도 다가가 자세히 쳐다보고 바람에 흔들리는 모습도 보았다. 작은 꽃 속 수술에 꽃가루가 묻어 있는 모습도 볼 수 있었다. 그렇게 자세히 꽃도 보면서 나도 자세히 들여다보았다. 마음에 안 드는 것 투성이었는데 그냥 봐주기로 했다. 계속 들여다보며 나를 진정 예뻐하는 마음을 가져가 보기로 했다.

주연이가 가져온 작은 쿠키 박스

나는 눈을 감고 몸에서 불편이나 긴장이 느껴지는 부분을 감지했다. 그리고 느꼈다. 내가 무엇을 잘못 했고 그래서 결과가 어떻게 되었는지 그냥 그대로 받아들였다. 그리고 시간이 날 때마다 걷기 시작했다. 걷다 보면 굳이 뭘 생각하려 하지 않아도 정리가 되고 내 몸과 마음이 치유되고 있음을 느꼈다.

그리고 차분히 공부를 해나갔다. 남을 위한 공부가 아닌 나를 위한 공부를 친구들과 만나서 스터디를 하고 그리고 교사가 되었다. 선생님이 되고 많은 아이들을 지도하다 보니 마음에 드는 아이도 있고 또 내 마음에 들지 않는 아이도 있었다. 지내다 보면 어쩜 저럴까 싶어 야속한 순간도 많다. 매일 지각을 하고 나를 속상하게 하는 아이, 학교폭력에 가해자가 된 아이 다른 아이들 돈을 빌리고 안 갚는 아이 항상 불만스런 표정으로 나를 대하는 아이들이 항상 내 주변에 있었다.

그런데 또 나는 어느새인가 정말 교사가 되어가고 있었다. 매일 지각을 하던 희영이가 있었다. 그때 당시에는 희영이가 내가 만난 아이 중 최고였다. 나를 힘들게 하는 아이 중 희영이보다 강한 아이는 없었다. 일단 그녀는 매일 지각을 했다. 일주일에 5일을 학교에 나와야 하면 5일을 지각하고 한 달에 21일을 나와야 하면 21일을 지각했다. 지각도 5분 10분을 하는 게 아니다. 아예 3교시쯤에 온다. 학교에 와서도 깨어 있는 시간보다는 엎드려 있는 시간이 많다. 그런데 학교를 나오는 날에는 청소를 잘했고 나랑 대화도 잘 통해서 애증(?)을 느끼게 하는 아이였다.

매일 지각을 일삼던 희영이가 학교 체육대회에서 우리 반이 속해 있는 청팀의 응원 단장을 맡기로 했다. 정확하게 어떻게 해서 희영이가 응원 단장이 됐는지는 나도 모른다. 1, 2학년 때부터 그런 쪽에 재능을 알아본 선생님이 추천한 모양이다.

매일 지각하던 희영이는 체육대회 날 지각을 했지만 다른 때처럼 많이 늦지는 않았다. 체육대회에 응원 단장으로 변신한 희영이는 내가 알던 아이가 아니었다. 그간 응원 단장을 하기 위해 에너지를 응집하고 있었던 아이처럼 모든 것을 체육대회에서 뿜어냈다. 희영이를 겪으며 나는 학생이 마음에 들지 않지만 내 마음이 때론 변덕스럽게 아이 편에 설 때도 있다는 것을 알았다. 열 번 잘 못하다가도 한 번 잘하는 모습을 보이면 바로 우쭈쭈하며 아이를 예뻐하게 된다는 것을 알았다.

희영이의 경우는 나랑 사이가 좋은 상태로 졸업을 했지만 그렇지 않은 아이들도 많다. 항상 불만스런 표정으로 나를 대하고 내가 말을 걸어도 무표정한 표정으로 건성으로 대답을 하고 교무실에 불러 상담을 해도 여간해서 자신을 보여 주지 않던 주연이라는 친구가 있었다. 미술을 전공하겠다고 해서 신경을 많이 썼던 학생이었는데 무슨 생각을 하는지 나와 가까워지지 못했다. 그런데 졸업을 하고 며칠이 지나지 않아 교무실로 나를 찾아 왔다.

항상 볼 때마다 무슨 생각을 하는지 모르겠다는 느낌이 들어 맘에 두지 않으려고 애썼던 아이다. 그런데 우연히 지나가다 선생님 생각이 나서 들렀다며 작은 쿠키 박스를 주었다. 나는 그때 기억을 잊지 못한다. 내가 그동안 가지고 있었던 주연이에 대한 섭섭했던 기억은 순간 리셋이 되고 아름다운 기억만으로 다시 기록되는 경험을 했다.

나는 직업이 교사이기 때문에 아이들 일로 속상할 때가 많을 수밖에 없다. 그때 학생이 먼저 와서 손을 내밀거나 '선생님' 하고 나를 부르는 순간, 섭섭했던 기억과 앙금은 바로 사라져버렸던 경험이 많다. 그리고 그런 아이들은 마음에 더 남는 아이들이 된 것이다. 나를 거쳐간 아이들, 나와 시간을 함께한 소중한 순간의 인연이 된 것이다. 그리고 그 아이들을 예뻐하고 있는 나를 보았다.

그리고 그때 불현듯 교수님 생각이 났다. 내 작품을 아낌없이 칭찬해 주셨던 나의 열정을 지지하면서 앞으로의 계획을 세워주셨던 대학원 때 교수님을 찾아뵙기로 했다. 아이들과의 만남을 통해 교수님의 심정을 알 수 있을 것 같았다. 교수님도 이런 마음이시겠구나.

손 편지와 쿠키를 가져왔던 주연이처럼 간단한 선물을 준비해서 몇 년 만에 대학원 교수님을 찾아뵈었다. 교수님은 나를 아주 반갑게 맞아주셨다. 나를 기다리고 있었다 하셨다. 내가 아이들과의 이야기를 하며 교수님의 마음을 알게 되었다고 말씀드렸다. 그랬더니 교수님은 못 쓴 논문을 쓰고 작품도 계속하는 모습도 보고 싶다고 하셨다.

교수님은 정성스럽게 논문 지도를 해주셨다. 그렇게 몇 년을 묵힌 논문이 나왔다. 그리고 작품 활동도 계속하면서 지낼 수 있었다.

4

버스를
놓쳐도 괜찮아

모든 것이 계획대로 되지는 않는다

여름방학을 이용하여 유럽 배낭여행을 떠났다. 영국 히드로 공항으로 들어가서 런던과 주변 시골 마을 까지 훑으며 렌트카를 타고 다녔다. 영국에서 스코틀랜드로 넘어가서 스위스를 경유하여 파리로 아웃 하는 일정이었다. 가족 네 명만을 위한 자유 여행을 했고 다양한 먹거리와 볼거리가 가득한 유럽을 마음껏 즐겼다. 그리고 예상하지 못했던 경험들이 나의 닫힌 마음을 활짝 열어주는 계기가 된 멋진 여행이었다.

우리 가족의 유럽 여행을 위해 나는 한 달 전부터 계획을 짰다. 어린 딸 둘을 데리고 가는 어려움이 있으니 여행사를 통해 가는 편한 방법이 있었지만 난 누구나 돈만 지불하면 갈 수 있는 패키지여행보다는 우리 가족이 가보고 싶은 장소와 숙소, 다양한 교통편까지 직접 경험하고 싶었다.

비록 비용을 더 지불하더라도 배낭여행 형식으로 아이들과 여행을 하며 도전하고자 했다. 그곳의 문화를 느끼고 예상하지 못한 경험이 주는 짜릿함을 즐기고 싶다면 직접 계획을 짜서 가는 것이 이미 정해진 패키지여행보다 낫다. 그래서 틈틈이 자료를 모으며 14박 15일간의 여행 계획을 짜기 시작했다.

먼저, 전체 일정을 짜고 나라별로 짜고 그리고 날짜별로 세분화 시켰다. 비행기 표를 예매하는 일이 가장 먼저 시작되었다. 한국에서부터 영국으로 가는 비행기를 먼저 티켓팅하고 유럽에서 나라와 나라로 움직이는 비행기는 따로 예약했다.

여름방학을 이용하면 나와 두 딸은 시간적으로 큰 문제가 없으나 남편이 2주간 직장에서 연가를 낼 수 있는지가 변수였다. 아이들이 그래도 조금 어릴 때 가족여행을 가야 할 거 같아서 무슨 일이 있어도 여행 일정을 만들어내라고 남편에게 이번 여행의 중요성을 강조했다.

딸들은 초등학교 4학년, 1학년으로 아직 공부로 인한 학원 시간 조정이 어렵거나 하지는 않았다. 하지만 중·고등학교에 진학하게 되면 네 명이 함께하는 가족 여행은 점점 힘들어질 수도 있겠다는 생각으로 여행을 추진했다. 다행히 남편은 직장에서 2주간의 시간을 만들어냈다.

비행기 표를 예매한 후 유럽에서의 첫 여행지인 영국에서의 일정을 계획했다. 히드로 공항에서 킹스크로스역으로 이동하여 홀리데이 인으로 숙소를 정했다. 인터넷 사이트를 이용해서 숙소의 위치와 평점을 확인하고 예약했다. 다음날에는 영국의 시골 마을 정경이 기대가 되는 코츠월즈를 가기로 했다.

코츠월즈는 유명한 영국 BBC 드라마인 〈오만과 편견〉의 배경이 되는 곳이다. 그 드라마에 빠져서 열 번도 더 봤었던 적이 있었다. 물론 배우 콜린퍼스가 내 마음을 사로잡기도 했지만 드라마의 배경이 되는 아름다운 풍경에 매료되었다. 꼭 한 번 가보고 싶은 곳이었다. 렌트카도 예약했다. 그곳 버튼 온 더 워터라는 아름다운 마을의 에어비앤비를 숙소로 정했다. 13시간에 걸쳐 비행기를 탔고 영국에 도착했다. 우리는 호텔에 짐을 풀자마자 바로 워털루 역으로 가서 기차를 타고 윈저성으로 향했다. 시차 적응이 되질 않아 비몽사몽간에 그곳에 도착했지만 윈저성은 그날 정기휴업일이라 문이 굳게 닫혀 있었다.

너무 멀리 떨어진 한국에서 나는 윈저성이 오픈하지 않는 날이 있다는 것을 체크하지 못했다. 하지만 우리는 윈저성 주변을 걸으며 영국 사람들이 사는 주택가를 마음껏 걸어볼 수 있었다. 중간에 윈스턴 처칠이 다녔다는 이튼 스쿨도 지나치면서 신고 간 슬리퍼와 발바닥이 까맣게 되도록 돌아다녔다.

다음날 런던의 소호에 가서 뮤지컬 〈헤어스프레이〉를 보았다. 지금은 우리나라도 뮤지컬 전문 극장도 많고 뮤지컬이 대중화되어 있지만, 그때만 해도 영국 웨스트엔드와 미국 브로드웨이의 뮤지컬은 흉내 낼 수 없었다. 그런데 화려한 무대, 멋진 의상의 배우들이 연기하는 아름다운 목소리를 들으며 나와 우리 가족은 졸았다. 영국에 도착한 지 얼마 되지 않았으니 시차 적응이 안 된 탓이었다. 직접 차를 운전해서 옥스퍼드를 지나 도착한 코츠월즈는 내가 상상한 것과 싱크로율 백퍼센트인 곳이었다. 〈오만과 편견〉에 나오는 영국의 시골 마을 그 자체였다. 베넷 일가의 딸들이 입었던 옷을 입고 초원을 달리고 싶은 충동이 일어날 정도로 나는 그곳을 만끽했다. 버튼 온 더 워터는 물가와 물 위 다리가 잘 정비된 곳이었다. 낮은 물에 다리를 담그고 물장구를 치다 물가의 잔디 위에서 하루 종일 뒹굴어도 될 만큼 여유가 넘치는 아름다운 곳이었다. 영국을 돌아본 뒤 우리는 스코틀랜드로 넘어갔다. 이번 여행 콘셉트한 다양한 교통수단을 넣는 것이 첫 번째였다. 그래서 스코틀랜드로 갈 때 고속버스를 탔다. 빅토리아 코치 스테이션역에서 버스를 타고 장장 9시간 이상을 이동해서 에든버러에 도착했다.

밤 9시쯤 도착한 에든버러는 어두웠고 약하게 비가 내리고 있었다. 우산이 필요하기도 했고 굳이 안 써도 될듯한 비였다. 설명하기 어려운 날씨에 나는 머릿속을 맑게 해줄 수 있는 상상을 했다. 왜 이곳에서 지킬 앤 하이드라는 이야기가 만들어졌는지 이해가 됐다.

이틀간 머물 그곳에서의 숙소는 아파트형 레지던스였다. 이번 여행의 또 하나의 옵션이 다양한 숙소였기 때문에 나는 호텔도 다양하게 골랐다. 곳곳의 음침한 벽면에서 누군가가 튀어나올 것 같은 스산함이 깃든 에든버러는 모든 것이 이국적이었다.

아파트형의 숙소에서 밀린 빨래도 했다. 직접 음식을 해먹을 수 있는 곳이어서 슈퍼에 가서 쌀을 사왔다. 비행기에서 가져온 꼬마 김치를 풀어 세상에서 제일 맛있게 만들어진 김치볶음밥을 해먹었다.

내 마음대로 되지 않을 때

다음날 에든버러 성을 거쳐 네스호로 이동하기 위해 버스를 탔다. 그 버스는 네스호를 관광하기 위한 사람들이 이용했다. 가이드는 따로 동반하지 않았다. 버스 기사분이 가이드를 겸했다. 버스 기사가 영어로 뭔가를 많이 이야기했다. 아마도 스코틀랜드를 소개하고 네스호에 도착해서의 일정도 얘기하는 듯하다.

영어로 하는 내용을 거의 알아들을 수 없었다. 그랬기 때문에 나는 기사님의 목소리를 배경 음악으로 삼아 스코틀랜드의 창밖 풍경을 감상했다. 이국적인 모습에 취해 있었지만 기억하고 있었다. 우리가 그 버스를 탄 목적은 영화 〈워터 호스〉로 유명한 네스호를 가는 것이고 거기서 작은 유람선을 타고 네스호를 한 바퀴 도는 일정이 포함되어 있다는 것을….

네스호에 도착하자마자 또 하나의 교통수단을 경험할 것이다. 어떤 유람선이 우리를 기다리고 있을까 하고 기대가 되기도 했다. 흰색일지 무슨 색일지 유람선 안은 깨끗할지 어떨지 말이다. 그걸 타고 가다가 워터호스를 보게 될지도 모르지 않는가.

네스호에 도착하니 큰딸이 멀미가 났었는지 토했다. 살짝 걱정이 됐다. 버스에서 기사분이 영어로 뭐라고 하는지 딸에게 자꾸 물어봤던 게 걸렸다. 큰딸 아이를 챙기느라 우리 가족은 일행과 멀어졌다. 모두 외국 사람들이었던 버스 안의 승객들은 멀리 동양에서 온 우리를 챙겨주지 않고 자기들끼리만 유람선을 타러 가버렸다. 큰딸은 유람선 타는 시간에 대한 공지를 버스에서 들었으나 토하느라 우리에게 말하지 못했던 것이다.

여행을 하다 보면 윈저성같이 정기휴무일이 내가 가는 시간과 겹칠 때도 있다. 그리고 미리 예약해둔 뮤지컬을 보면서 시차 적응이 안 되어서 졸 수도 있다고 생각한다. 그런데 바로 눈앞에서 유람선을 놓치게 되니 속상했다. 갑자기 멀미를 하고 토한 아이에게 화가 났지만 마음을 바꿨다. 우리는 여유롭게 네스호 주변을 돌아보기로 했다.

영화 〈워터 호스〉의 공룡 알처럼 생긴 돌도 찾아보고 사진도 많이 찍었다. 여행이 끝나고 집으로 와서 사진을 인화해서 정리했다. 한참이 지나 여행의 추억이 어렴풋해진 시점에 사진을 찾아오게 되었다. 그리고 유람선을 놓치고 네스호에서 찍은 사진을 보게 되었다. 의외의 인생샷이었다. 유람선을 놓친 네 명의 모습은 그곳에서의 상황과는 다르게 평화롭고 아름다웠다.

그날의 나의 추억은 많은 부분에서 내 삶을 바꿔놓았다. 그 전까지는 나는 좀 조급증 같은 것이 있었다. 여행을 가서도 계획한 대로 움직여야 했다. 만일 런던 투어를 계획하게 되면 타워 브릿지, 런던탑, 런던아이, 빅벤&국회의사당, 버킹엄 궁전 등 유명장소를 하루만에 다 둘러보는 계획을 짤 확률이 높다.

계획을 무리하게 짜놓고 빅벤에 도착했는데 그곳이 공사 중이라는 것을 나중에 알게 되기라도 하면 마음이 난리가 났다. 마치 내가 계획한 것이 다 어그러지기라고 한 것 같은 생각이 들었다. 그래서 어디서부터 뭐가 잘못되었나를 생각하느라 여행을 다 망치는 잘못을 저질렀다. 하지만 유람선을 놓친 후 우연히 만나게 된 호수 주변에서의 여유를 경험한 뒤로 나의 조급증은 많이 사라지기도 했다. 문을 닫은 윈저성 옆에서 사진을 찍고 윈저성 관람 대신 마을을 걸어서 돌아다니며 여유를 찾았다.

뮤지컬을 보다가 졸아도 나는 뮤지컬 극장 안에서 배우들과 함께 호흡했다고 느껴진다. 아직도 그 음악들이 내 귓가에 가득하다. 시간 내에 도착하지 못해서 유람선을 놓치고 네스호를 돌지는 못했다. 하지만 워터호스 영화 속 주인공 아이가 되어 보았다. 저 멀리 워터 호스가 솟아오르는 모습을 볼 수 있는 위치에서 네스호를 보았다.

우리는 학교를 다니면서 항상 정해진 시간에 등교해야 한다고 알고 있다. 그래서 정해진 시간에 버스를 타지 않으면 지각을 하는 경험도 다 가지고 있다. 물론 등교 시간은 정확하게 지켜야 한다. 그것은 나뿐만 아니라 우리 모두와의 약속이기 때문이다. 하지만 그런 강박관념 때문에 우리 삶의 모든 곳에서 그것을 적용할 필요는 없다.

우리의 삶에서는 작게 정해진 계획대로 꼭 되지 않더라도 더 높은 곳 더 멀리 있는 곳의 목적과 가치에 의미를 두는 것이 좋겠다. 그래서 바로 눈앞의 버스는 한 번쯤 놓쳐도 될 듯싶다. 다음에 더 깨끗하고 에어컨이 빵빵한 버스가 올 수도 있기 때문이다.

5

너무 뜨겁지도,
차갑지도 않게

중2병 사춘기의 끝판왕

교직 23년 경력에 처음 중학교 2학년 담임이 되었다. 고등학교에서만 근무하다 중학교에서 아이들을 만나니 확실히 좀 더 어린 면이 있다. 처음에는 마냥 귀엽기만 했는데 같이 한 달간만 생활해보아도 왜 중2병이라는 말이 생겼는지 금방 감이 왔다. 자신들이 매우 특별한 존재라고 느끼며 어른들을 꼰대라고 비웃는 정도는 아주 귀여운 애교에 속한다. 돋보이고 싶은데 대놓고 나서지는 않으면서 뒤에서 큰 소리로 말하며 수업 분위기를 망치는 아이도 있다. 좀 더 감정 컨트롤이 안 되는 아이는 수업 시간에 진득하니 앉아 있지 못하고 수시로 일어나 돌아다니며 다른 친구들의 공부도 방해하기 일쑤다. 그래도 뭐라고 하면 바로 자리에 앉는 아이는 양반이다. 그런데 더 어이가 없는 것은 반 아이들이 그 돌아다니는 친구를 비난하지 않고 돌아다닌다고 뭐라고 하는 교과 선생님을 비난하기도 한다는 것이다. 중학교 2학년 아이들끼리 안 뭉쳐질 것 같은데 희한하게 공감대가 있는 것이다. 한마디로 중학교 2학년 아이들은 귀엽지도 멋있지도 않은 아주 애매한 형상이다.

3월 한 달이 지나고 4월 1일 만우절이었다. 우리는 교사와 학생으로 만나서 설레는 기간도 끝났고 서로 기싸움이 팽팽해질 때쯤이었다. 남학생들이 슬슬 장난이 심해지고 작은 문제들이 붉어져 나오기 시작했다. 그간 학기 초라 조용했는지 아니면 개성이 강한 녀석들이 나에 대한 탐색전이 끝났는지 집에서 엄마한테 하듯이 간도 보고 딜도 하고 이것 저것 다 해본다.

요즘 학교의 만우절은 예전과 달리 특별한 이벤트 없이 지나가는 경우가 많다. 내가 다니던 중·고등학교 시절에는 만우절 장난이 훨씬 심했다. 교실을 바꾸어 수업에 들어가는 선생님을 당황하게도 했고 앞뒤도 바꾸어 아예 노골적으로 수업을 거부하는 느낌도 있었다. 끈적거리는 물체를 가져와서 교실 앞문 위에 올려놓고 선생님이 교실에 들어올 때 위에서 떨어지게 하는 등 그날만은 누군가를 골탕 먹이는 것이 특별함으로 자리 잡은 날이다. 그날 아침 조례 시간에 아이들은 여느 아침 시간과 같이 조용히 자리에 앉아 수업 준비도 하고 각자 자리 정돈도 하면서 그야말로 예뻤다. 중학교 2학년이 만우절 핑계 대며 담임을 골탕 먹이겠다고 작정하면 난 보나마나 KO패가 뻔하다. 그래서 난 만우절에 대한 언급도 하지 않았다. 그런데 5교시 수학 선생님이 유난히 활동적인 우리 반 아이들에게 오늘 만우절 이벤트 없냐고 하면서 담임선생님 섭섭하시겠다는 말을 한 모양이다. 종례를 하러 교실에 갔는데 난 아연실색하고 말았다. 내가 이제까지 본 만우절 날 이벤트 모음 시리즈가 우리 반에 다 있었다.

교실에 들어가자마자 교실 문 위에 아슬아슬하게 놓여 있던 실내화가 떨어졌다. 앞쪽에 게시되어 있던 시간표 액자는 뒤쪽 게시판으로 옮겨져 있었다. 옮기면서 어디에 부딪혔는지 투명 아크릴은 깨져 있었다. 학기 초 시간표 교체를 위해 회장, 부회장이 직접 액자를 열었다. 아이들의 서툰 물건 다루기에 약하게 만들어진 액자는 버티질 못하고 망가졌다. 지금의 시간표 액자는 행정실에서 다시 사 준 거다. 액자의 투명 아크릴 부분은 마치 권총 알이 뚫고 지나간 듯 깨져 있었다. 각자 책상을 다 바꿔 다른 자리에 앉아 있었고 그 모든 것을 하느라 교실은 아수라장이 되어 있었다. 그리고 내가 참을 수 없게 만들었던 것은 그렇게 난장판을 만들어놓고 직접 가담하지 않았다고 하면서 학원 시간이 임박해왔으므로 그냥 청소하지 않고 집에 가겠다고 하는 아이들의 말이었다. 그 전에는 아이들의 이벤트에 난 같이 호응해줄까도 잠깐 생각했다. 그런데 갑자기 난장판이 된 교실을 보고 중학교 2학년 아이들에게 당했다는 생각이 들어 순간 화가 나버렸다. 그래서 나도 모르게 이게 뭐냐고 어서 청소는 하고 가야 한다고 소리를 질렀다. 그날은 A, B조 중 A조의 청소 날인데 그 아이들의 청소 시간이 길어지게 될 것과 청소해야 할 것이 많아진 것을 걱정하는 건 내 몫이라는 생각에 정말 머리에 뚜껑(?)이 열릴 뻔했다. 게다가 그 일을 도모한 몇몇 아이들은 오히려 나한테 실망했다고 했다. 자신들의 엉망진창 이벤트에 엄청 기뻐하고 담임교사인 내가 배꼽을 잡고 폭소를 터트리며 행복해할 줄로 예상한 모양이다. 아주 어이가 없었다.

고등학교에서만 20년을 넘게 근무했다. 처음에 중학교 교실에서 아이들을 만났을 때가 기억난다. 곧 성인식을 앞둔 고등학생들만 키우다 초등학교 졸업한 지도 얼마 되지 않은 늦둥이들을 본 느낌이 들었다. 중학교 2학년 학생들은 이제 막 어린이 티를 벗어나기 시작한 아이들도 있었다.

하얀 얼굴에 솜털이 보송보송 남아 있는 아이들도 있었고 아직 키가 더 자라야 할 시간이 많이 남아서인지 볼륨 없이 마르거나 전체적으로 통통한 느낌의 귀여운 학생들도 있었다. 등교 시간에 맞춰 지각없이 교실에 도착하고 내가 하는 질문에 다양하고 기발한 대답으로 받아쳐 창의성 가득한 반이라고 느껴지게 만들어줬다.

아직 서로 가까워지기 전 나와 아이들의 모습은 완벽했다. 그들에게 나는 한없이 마음이 넓어 그들을 다 받아줄 것 같아 이 세상 누구보다 마음이 넓은 담임선생님으로 보였다. 특히 나는 아직 아이들은 어리지만 기본 생활 습관이 잘 형성되어 있는 이 아이들과 생활하는 일 년 간 화낼 일이 없을 거라고 장담했다. 아이들이 내 손 안에 있을 것 같다는 것이 착각 중의 착각이라는 것은 얼마 되지 않아 알게 되었다.

회장, 부회장 선거가 있었다. 아이들은 생각보다 회장, 부회장 선거에 관심이 많았다. 우리 반에는 7명 이상이 회장, 부회장 선거에 도전했으니 다들 명예욕이 대단하다. 이번에 회장으로 뽑힌 새결이는 축구와 농구 배드민턴 등 운동은 못 하는 게 없는 아이였다. 남학생들의 전폭적인 지지로 회장에 선출되어 그 파워도 막강했다. 문제는 학급 회장과 담임인 나의 파워 게임이 시작됐다는 것이었다.

사람 사이에 필요 충분한 거리란?

운동을 잘하는 아이가 회장으로 당선된 반인 우리 반은 다른 반보다 더 공을 잘 가지고 다녔다. 우리 반은 축구, 농구를 다 잘하는 회장이 중심이 되어 운동으로 똘똘 뭉쳤다. 항상 공을 가지고 노는 것이 생활인 아이들은 잠깐 10분의 쉬는 시간을 이용하여 축구 연습이나 농구 연습을 하고 다시 수업에 들어온다. 그때 개인 축구공, 농구공의 보관을 체육관에 하거나 체육 선생님께 맡겨야 하는데 쉬는 시간 종이 칠 때까지 공을 가지고 놀던 아이들은 어쩔 수 없이 교실에 가지고 들어오게 된다.

교실에 가지고 들어온 공은 정해진 장소인 학급 문고가 비치된 책꽂이 뒤에 넣어두면 안전한데 자신들의 자리 옆에 두고 있다가 심심하면 발재간을 부린다. 그렇게 축구공이 구르다 위험한 순간에 노출되기가 쉽다. 볼 때마다 참 위험하다는 생각이 들었다.

축구공과의 싸움에서도 난 적당한 온도를 유지하지 못했다. 아이들에게서 강하게 공을 뺏으려 하면 아이들과의 사이가 차갑게 될 것이고 그냥 놓아두자니 공을 볼 때마다 불안한 느낌이 들어 싫었다. 그렇게 갈등하다 결국 예상한 일이 벌어지고 말았다. 우리 반에서 이리저리 굴러다니던 공은 그날의 주인공 수성이의 발을 거쳐 교실 TV 액정을 박살냈다. 그 후 우리 반은 3주간 수업 시간에 불편을 겪는 일이 발생했고 반 아이들의 마음에 뜨거운 기억으로 남았다. 이런 아쉬운 일이 발생할 때마다 나는 아이들과의 관계의 거리에 대해 항상 고민하게 된다. 내가 너무 가깝게 느껴졌나 하는 자책이 들기도 한다. 그리고 내가 그들과의 거리 조절을 잘못해서 벌어진 일이라고 느껴지는 경우가 많다. 공을 아이들의 손에 쥐어주면 가깝게 되는 것도 아니고 반대로 뺏으면 멀어진다고 말하고 싶은 것이 아니다.

사람들은 말한다. 사람 사이에 느껴지는 거리가 싫다고 하지만 그들은 돌아서면 바로 느낀다. 거리가 없으면 더 힘든 상황이 생긴다는 것을 말이다. 나는 사람과 사람 사이에도 적당한 간격이 필요하다고 생각한다.

특히 가까운 사이일수록 정당한 간격은 더 필요하다. 친구와 친구, 부모와 자식, 그리고 교사와 학생, 직장 동료, 마지막으로 사랑하는 연인 사이에도 어느 정도의 간격은 필요충분 요소이다. 사람에게는 저마다 지켜나가야 할 영역이 있다. 그 영역이 잘 지켜질 때 그리고 공간이 충분하면서도 적당할 때 오히려 역할이 더 효율적이면서 빛날 것이라 생각한다. 고속도로에서 차와 차 간격을 생각해보라. 어느 정도 일정한 간격이 유지될 때 교통이 더 원활해지고 고속도로 생태계도 숨 쉴 공간이 많아진다. 그런데 매년 학생들에게 느낀 점은 그들은 적당한 간격을 잘 모를 경우가 많다. 나도 마찬가지다. 때에 따라서 내가 가까이 다가갔다가 혼자 실망하고 화내고 속상해하는 일이 많다. 그들에게 나를 교사로서 거리를 유지해 달라, 예의를 갖춰 달라, 옆구리 찔러 절 받기가 애매할 때가 많다.

서로 필요한 것을 주고받으며 좋은 관계가 될 수 있으려면 서로의 존재를 늘 느끼고 바라볼 수 있는 그 정도의 간격을 유지하는 지혜가 필요한 것이다. 나무들이 올곧게 잘 자라는데 필요한 이 간격을 어느 시인은 '그리움의 간격'이라고 했다. 서로의 체온을 느끼고 바라볼 수는 있지만 절대 간섭하거나 구속할 수 없는 거리라는 것이다. 그 말에 깊이 공감한다. 하지만 너무 뜨겁지도, 차갑지도 않게 적정 거리를 유지한다는 것은 어려운 일이다. 관계의 온도를 서로 맞춰가며, 서로 따스함을 주고받는 사이. 그런 사이가 좋은 사이인 것 같다.

6

감사가
만든 힘

도시락을 준비하는 교사들

요즘 코로나 19 때문에 학교 급식은 중단된 상태고 교사들은 출근 중이다. 나는 매번 시켜 먹기도 나가서 사 먹기도 쉽지 않다는 것을 알았다. 매일 돌아오는 점심시간은 고민이 되는 시간이 되어버렸다. 처음 한두 번, 서너 번까지는 학교 주변으로 나가 나름 맛집이면서 가격이 저렴한 곳을 찾아 점심시간을 즐겼다.

하루는 두부를 잘하는 음식점에 가서 두부찌개를 먹었다. 또 다음날은 학교 주변 국밥집으로 가서 부산에서 먹어본 이후에 두 번째로 돼지국밥을 먹어봤다. 그리고 생선 구이집에 가서 생선을 먹었고 다음 날은 그 옆에 있는 칼국수집을 갔다.

　매일 '무엇을 먹을까?' 하고 고민하는 일은 행복한 고민이지만 한정된 시간에 적당한 가격을 지불하고 먹어야 하는 일에서의 선택은 그리 간단하지 않았다. 그리고 곧 여러 가지 여건 상 매번 점심을 학교 밖으로 나가 먹는 것은 금지(?)되었다. 매일 근무지를 이탈하여 대부분의 교사들이 외출을 신청하는 일이 학교 입장에서는 부담이 되는 일이었다. 코로나 19로 안과 밖이 모두 불안한 것은 마찬가지라지만 교사들은 좀 더 주의를 기울여야 한다는 의견이 많았다. 하지만 다들 잘됐다는 눈치다. 기다렸다는 듯이 각자 도시락을 준비해오기 시작했다.

　내가 근무하는 교무실은 규모가 큰 교무실이고 30여 명의 교사들이 함께 생활하는 공간이다. 부서별로 각자 준비해온 도시락을 점심시간이 되면 펼쳐서 먹게 되었다. 어떤 부서는 각자 밥만 싸오고 한 사람이 나가서 근처 상가에 가서 반찬을 사와서 점심을 해결했다. 여교사들만 있는 부서는 부장 교사를 중심으로 샐러드를 시켜 먹기도 했다.

　정년을 얼마 앞두지 않은 기술가정 선생님이 계시는 부서에서는 부러움을 살만한 점심 식사를 자랑한다. 선생님이 직접 가꾸는 텃밭에서 가져온 싱싱한 상추를 준비해 온 돼지고기에 싸서 먹는 모양이다. 내가 제일 좋아하는 음식 중 한 가지가 쌈밥이라고 하니 다음날 싱싱한 상추를 한 봉지 크게 담아오셨다. 온라인 수업과 연일 이어지는 회의에 심신이 피곤한 선생님들에게 잠깐의 점심시간이 주는 즐거움이다.

내가 속한 부서는 2학년부이다. 2학년 부장님과 나 그리고 영어를 가르치는 오 선생님 이렇게 세 명이 항상 밥을 같이 먹어야 한다. 우리는 각자 밥과 반찬을 준비해 와서 적당히 나눠 먹었다. 직장 생활이지만 동료 간의 소통은 매우 중요하다. 항상 공적인 관계에 익숙한 교사들이지만, 요즘 점심시간에 음식을 함께 나누면서 재밌는 이야기들도 많이 주고받는다. 점심시간에 유독 솔직하게 이야기를 나눌 수 있게 된 이유가 뭘까 생각해보게 되었다. 사람이 이렇게 밥을 같이 먹는 일이 남다른 친근감을 준다는 생각이 든다. 새삼, 여행을 같이 가거나 목욕탕을 가거나 밥을 같이 먹거나 해야 친해진다는 말도 생각난다.

그러던 어느 날 우리 세 명의 멤버에 한 명이 더 추가 되었다. 학생부 박진규 선생님은 점심시간의 어려움을 우리 부장님에게 토로한 모양이다. 학생 생활 인권부(학생부)에 속한 선생님들은 모두 5명인데 점심시간에 함께 먹질 않았다. 듣고 보니, 학생부장님은 식이요법을 하셔야 해서 간편식을 준비해 편할 때 드신단다. 또 한 분의 여선생님은 다이어트 중이라 점심을 잘 안 먹는 것 같다. 그러나 보니 뭔가 함께 하는 분위기가 이루어지지 못한 듯하다. 그래서 우리 2학년부에서 점심 식사를 같이 하자고 박 선생님에게 부장님이 제안하셨다.

함께 나눠 먹는다는 것

박진규 선생님은 우리 부서와 합류하게 된 것이 좋은 모양이다. 그래서 함께 먹기로 한 이틀 째가 되는 날, 스스로 곤드레 나물밥을 준비하겠다고 공약했다. 점심시간에 음식점에서만 먹던 곤드레 나물 비빔밥이라니…. 그것도 학교에서 말이다.

다음날 학교에 출근해서 점심시간이 다 되어서야 어제 박 선생님이 공약한 곤드레 나물밥이 생각났다. 반신반의하면서 우리가 모여서 밥 먹는 곳인 특별실로 갔다. 미리 삶아진 곤드레 나물은 정갈하게, 테이블로 변신한 책상 위에 놓여 있었다. 다들 눈이 휘둥그레져서 재빨리 테이블을 셋팅하고 2학년 부장님이 빠르게 곤드레 나물 비빔밥을 만드셨다. 박진규 선생님의 사모님이 새벽부터 삶아준 곤드레 나물로 우리 부서 점심 멤버 교사들은 교직 생활 중 잊지 못할 곤드레 나물 비빔밥을 해 먹었다. 네 명 분량의 밥에 곤드레 나물을 얹고 양념장도 넣었다. 2학년 부장님이 숟가락 두 개를 이용해서 비비고 각자의 앞 접시에 덜어서 먹었다.

너무나 잘 삶아진 곤드레 나물과 감칠맛 나는 양념장 그리고 우리의 시장이 겹쳐져서 더할 나위 없는 식사를 하게 되었다. 나는 한 번도 직접 삶아서 요리해본 적이 없는 곤드레 나물이었다. 그래서 그날 우리의 점심시간 대화는 박 선생님의 사모님 칭찬 일색이었다. 기분이 좋아진 박 선생님은 또, 곤드레 나물을 먹게 되는 날을 기약했다. 그리고 우리의 점심 멤버들은 자연스럽게 기대하기 시작했다. 머지않아, 다시 곤드레 나물을 먹게 될 것을 믿었다. 그리고 음식 솜씨 좋은 박 선생님 사모님의 다음 메뉴가 궁금했다. 다음날 점심시간에 2학년 부 세 명의 교사들은 밥과 반찬을 준비해왔다. 그런데 박 선생님의 도시락은 편의점에서 사온 것이었다.

2학년 부장님과 우리는 박 선생님에게 짓궂게 장난쳤다. 어제 사모님이 무리하셔서 오늘은 도시락을 준비 못 해준 것 같다고 했다. 그런데 다음날 또 박 선생님만 편의점표 도시락이 이어졌다. 2학년 부장님과 나는 더 짓궂어졌다. 사모님이 곤드레 나물 한 번 해주고 이제 아무것도 안 해주는 거냐며 혹시 곤드레 나물을 직접 삶아온 것이 아니냐고 물었다. 하지만 악의 없는 행동들이었고 점심시간 내내 즐거웠다.

며칠 동안 박 선생님은 계속해서 편의점 도시락을 점심 식사로 대신했고 다행히 학교 급식이 시작되어 우리는 더 이상 도시락을 준비해오지 않아도 되었다. 그렇게 즐겁게 점심시간을 함께한 멤버는 학교 복도에서 만나게 되던 교무실에서 만나건 늘 믿음직스럽고 고마운 마음이 든다.

예전에 사람도 가리고 낯도 가리고 했었는데 이젠 그냥 누구라도 함께 밥을 먹고 이야기하는 나를 본다. 그간 나의 생각이 많이 바뀐 탓도 있지만 주변에 있는 사람이 소중하다는 생각을 하게 된 이유이기도 하다. 요즘 매사 감사하게 지내라는 메시지가 많이 들린다.

오늘 이렇게 나의 동료들과 모여앉아 비빔밥도 만들어 먹을 수 있음에 감사한다. 함께 학교 이야기도 하면서 건강하게 보낼 수 있음에 감사한다. 곤드레 나물과 함께 점심시간은 더없이 풍요로워졌다. 준비해온 사람도 같이 나눠 먹게 되는 사람도 모두 감사한 시간임을 알고 있는 듯해서 더욱 좋았다. 그래서 아직도 곤드레나물밥 이야기는 우리가 함께할 때마다 이어진다.

감사는 긍정의 마인드를 낳고 긍정은 내 삶을 변화시키며 그 변화된 삶은 주위 환경을 바꾼다. 한곳에 모여 식사를 하고 서로 이야기를 나누고 공감하고 웃으며 작은 스트레스들을 풀던 잠깐의 점심시간은 우리를 하나로 묶어주는 감사한 시간이었다.

교사의 진짜 일은
퇴근 후에 시작된다

내가 운동선수가 된 이유

교사가 되고 가장 좋은 것 중의 한 가지는 퇴근 시간이 빠르다는 것이다. 4시 30분에 퇴근을 하게 되면 집까지 5시 30분까지는 도착할 수 있다. 아이들이 어느 정도 크고 내 손이 많이 가지 않게 되는 순간부터 나는 바로 집으로 가지 않고 집 근처 휘트니스 센터로 간다.

휘트니스 센터를 가기 위해 나는 재빨리 퇴근 준비를 한다. 정시에 퇴근하기 위해 그날의 업무를 최대한 끝내려고 하면 어쩔 수 없을 경우에는 초과근무를 하기도 해야 한다. 하지만 그런 일은 되도록 만들지 않으려고 한다. 중학교 근무의 장점은 일과 중에는 화장실에 갈 시간도 없을 정도로 바쁘지만 수업이 끝난 방과 후에는 대부분의 교사들도 업무가 마무리된다는 것이다.

퇴근 후에 나는 운동하는 사람으로 변신한다. 가족들은 주말에도 휘트니스 센터에 자주 가 있는 나를 어느 순간부터 '운동선수'라고 불렀다. 때로는 아침 일찍 휘트니스 센터에 가서 가볍게 걷기를 하고 학교에 출근하기도 하고 퇴근해서도 거의 두 시간을 그곳에서 보내고 집으로 돌아간다. 운동을 그렇게 오랜 시간 하게 된 이유는 운동이 내 생활의 일부가 되어버렸기 때문이고 운동을 하는 동안 시간이 금방 흘러가버리기도 했기 때문이다.

주말에도 마찬가지다. 휘트니스 센터의 정기휴무일인 매달 첫째 주 일요일만 빼고는 매주 토요일 일요일을 그곳에서 보냈다. 그런 연유로 가족들은 나를 '운동선수'로 부르고 있었다. 내가 집에서의 별명이 '운동선수'라는 것을 처음 알게 되었을 때 기분은 나쁘지도 좋지도 않고 그냥 아무 느낌이 없었다. 그런데 '풋' 하고 웃음이 나오긴 했다. 잘하는 운동은 하나도 없는데 운동하는 시간이 많아서 약간 조롱하는 듯했다. 특히 남편의 불만이 많아서 그렇게 나온 말인 듯하다. 하지만 난 반대로 남편에게 불만이 생겼다. 사실 운동을 하지 않는 남편은 잘 모른다. 운동을 하면, 시간이 그 정도는 걸린다는 것을 말이다. 나중에 딸들이 내가 운동하는 휘트니스 센터를 다니게 되었다. 그때서야 왜 내가 그 정도까지 시간을 거기서 보내고 오는지 이해하게 되었다.

퇴근을 하면 집으로 가서 간단히 저녁을 먹고 휘트니스 센터로 향한다. 운동복을 챙겨 GX 프로그램이 시작되는 시간까지 맞춰가려면 꽤 빠듯하다. 보통은 7시에 시작하는 프로그램에 참여한다. 요일에 따라서 스피닝도 있고 스트레칭, Body UP, ABT, HCore, TBC, Hstretch등 다양한 프로그램이 준비되어 있어서 좋았다.

한동안은 유산소 운동이 필요하다 느껴서 스피닝을 많이 했다. 싸이클 선수 출신 스피닝 강사가 지도하는 스피닝 클래스여서 회원들도 많았다. 50여 분간 음악에 맞춰 스피닝을 하면 거의 500Kcal 소모되었다. 처음에 스피닝 클래스에 들어갔을 때는 빠르게 자전거 타는 속도에 적응하지 못했다. 20분만에 밖으로 나와버렸다. 혀가 빠져나올 것 같은 고통을 느끼고 라커룸 긴 의자에 뻗어서 누워있었다. 다른 사람 시선을 신경 쓸 여력이 없을 정도로 힘들었다.

그 힘든 스피닝을 하는 사람은 다양했다. 목 디스크, 허리 디스크 진단을 받고 더 이상 운동을 하지 않으면 위험하다는 의사의 말로 인해 운동을 시작한 사람, 원래 운동을 좋아해서 철인 3종 경기에 도전하고 싶을 정도로 센 운동을 좋아하는 사람, 강력한 다이어트를 위해 참여한 사람 등 각자의 참여 이유도 목표도 달랐다. 하지만 우리는 매일 운동하면서 어느 날 항상 나오던 누군가가 보이지 않으면 궁금했다. 또 이사를 가게 되어 더 이상 나오지 않은 멤버가 있으면 친구가 전학을 가는 것처럼 섭섭하기도 했다.

매일 스피닝 클래스에 참여하게 되니 50분이라는 시간은 빨리 지나갔고 강사의 속도에 맞춰 정확하게 운동을 할 수 있게 되었다. 운동이 끝난 후 머리부터 땀이 비 오듯 쏟아지기도 한다. 물을 많이 마시면 땀이 그만큼 많이 흘렀고 물을 적게 마시면 적게 흘렀다. 땀과 함께 학교에서 있었던 이런 저런 일들은 내가 흘리는 땀만큼이나 내 머릿속에서 빠져나가 다시 좋은 에너지로 채워 준다.

스피닝 클래스 대신 스트레칭이나 ABT 수업, 때로는 요가 수업에 참여하기도 한다. 차분한 목소리와 운동으로 다져진 탄탄한 몸을 가진 강사 선생님과 함께하는 수업은 하루 간의 나를 돌아보게 한다. 내 몸의 자세를 정돈시켜 줄 뿐만 아니라 고단했던 시간들 그리고 아쉬웠던 시간들을 떠올리며 조용히 사색의 시간을 갖게 된다.

그리고 나는 바로 골프 연습장으로 간다. 그곳에 가면 또 매일 연습을 하는 친구들을 만날 수 있다. 거의 매일 빠지지 않고 나오는 멤버들이 나를 기다리고 있다. 몇 타석 되지 않는 골프 연습장이므로 타이밍을 잘 맞춰 가야 한다. 골프를 시작한 지 햇수로 5년째 접어들고 있다.

나를 챙기는 진짜 시간

많은 사람들이 골프를 좋아한다. 우연히 배우기도 하고 꼭 하고 싶어서 하게 된 경우도 있을 것이다. 그처럼 골프와 인연을 맺게 된 각자의 이유는 다 다를 수 있다. 어떤 운동이든 열정적인 연습과 노력이 필요하지만 골프는 골프 나름대로의 치명적인 매력이 있다. 나 또한 48세에 시작해 52세가 된 지금까지 그 매력에서 빠져나오지 못하고 있다.

내가 골프를 시작한 이유는 솔직히 말하자면 외로워서였다. 어렸을 때도 사춘기를 거치면서도 내가 운동을 좋아하는 사람이라는 것을 인지하지 못하고 살았다. 그러다 두 딸의 엄마가 되고 나서 아이들에게 생존 운동이라는 수영을 시키게 되었다. 나는 아이들을 마치 선수처럼 훈련시켜 교육장배 대회에까지 내보냈다. 뿐만 아니라 학교 수행평가를 위해 줄넘기, 농구 등의 레슨을 받게 했다.

그 밖에도 교양 스포츠로 테니스까지 시켰다. 겨울에는 스케이트, 스키, 보드까지 다 맛보게 했다. 하지만 정작 나 자신은 뒷전이었다. 딸들에게 가르친 그 모든 것들은 내 것은 아니었다. 나는 내가 쫓아다니다시피 해서 남편과 결혼했다. 그런데 그 남편과의 결혼 생활도 어느 순간 막다른 길에 다다른 듯한 답답함을 주었다. 다시 뭔가에 빠져보고 싶다는 생각을 한 것은 그쯤이었다. 그리고 그때 만나게 된 운동이 골프다.

시작한 이유야 좀 허접하게 느껴지지만 마음에 든 이상 난 열정을 가지고 빠져드는 스타일이다. 나와 같은 사람들의 단점이 또 쉽게 그 열정이 식기도 한다는 점이리라. 그런데 나에게 골프는 아직 그렇지 않다. 골프는 나의 외로움을 많이 달래주었다. 뿐만 아니라 나의 시야를 넓혀주고 항상 목표를 갖고 살게 한다.

사람들은 골프를 치려고 13개의 클럽을 골프백에 가지런히 넣어서 약속된 장소에서 만난다. 그런데 입고 나온 골프 복장을 보면 뭔가 그 사람의 성격도 알 수 있을 것 같다. 골프는 매력적인 복장으로 시선을 끌 수도 있다. 또는 멋진 스윙으로 구력과 연습량과 운동신경을 뽐낼 수도 있다. 어디 그뿐인가. 과감한 도전으로 프로같이 라운딩을 할 수도 있는 멋진 운동이다. 무엇보다 18홀을 도는 4시간여 내내 어느 한순간도 같지 않은 경험을 하게 된다. 그만큼 쉽게 만족할 만한 스코어를 낼 수 없는 도도한 운동이기도 하다. 라운딩을 한 번 하게 되면 상대방에 대해서 어느 정도 알게 된다. 근본 없이 골프만 잘 치는 사람보다는 적당한 스코어에 매너 있게 치는 사람이 훨씬 멋지게 느껴지는 운동이기도 하다. 차근차근 몇 해를 하다 보니 나도 어느덧 타수 100을 깨고 90도 깨고 80대에 들어설 때도 있다.

골프 연습을 매일 하는 이유는 필드에 나가 실력이 향상된 나의 모습을 나에게 보여주고 싶기 때문이다. 또한 그건 나를 끊임없이 담금질하는 이유이기도 하다. 그리고 골프장에서 라운딩을 하는 동안 내가 숨 쉬고 살아 있음을 확인하는 확실한 방법이기도 하다.

골프를 하면서 수많은 선택과 갈등, 후회를 겪는다. 그렇게 그 속에서 또 다른 인생을 경험하며 라운딩을 끝낸다. 라운딩 중에는 순간순간 선택해야 하는 일이 많이 생긴다. 뿐만 아니라 그 선택이 잘되었는지 또 그렇지 않은지 바로바로 확인이 가능하다. 골프 인생에서 확실하게 성공하고 싶다. 싱글스코어로서 말이다.

나는 오늘도 퇴근을 하고 운동을 갈 것이다. 나의 모든 근육을 움직여 땀을 흘리고 매번 나의 몸 상태를 체크해나가겠다. 젊었을 때 좋아서 하는 운동은 남들보다 소질 있다고 느껴 자존감 높이는 운동이라면 40대 이후의 운동은 마치 자아 성찰을 하거나 수련을 하는 느낌을 갖게 된다. 나의 하루를 되돌아보고 기도를 하는 마음으로 내 몸도 함께 살펴본다.

8

생각을 만드는
미술 수업

작품 속의 점, 선, 면, 색, 구도

사람들은 가끔 우스갯소리로 미술 교사인 내게 말한다. 교사 중에 미술 교사가 제일 편할 거 같다고 말이다. 그 이유 중 하나가 미술 수업은 선생님이 교실에 들어가서 그냥 "그려."만 해도 되지 않냐고 한다. 그 말은 솔직하게 말해서 맞기도 하고 아주 틀린 말이기도 하다. 그리고 그냥 그리기만 하면 되는 그림은 없다고 확실하게 말할 수 있다. 어떤 작품을 볼 때 상대적으로 따라 그리기 쉬워 보이는데, 매우 유명하다거나 고가의 작품인 것을 알게 되었을 때 "나도 그리겠다."라고 말하는 사람도 있다. 그림이 그냥 마음 내키는 대로 그리면 대작도 되고 역사에 길이 남을 수 있다고 생각하는 사람이다. 하지만 우리가 알고 있는 감동적인 그림에는 기본적으로 작가에게 잠재되어 있거나 학습되었거나 교육된 예술적 요소가 잘 들어가 있는 것이고 단지 그것을 우리가 모르고 있을 뿐이다. 그래서 그냥 그려도 멋진 작품이 나올 수도 있다는 황당한 생각을 하고 있는 것이다.

보면 볼수록 매력적이어서 빠져드는 미술 작품을 만들어낸 작가 중에 미국의 에드워드 호퍼(1882-1967)가 있다. 그림은 그냥 그려지는 것이 아니라는 것을 설명하기 위해 그의 작품을 예를 들었다. 그 그림은 호퍼의 〈중국식 볶음 국수집〉이었다.

1929년에 그려진 호퍼의 그림에서 작품 속의 점, 선, 면, 색, 구도 등의 시각적인 요소를 통해서 작가의 의도를 알 수 있다. 세로로 긴 창틀과 간판이 수직 구도를 만들어 조용하고 고독한 분위기를 주며 오른쪽 창과 벽이 사선으로 깊게 들어가 화면에 공간감과 깊이감을 주고 있다. 또한 창 밖에서 들어오는 밝은 빛과 붉은 간판이 식당 안의 어두운 벽, 여인의 녹색 옷과 대비되어 시선을 집중시키고, 긴장감을 준다. 이렇게 미술 작품을 하나하나 뜯어가며 조형적으로 접근해서 알아가는 것도 필요하다. 아무 지식 없이 작품을 마주하게 되는 것보다 감상하는 데 더 많은 도움이 될 수 있다.

에드워드 호퍼는 뉴욕에서 출생해서 뉴욕에서 사망한 작가다. 전형적인 도시에서 살았던 사람이다. 호퍼는 주로 희미하게 음영이 그려진 평면적인 묘사법의 그림을 그렸다. 정적인 분위기의 건물과 그 속에 고독한 사람을 담아 지극히 미국적인 특색을 보여줬다는 평가를 받고 있는 작가다.

이처럼 미술 작품에는 제작 당시의 시대, 사회 문화적 배경이 나타나기 때문에 작가의 의도를 더욱 잘 이해할 수 있다. 그리고 그런 것들의 의미를 해석하여 우리가 새롭게 표현할 수 있다. 에드워드 호퍼의 그림을 패러디하여 화제가 된 신세계 SSG 광고가 그것의 좋은 예이다. 권태롭고 메마른 정서가 느껴지게 하는 구도, 색채, 빛은 그대로 TV 광고로 옮겨졌다. 배우 공유와 공효진이 시대와 공간을 뛰어넘어 호퍼의 작품 속 주인공으로 변신했다. 고독하고 심각하게 느껴지는 분위기에서 두 배우가 대화를 한다. 무표정한 얼굴에서 뱉어내는 대화는 반전이 있다. 재치가 넘치고 재밌어서 묘한 웃음을 만들어내기까지 한다. SSG 광고는 읽고 보는 소비자들의 심리를 움직이게 하는 확실한 결과를 가져왔다. 그리고 이 패러디 광고는 그해 굵직굵직한 광고 대상을 수상하면서 최고의 광고임을 증명하기도 했다.

패러디는 단순한 모방 차원이 아니고, 패러디의 대상이 된 작품과 패러디를 한 작품이 모두 새로운 의미를 가지게 된다는 점에서 표절과 구분된다. 패러디의 효과를 제대로 내주려면 만드는 사람은 물론이거니와 감상하는 독자도 그 작품을 알아야 한다는 것을 전제로 한다. 한마디로 널리 알려진 작품이 효과적이다.

명화를 패러디한 작품을 위해 충분히 배경 설명이 이루어진 후에 아이들에게 작품 계획서를 작성하게 했다. 자신이 알고 있는 패러디 중에서 기억에 남았던 것을 간단히 설명하고, 이유도 적어보게 했다. 걸그룹 트와이스의 뮤직비디오 〈What is love〉와 '쓰앵님 서든어택만으로 충분합니다'의 김서형 패러디 광고, 구글 어시스턴트의 〈나 홀로 집에〉 패러디 광고 등 아이들은 최근 유행하는 유명한 영화나 TV드라마, 광고 등 그들이 접할 수 있는 모든 매체와 지식을 동원하여 명화 패러디를 준비했다.

5-6명이 한 조가 되어 아이디어를 위한 의논은 하되 작품 계획서는 각자 해야 했다. 그리고 패러디 영상 작품은 또 함께 만들어야 한다. 주로, 시나리오를 계획하는 학생이 콘티를 짜고, 또 사진 찍는 걸 좋아하는 학생이 촬영을 하는 등 각자가 잘할 수 있는 분야를 찾아 분주하게 움직였다.

유명 치킨 광고를 패러디하기 위해 어떤 반에서는 한 조가 직접 치킨을 가져오기도 했다. 모든 수행평가는 반드시 학교에서 이루어져야 하는 중요한 전제조건을 지켜야 한다. 작품을 위해 준비한 소품으로 인해 수업 시간 내내 치킨 냄새가 교실에 진동했다.

중학교 2학년 350명 정도가 4주 정도에 걸쳐 진행한 명화 패러디 수업은 다양한 형태로 제작되어 직접 반별로 수업 시간에 상영(?) 시간을 가졌다. 다른 반 아이들이 직접 등장하는 작품도 감상할 수 있고 작은 영화제가 따로 없다.

나는 자연인이다

직접 만든 학생들은 너무 잘 알고 있지만, 독자의 입장에서 볼 때는 어떤 것을 패러디했는지 모르는 주제도 있었다. 남학생 몇 팀이 그들만의 덕질에 취해서 만들어낸 게임에 관한 패러디는 그들만의 잔치로 끝났다. 그들은 친구들에게 보여주기 전부터 스포를 하며 예고를 했으나 다른 친구들의 공감을 이끌어내기에는 역부족이었다.

이미지를 다양하게 적용하지 못한 학생도 있었고 기존의 내용을 새로운 것과 결합하는 능력이 부족한 팀도 있었다. 광고나 뉴스 등의 시각 이미지의 상황 뒤에 숨어 있는 의미에 대하여 아예 파악부터 잘못된 학생들도 있었다. 여러 명이 함께 하다 보니 배가 산으로 간 경우다. 그런가 하면, 팀원들이 모두 패러디 영상에도 등장하고 각자 맡은 역할이 분명하며 협동이 잘 이루어졌음을 알 수 있는 작품도 많이 나왔다.

여섯 명의 남학생들만 이루어진 '나는 자연인이다'라는 패러디 영상 작품에 나는 최고의 점수를 주었다. 고만고만한 남학생들로 구성된 팀이었는데 한 방송국의 예능 〈나는 자연인이다〉의 프로그램 제목도 그대로 가져왔다. 조장인 수민이가 나와서 처음부터 그들의 작품 콘셉트과 진행, 그리고 결과에 대한 느낀 점을 발표하면서 "그럼 저희 팀이 만든 명화 패러디 동영상을 시청하시겠습니다." 하며 그들의 이야기는 시작되었다.

첫 화면에서 움직이는 나뭇잎과 동시에 흘러나오는 민성이의 목소리를 잊을 수 없다. "성남의 어느 산속, 이곳은 자연인 조한준 씨가 살고 있습니다. 산책로를 벗어난 깊은 산속 사람의 발길이 닿지 않는 곳에 살고 있습니다." 너무 그럴듯한 중학생들의 솜씨에 '풋' 하고 웃음이 나온다. 이어서 방송국 PD로 분장한 정우가 뛰어가며 자연인 조한준 씨를 찾아 묻는 장면이 이어진다.

PD는 숨을 헉헉대며 자연인을 찾다가 결국 조한준을 만나게 된다. "자연인 조한준 씨 맞으시죠? 혹시 산속에서 어떻게 생활하게 되셨나요?"라고 묻는다. 뭔가 어눌하고 세상 초월한 말투의 자연인은 "등산하다가 길을 잃어서 3년째 여기서 살고 있소. 곰이고 사슴이고 선녀고 다 봤는데 사람은 한 명도 못 봤어. 심심해!"라고 말을 받아치는데 조한준 학생의 일상생활의 그 모습 그대로인 말투가 리얼하게 녹아나서 나는 폭소를 터트리고 말았다. 심심하다는 자연인에게 PD는 "아 그렇군요." 하고 답하는 순간 두 명의 행인이 "경치 좋~다. 공기가 좋아, 좋아." 하면서 여유롭게 지나간다. 지나가는 행인은 물론 같은 팀 친구들이다. 머쓱한 상황에 자연인은 무작정 뛴다.

그리고 잠시 후 자연인이 직접 재배했다는 버섯을 피디에게 먹어보라고 권한다. 언뜻 봐도 시중에 파는 초코렛 과자 초코송이이다. PD는 떨떠름한 표정으로 버섯을 먹어보는 척하고 자막에는 버섯의 이름이 지나간다. '바이오 네추럴 프로틴 머슬킹 갓 엠페리제네럴 버섯'이라는 자막이 지나가는 순간 나는 마구 아이들의 머리를 다 쓰다듬어주고 싶었다.

버섯 이름만 듣고도 모성애도 나왔고 내가 순간 학생을 엄청 사랑하는 사람인 것 같다는 착각이 들 정도로 자연인의 버섯 이름이 마음에 들었다. 그리고 "이 버섯은 근육 강화와 독소배출에 도움을 준다고 합니다." 하고 나레이션 민성이의 목소리가 겹쳐진다. 곳곳에 패러디의 웃음 요소가 숨어 있어 내심 계속 놀라고 있었다.

길을 잃어 깊은 산속에서 살게 되었음을 밝힌 자연인은 곰, 사슴, 선녀까지 봤고 쌀도 직접 재배해서 먹는다고 하면서 PD에게 직접 재배한 쌀로 밥을 지어준다. 지은 밥은 그릇이 없다고 종이컵에 담겨 나왔으며 화장실에 간다고 잠깐 자리를 비운 자연인의 주변에 햇반 플라스틱 그릇도 보인다. 의도한 부분이기에 그 부분을 오래 클로즈업해서 보여주었다. 한참을 보이지 않는 자연인을 찾아 산속 곳곳을 헤매던 방송국 PD는 오두막처럼 생긴 집에 들어가 몰래 휴대폰을 하고 있는 자연인을 발견하며 황당한 표정을 짓게 된다.

끝으로 자연인이 들고 있는 휴대폰을 발견한 PD와 자연인의 어색한 눈 맞춤이 계속되는 가운데 처음 보여줬던 산속에서 도시를 비추는 장면으로 클로징 된다. 동시에 "산속이라 그런지 분량이 다소 소실된 점 양해 부탁드립니다. 오늘은 자연인 조한준 씨와 하루를 보내고 왔습니다. 감사합니다."는 내레이션 민성이의 목소리로 마무리되었다. 이들의 동영상을 보는 내내 난 산속에서 자연인과 함께하는 느낌을 받았다.

산속에서 도시를 비추며 '나는 자연인이다'가 시작되는 첫 시작 부분도 인상 깊었다. 양쪽 나뭇잎 사이로 멀리 도시의 아파트촌이 보이는 장면은 정말 꽤 깊은 산속에서 있는 듯이 느껴지기도 했다. 동네 뒷산에 올라가서 촬영했다고 밝히는 아이들이 제작한 영상은 처음부터 끝까지 산속을 보여준다.

'나는 자연인이다'에서 자연인의 산속의 일상을 얘기해주는 내레이션이 매우 훌륭했다. 6명의 아이가 모두 간단한 마이크 테스트를 거쳤고 그 중 만장일치로 뽑혔다는 민성이의 감정을 배제한 힘없는 목소리가 어느 전문 성우나 MC보다 좋았다. 민성이의 목소리 톤과 빠르기와 감정이 좋았지만, 그보다 더 놀라운 것은 같은 조 친구들이 민성이가 제일 낫다고 뽑게 된 사실, 그 자체이다.

무엇보다 곳곳에 숨어 있는 아이들의 생각이 나를 감동시켰다. 아이들이 서로 고민하고 대화하고 선택한 흔적이 생생하게 느껴졌다. '나는 자연인이다'를 만든 아이들은 이야기했다. 다수의 리얼리티를 주장하는 프로그램 중 근거가 확실하지 않아도 논란거리가 될 만한 것들을 만들어내는 것에 대한 내용을 담고 싶었다고 했다. (여기서 〈나는 자연인이다〉 프로그램은 아이들이 비판하고자 하는 부분에서 해당 사항이 없는 건전한 프로그램이라는 것을 밝힌다.)

그리고 그 일로 인해 피해를 보는 사람이 생기면, 방송국 측이 모르쇠로 일관하게 되는 현상을 비판하는 내용을 담고 싶었다고 발표했다. 아이들은 한마디로 천민자본주의를 비판하는 내용의 패러디를 한 것이다.

패러디의 소재를 잘 찾아냈고 비판하는 내용이 참 마음에 들었다. 나의 교육의 설정과 방향에 너무도 잘 맞는 작품이 나왔기 때문이었다. 이때의 이 느낌은 미술 교사가 아니고서는 모를 것이다. 이 작품 하나로 나는 내 할 일을 다 한 느낌이다. 자연인과 함께 산을 내려가도 될 만큼….

요즘 일인 유튜브 시대에 돌입했다. 검증되지 않은 사람들과 근거도 없는 정보들도 난무한다. 내가 원하는 채널을 선택해서 듣기도 쉽지만 내 의지와는 상관없이 나에게 노출되는 정보도 많다. 궁금해서 심심해서 유튜브 채널을 많이 찾다 보면 그 피로감도 만만치 않다. 그럴 땐 차라리 쿡방이 최고다. 음식이 만들어지는 과정을 보고 있으며 자연스레 오감으로 옮겨와 나도 해 먹게 되는 경우도 생긴다.

그리고 때론 음식을 편식하는 것처럼 유튜브 채널도 편식하게 되기도 한다. 항상 좋은 것만 먹을 수도 볼 수도 없다. 하지만 좋은 음식을 선택할 수 있는 것은 필수이듯이 좋은 채널과 정보도 선택할 수 있는 능력이 아이들에게 꼭 필요하다는 생각이 든다. 나는 이번 수업이 아이들에게 올바른 정보를 고르고 선택하고 사용할 수 있도록 생각하는 힘을 길러줄 수 있다는 바람을 가져본다.

열심히
가르치지 말고
다르게
가르쳐라

1

열심히 가르치지 말고
다르게 다르쳐라

아낌없이 남김없이

태어나서 결혼하기 전까지는 늘 아버지와 한집에서 살았다. 결혼 후 처음으로 아버지와 떨어져서 살게 되었다. 아버지는 내가 선택한 아버지가 아니다. 난 태어날 때부터 아버지 딸로 정해져 있었다. 생각해보니, 아버지에게 크게 불만은 없었다. 우리 아버지는 왜 저러나 하는 생각도 없이 지낸 것 같다. 아버지는 열심히 일했으며 좋은 아버지가 되려고 노력하시는 모습도 많이 보이셨다.

내가 초등학교 때 살던 집은 정원이 넓은 잔디밭이었다. 정원 한쪽에는 탁구대가 있었다. 아버지와 탁구를 했던 추억도 있다. 아버지는 집을 건축하시는 일을 하셨다. 땅을 사고 그 위에 집을 지으시곤 다시 팔았다. 그렇게 돈을 벌고 모으셨다. 나에겐 피아노도 배우게 해주셨으며 미술을 전공할 수 있게 지원해주셨다. 하고 싶은 것은 다할 수 있게 해주신 것이다. 물론 아버지도 좋은 점만 가지고 계신 것은 아니다. 화도 잘 내시고 성격도 급하시다. 뿐만 아니라 내가 어렸을 때 엄마와 많이 싸우셨다. 그 점은 내가 본 아버지의 가장 큰 단점이었다. 그럼에도 불구하고 나는 아버지를 사랑하고 존경한다.

큰딸인 나는 아버지께서 반대하는 결혼을 했다. 대학교 2학년 때 처음 만난 남편은 부모님이 일찍 돌아가신 고아였다. 나보다 한 살 어린 남편은 결혼할 때쯤 취직하게 된 만큼 경제적인 능력이 없는 상태였다. 아버지는 그런저런 이유로 우리의 결혼을 반대하셨다. 그럼에도 불구하고 나는 내가 좋아하는 사람과 결혼하겠다고 고집을 꺾지 않았다. 자식 이기는 부모 없다는 말을 믿었다. 그렇게 믿어서인지 아버지는 이런 결혼도 있구나 하시면서 나의 결혼을 허락해주셨다. 우리는 남편이 취직하던 해 늦가을에 결혼했다.

막상 결혼을 하게 되자 아버지는 우리에게 작은 아파트도 사 주셨다. 또한 신혼 살림살이도 다 장만해주셨다. 나는 결혼 후 두 딸을 낳았다. 나는 고등학교 미술 교사였지만 그 당시에는 육아휴직이 쉽지 않았다. 부모님은 딸의 직장 생활을 위해 딸의 딸도 키워주셨다. 우리가 부모님과 가까운 곳에서 살게 된 이유이기도 하다. 나는 평일에만 아이들을 맡기고 주말에만 집으로 데려왔다.

직장에 다니는 많은 여자들은 발을 동동거리면서 육아를 전쟁처럼 치러 낸다. 그런데 난 부모님의 도움을 받아 가며 아이들을 키웠다. 부모님은 손녀들을 자식들보다 더 정성스럽게 키우셨다. 평일 날 가끔, 일찍 퇴근하고 아이들을 보러 갈 때도 있었다. 그럴 때면 아버지는 손녀를 포대기에 싸 업고 자장가를 부르고 계셨다. 거의 매일 엄마는 내가 음식 만들 일이 없을 정도로 반찬을 해주셨다.

두 딸이 태어나기 전 아버지는 강원도 홍천에다 산을 하나 사셨다. 그러곤 소나무 숲으로 이루어진 산 입구에 길을 내셨다. 주변에는 산속에서 흘러 내려오는 시냇물도 있었다. 아버지는 산 밑 좋은 위치에서부터 차례대로 직접 네 채의 집을 지으셨다. 부모님 집, 여동생, 남동생 그리고 나의 집이었다. 그때 당시 우리 3남매는 모두 결혼했고 신혼인 여동생네만 아이가 없었다.

주말이면 아들이 둘인 남동생 가족과 딸이 둘인 나의 가족은 홍천에 갔다. 아버지는 산에서 산딸기도 따서 주시고 희귀한 약초도 먹어보라고 하셨다. 직접 재배하신 열무로 김치도 담가 주셨다. 우린 토마토, 옥수수도 원 없이 먹었다.

홍천 미소마을 입구에는

아버지는 홍천에 지은 집 네 채에 애착을 많이 가지셨다. 가끔 지나가던 사람들이 아버지 땅에 관심을 보였다. 그러곤 각자 형편에 맞게 땅을 사서 집을 짓기 시작했다. 그렇게 몇 해가 지나고 나니 꽤 많은 집이 생겼다. 작은 마을이 형성된 것이다.

아버지는 미술을 전공한 나에게 간판을 주문하셨다. 마을 입구에 세워놓을 거라 하셨다. 간판에 들어갈 내용으로 '미소 마을'이라는 마을 이름과 아버지의 전화번호를 넣어야 한다고 하셨다. 처음에는 업체에 맡기면 될 일을 부러 시키신다고 귀찮은 생각이 들었다. 사실은 잘 만들 자신이 없었다. 하지만 계속 아버지에게 받기만 하며 살고 있는 내 처지를 돌아보게 되었다. 그러자 그 일은 반드시 해 드려야겠다는 생각이 들었다.

인터넷에서 간판을 제작하는 방법을 찾았다. 필요한 재료를 샀고 나무도 합판을 파는 업체에 가서 직접 잘라 왔다. 나는 아버지가 주문하신 간판을 만들기 위해 방과 후 학교 미술실에서 며칠간 씨름했다. 크기가 60cm×80cm 정도로 크지는 않다. 하지만 마을 입구의 철제 다리 위에 올려놓을 간판인데다 비와 바람, 햇볕에 견뎌야 한다. 내 전공과도 무관한 일이고 한 번도 해본 적이 없음에도 나는 간판을 만들어냈다. 그러곤 잘 포장해서 아버지께 드렸다.

부모님과 우리 삼남매의 터전은 모두 서울이다. 아이들이 크면서 홍천에 가는 횟수는 점점 줄어들게 되었다. 특히 엄마는 홍천과 서울의 두 집 살림이 점점 버겁다 하셨다. 아버지 혼자 홍천에 가 계시거나 다녀오시는 일이 잦아졌다. 간판을 만들어 아버지께 전달한 후 한참동안 나는 홍천에 갈 일이 없었다. 평일에는 직장을 다니고 주말에는 딸들 학교 과제며 학원 숙제를 챙기느라 정신이 없었기 때문이다.

그러던 어느 날 홍천에 꼭 가야 할 일이 생겼다. 골프백을 찾아와야 했기 때문이다. 1년 전쯤 내가 만든 간판이 마을 입구에 세워져 있는 것을 보게 되었다. 미술실에서보다 훨씬 작게 느껴졌다. 그렇지만 뭔가 모를 감동이 밀려왔다. 아버지가 내가 만든 간판을 세워놓으셨구나. 당사자인 나는 언제인지도 기억이 가물가물한데…. 그새 비도 맞고 바람도 맞고 햇볕에 색도 좀 바랬다. 그리고 네 채의 집은 다른 지역 사람들이 다 사서 전원주택으로 사용하고 있었다.

나는 오랜만에 간 홍천 '미소 마을'에서 아버지가 처음 만든 네 채의 집을 금세 찾을 수 없었다. 그 정도로 주변에 모르는 집들이 많이 생긴 것이었다. 두 딸을 키운다는 핑계 속에 나는 아버지가 어떻게 사시는지 챙기지 않았다. 아이들이 어렸을 때는 하루가 멀다 하고 부모님을 찾아갔었다. 거의 같이 살다시피 한 거나 다름없다. 그런데 아이들을 핑계 대며 찾아뵙는 횟수가 점점 줄어들었다. 그러다 보니 뭔가 섭섭함을 느끼시는 기색이시다.

나는 아버지에게서 늘 받기만 했다. 살다 보니 딸들과 함께한 시간과 행복한 추억은 많다. 외국여행을 가서 밤늦게까지 돌아다니거나 맛집을 찾아다니며 놀던 기억들…. 그러나 아무리 돌이켜 봐도 성인이 된 후 아버지와 함께한 추억이 없다. 어디를 가자 해도 아버지는 바쁘니 괜찮다고만 하셨다. 뭘 사 드린다 해도 돈 아껴 쓰라시며 괜찮다 하신다. 그러다 어느새 서로 불편한 관계가 되고 있다.

다른 사람들은 나의 껍데기를 보고 나를 판단한다. 차, 옷, 스펙 그리고 돈 같은 것들 말이다. 하지만 아버지는 나를 아신다. 나의 한계, 나의 바닥까지 깊이 알고 계신다. 그래서 편하면서도 또 불편하다.

홍천 아버지 집 옆에 저택을 짓겠다. 내가 직접 디자인해서 시공을 아버지께 부탁드리고 싶다. 집 곳곳을 내가 원하는 스타일대로 꾸미고 가꾸겠다. 저택 한쪽에 방을 들여 행복하게 글을 쓰는 작가의 공간으로 만들고 싶다. 그리고 가끔 아버지를 초대해서 아버지가 좋아하는 대구탕을 끓여 드리고 싶다. 생선구이도 해 드리고 때로는 상추쌈에 오리고기도 구워 드리면서 아버지와의 추억을 만들고 싶다.

아버지는 여동생의 아들이 스무 살이 되는 해까지 사시겠다고 선언(?)

하셨다. 조카는 올해 여덟 살로 초등학교 2학년이다. 올해 75세이시니 앞으로 12년을 더 살고 싶다는 바람이 아니시겠나. 나는 아버지가 건강하고 행복하게 지내시길 바란다. 아버지와의 추억이 없었던 과거를 새로 쓰고 싶다. 리셋을 할 수 없음에도. 홍천 아버지 집 옆에 저택을 짓고 그곳에서 글을 쓰고 싶다. 그렇게 틈틈이 아버지와 추억을 만들면서 아버지와의 관계를 새롭게 창조하고 싶다.

2

비키니를 입고도
가르쳐요

벌이 날아오게 하는 방법

몇 년 전까지만 해도 수학여행이나 수련회를 시행하는 학교가 많았다. 요즘은 학교 전체 학생들이 국내나 해외로 단체여행을 가는 것도 지양하고 있다. 가더라도 반별로 나누어 테마별로 가는 것이 더 긍정적이게 느껴지는 것이 사실이다.

대규모의 인원이 한꺼번에 움직이는 것에 대한 위험을 감수하지 않겠다는 취지도 있고 한편으로는 과거와 다르게 요즘의 추세를 반영하기도 한 것이다. 부모와 함께하는 현장체험학습은 자리를 잡아가고 있을 뿐만 아니라 매우 긍적적인 효과를 많이 낳고 있기도 하다.

학기 중에 최대 20일까지 사용할 수 있는 현장체험학습은 학교장의 현장체험학습일 1주일 정도 전에 학교장이 허락을 득하면 가능하다. 부모님과 함께하는 강원도 여행 1박 2일, 가족끼리 함께하는 베트남 여행, 시간이 많이 남는 고모와 함께하는 유럽 여행까지 다양하다.

아이들은 학기 중에도 얼마든지 학교에 오지 않고 여행도 하고 다양한 경험을 만들 수 있다. 이제 우리 아이들의 교육 장소는 특별한 곳에 한정 지어 있질 않다. 그와 함께 아이들의 꿈도 훨씬 커지고 있음이 느껴진다. 가끔 아이들은 교실이라는 곳을 답답해한다. 뭔가 더 넓은 곳에서 숨 쉬고 호흡을 하고 싶어 할 때가 있다. 학교마다 사정은 다르지만, 입시에서 살짝 벗어나 졸업 후 취업률이 더 높은 특성화고등학교 같은 경우 아이들 중 교실에 앉아서 수업하는 것 자체를 힘들어 하는 아이들이 많다.

가끔은 점심시간에 아이들 몇몇씩 불러 상담을 핑계 삼아 학교 밖으로 데리고 나간다. 지각하는 아이 우울증 있는 아이 등을 데리고 떡볶이를 먹으며 이런저런 이야기를 하기도 한다. 밖에서 음식을 먹으며 이야기를 나누면 우린 가까운 친구가 된 것 같다. 가끔은 운동장처럼 탁 트인 곳이나 벤치에 나란히 앉아 아이스크림이라도 먹으면서 이야기할 때, 아이들은 자신들을 훨씬 많이 보여 준다. 수업시간에 선생님에게 욕설을 한 뒤 자퇴를 한 아이가 있다. 1년 뒤 우리 학교에 재입학을 했는데 그 학생이 우리 반 준석이다. 또래보다 한 살이 더 많아 아이들이 형이라고 부르는 준석이가 나는 학기 초부터 부담스러웠다. 큰 문제를 일으키지는 않았으나 내가 미리부터 걱정이 앞섰던 것이다. 준석이와 대화를 위해 튀김도 먹고 떡볶이도 먹으며 많은 이야기를 시도했다. 교실이나 교무실에서 상담 형식으로 불러 대화를 했다면 자신의 속내를 말할 아이가 아니었지만 가끔 생기는 뜻밖의 시간을 꽤 좋아했다.

학기 초에는 학교를 잘 다니다가 갑자기 지각이 잦아지더니 학교를 그만두겠다고 하는 아이도 있었다. 승석이는 여자 친구와의 문제 때문에 석 달 내내 지각과 결석을 반복했다. 승석이의 어머니와 작전(?)까지 짜서 어떻게든 학교에 다니게 해보겠다고 생각했었다. 그래서 승석이와 점심시간에 아이스크림을 먹으며 이야기를 해보았다. 아이스크림조차도 맛없게 먹더니 결국 애견 조련사가 되어야 하니 학교를 그만두겠다고 했다. 애견 조련사 자격증을 위해 학원을 등록해야 한다는 핑계로 결국 학교를 그만두었다.

나는 모든 것을 다 포기해버린 무기력한 학생들의 얼굴을 많이 보았다. 너무 지나치게 극성스러운 아이들도 힘들지만 모든 것에 의욕을 상실한 학생의 얼굴은 내가 가진 열정과 에너지도 다 뺏어갈 듯 꺼져갔다. 그럴 때 나는 교사로서 처절하게 무너지는 기분을 느끼기도 했다. 기본적으로 열정이 많은 아이들도 있지만 그 어떤 일에도 흥미를 보이지 않는 아이들도 많다. 지금 학교에서 하고 있는 모든 것에 흥미가 없는 아이들은 다른 것에도 관심이 없는 경우가 많았다. 그럴 경우 대부분의 아이들에게는 현재 하고 있는 일에서 열정을 느끼도록 만드는 것이 더 효과적이었다.

예를 들면 기대를 낮춰서 지각만 하지 말아라, 수업 시간만 지켜라 등 그 학생이 학교를 다닐 수 있는 최소한의 것만 유지할 수 있도록 타협을 보는 것이다. 그렇게 지내다 보면 다른 시간을 벌게 되고 힘들어하던 아이들은 친구와 잘 지낼 기회도 생겨 다시 학교생활에 적응할 수도 있다. 그렇게 해서 다시 바닥을 치고 올라간 아이들은, 긍정적인 학교생활을 다시 할 수 있는 경우도 많았다.

아무리 해도 학생이 변화하지 않는다면 그때는 그 아이의 의견을 존중해주어도 좋을 것 같다. 학교가 중요한 것이 아이라 치유가 되고 치료가되어야 하는 부분이다. 하지만 교사는 끝까지 학생에 대한 열정을 가져야 한다. 마지막까지 해볼 수 있는 것까지 다 해야 후회가 없다는 결론이다.

학생들이 수업에 몰입하게 되는 요인들 중에 하나도 바로 교사의 열정이라고 생각한다. 학교어디서나 항상 열심히 스스로 열정적인 학생들도 많지만 대부분의 학생들은 교사가 열정적으로 가르칠 때, 지금 무언가 중요한 정보가 다뤄지고 있다는 느낌을 갖게 된다. 열정은 전염성이 강했고 특히 교사의 열정은 학생들에게도 쉽게 전달된다.

학교의 아이들뿐만 아이라 나의 딸들에게도 나는 열정을 전하고자 노력했다. 하퍼가 중학교 1학년 때 수학 과학 영재원이 대 유행을 했다. 하퍼가 그림에 소질이 있다는 것을 알았다. 하지만 이과 성향의 아이라고 미리 정해놓고 수학과 과학 공부를 정말 많이 시켰다. 어렸을 때는 시키는 대로 따라가기도 한다. 딸은 과학영재원에 합격했다.

과학영재원에 합격하면 1년간 방과 후나 주말에 수업을 듣고 다양한 실험도 하고 성찰 일기도 쓰고 과학 캠프도 가게 된다. 그리고 과정의 마지막에 그간의 개인 연구 과제물로 작은 논문을 제출해야 한다.

논문의 제목은 「다양한 색상과 향기에 따른 꿀벌의 반응 탐구」이다. 성묘 때 산소에 갔다가 유독 노란 옷을 입은 둘째 아이의 손등이 벌에 쏘이게 된 계기가 연구 목적이 된 것이다. 논문 제목을 정하면 연구 방법 및 내용도 있어야 하고 많은 실험과 탐구를 거쳐 연구 결과도 나와야 한다.

벌 실험을 위해 아파트 옥상으로 올라갔다. 밝은 색의 부직포와 어두운 색의 부직포를 걸어 놓고 하루 종일 벌을 기다렸다. 그런데 아파트 옥상에는 벌은 날아오지 않았다. 우리는 도시 한복판에 아파트 옥상에는 벌이 오지 않는다는 것을 그 실험을 통해 알게 되었다. 아파트 화단에 그

많던 벌이 다 어디로 갔는지 모르겠다. 그리고 벌이 좀 더 많은 곳으로 실험 장소를 옮겼다.

이번에는 밝은 색 부직포에 꿀도 듬뿍 바르고 설탕도 바르고 사탕도 준비해갔다. 벌은 시중에 파는 꿀, 설탕 그리고 사탕에는 반응을 하지 않는 모양이다. 그곳은 경기도 과천의 어느 산행이 시작되는 장소였다. 벌이 꽤 많다고 생각한 서울 외곽의 화원이 많은 곳이었지만 그곳에서도 벌의 반응을 볼 수 없었다. 지나가던 왕벌이 잠깐 관심을 갖는 듯하더니 시큰둥하다. 남편과 나 그리고 두 딸이 한 팀인 우리는 회의를 했다. 그리고 경기도 남양주 한 양봉장으로 실험 장소를 옮기기로 했다. 양봉장을 운영 중이신 그곳 대표님께 전화를 드리고 실험을 해도 좋다는 허락을 받았다.

처음에 그곳에 도착했을 때 기억이 아직도 생생하다. 그곳은 온통 노란 빛과 갈색 빛으로 가득했다. 벌들이 파란 하늘을 뒤덮어버린 것이다. 그리고 직감적으로 느꼈다. 어떤 식으로든 실험이 이루어질 것 같다고 말이다. '다양한 색상에 따른 벌들의 반응'을 위해 다섯 가지 색상인 노란색, 흰색, 하늘색, 보라색, 빨간색의 크기가 같은 부직포를 굵은 빨래 줄에 일정한 간격으로 가지런히 널어두었다.

실험의 결과를 정확하게 얻기 위해 부직포의 위치를 바꿔가면서 실험을 했다. 예상했던 대로 노란색 부직포에 가장 많은 수의 벌이 반응했고 하늘색과 흰색 등 덜 화려한 부직포에 벌의 수가 적었다. 섬유유연제 반응도 함께 보면서 다양한 종류의 실험을 진행했다.

특히 재미있었던 것은 술에 대한 벌들의 반응이었다. 노란 부직포를 두 장 걸어놓고 한쪽에는 맥주를 다른 한쪽에는 소주를 분무기로 뿌렸다. 뿌리자마자 남양주 양봉장에 살고 있던 벌들의 일부가 그곳을 지나가다 실험에 호응을 해준다. 맥주에 훨씬 많은 표를 주었다.

그리고 꿀벌들의 식초에 대한 반응이 흥미로웠다. 식초를 뿌린 부직포에는 단 한 마리도 와서 앉지 않았으나 식초를 뿌린 후 꿀을 발라놓으니 많은 수의 벌들이 날아와 앉았다. 실험을 통해서 벌들이 싫어하는 식초 향이 있더라도 꿀을 찾아 반응하는 정도가 더 강하다는 것을 알 수 있었다.

그 논문의 연구자이자 발표자인 하퍼는 수학 과학과 관련된 전공이 아닌 패션으로 영국 세인트마틴에 유학을 갔다. 유학 중 확실히 그림을 잘 그린다는 확신을 갖게 된다. 영국유학을 접고 다시 미국 아트센터 스쿨로 학교를 옮긴 상태다.

하퍼는 이제 모든 것을 혼자 해낸다. 유학을 위한 영어도 포트폴리오도 그리고 영국에서 다시 미국으로 갈 때도 혼자 다 해냈다. 양봉장에서 셀 수도 없는 수많은 벌들과 함께한 기억은 하퍼가 하고자 하는 일에 집요하게 해낼 수 있는 근성을 키우는 데 도움이 되었다고 한다.

그 누구도 의식하지 않고

그리고 그때 함께했던 초등학생이었던 둘째 딸 니콜이 있다. 또 니콜에게는 그 실험이 어떤 기억으로 남아 있는지 모르겠다. 결국 벌 실험 끝에 벌에 쏘여 며칠 마스크를 쓰고 출근했던 아빠만 기억하고 있는 건 아닌지…….

초등학교 저학년이었던 니콜은 어느덧 고등학교도 졸업했다. 피아노를 전공하면서 예중과 예고를 거치면서 누구보다 멋진 학창시절을 경험했다. 하지만 매일 피아노 연습과 레슨이 반복되는 생활의 연속으로 정작 엄마인 나와는 많은 추억이 없다.

최고로 열심히 하고 잘했다고 자타가 공인하는 니콜은 안타깝게도 원하는 대학에 진학하지 못했다. 재수를 결심하게 되면서 우리 둘은 어디론가 여행을 가기로 했다. 그래서 니콜을 위해 내가 할 수 있는 최대의 능력을 동원해서 제주도 여행을 계획했다. 대학입시에 실패한 딸을 위로하고 격려하기 위한 여행이었다. 그리고 무엇보다 그간 애쓴 딸에게 고맙다는 마음을 표시하고도 싶었다.

여행을 가기 전 니콜은 직접 맛집도 찾아놓고, 승마체험도 예약하고 제대로 놀기 위해 철저하게 준비했다. 나는 차를 렌트해서 딸과 단둘이 제주도 해안도로를 원 없이 달리려고 마음먹었다. 제주도에 도착한 우리는 더없이 행복했다. 나에게 니콜 같은 딸이 있음을 감사하게 생각해주는 시간들이 많았다. 니콜은 내가 맛있는 음식을 사줄 때마다 고마워했고 맘껏 즐기며 엄마를 추켜세울 줄도 알았다. 사실 니콜은 매번 레슨을 따라다니지 못하는 엄마에 대해 어느 정도 불만이 있었다.

학교에서 회장, 부회장을 하면서도 직장 다니는 엄마의 적극적인 지원을 받지 못했다. 그 점이 늘 아쉽긴 했었다. 하지만 아침 햇살을 받으며 호텔 정원을 산책하고 예쁜 연못에서 황금잉어를 한참 바라보면서 우리는 서로를 이해하고 위로했다.

저녁에는 둘이서 호텔 야외 수영장을 이용하기도 했다. 수영장에는 성인용 풀이 따로 있었다. 니콜과 나는 어떤 수영장을 이용할지 잠시 고민을 했다. 어린아이들도 많은 일반 수영장을 이용할지 어덜트 풀이라고 해서 어른들만 입장할 수 있는 수영장을 이용할지 잠깐 고민했다. 일반 수영장은 어린 아이들과 함께하는 가족 위주였고 상대적으로 한산한 어덜트 풀은 연인들이 대부분이었다.

우리가 예상한 대로 뜨거운 연인들은 수영에는 관심이 없고 따뜻한 난로가 따로 준비된 곳에 들어가 음식을 시켜 먹고 사랑을 속삭였다. 그곳에서 엄마와 딸 커플은 우리 둘뿐이었다.

하지만 우리는 준비해 간 비키니를 당당하게 입고 즐겁게 수영도 하고 사진도 찍었다. 그리고 누구도 의식하지 않고 둘이 놀았다. 엄마라는 존재는 늘 자녀를 챙기고 따라다니며 잔소리를 하기 십상이다. 하지만 니콜은 비키니를 입고 자신과 놀아주는 엄마가 최고라며 멋진 미소를 날려주었다.

3

교사는
종합예술가이다

청소지도부터 환경미화까지

코로나 19로 인해 빈 교실의 책상은 반 친구들을 기다리며 가지런히 줄
을 맞춰 정리되어 있다. 지금 교실은 휴지를 버리는 학생도 없고 학급 급
식으로 인해 바닥에 떨어지는 반찬도 없고 선생님들의 판서로 인한 분필
가루도 볼 수 없다. 3월부터 5월 내내 빈 교실이다.

2학년 4반 교실에는 시간표도 붙어 있고 4월 생일인 학생의 이름들도
게시되어 있다. 내 평생 교직에 있으면서 이런 경우는 있지도 않았지만
예상하지도 못했던 일이다. 지난해 담임 반을 맡았을 때 아이들이 A와 B
조로 나누어 청소를 했는데 빗자루로 바닥을 쓸고 대걸레질을 하고 책상

줄을 맞추는 등 각자 맡은 역할을 하던 아이들의 모습이 떠오른다. 아이들이 청소를 할 때는 교사는 반드시 임장 지도를 해야 한다. 단언컨대 내가 임장 지도하지 않고 교실이 깨끗하게 청소된 적이 한 번도 없다. 교사들이 항상 함께해야 한다는 것을 여실히 보여주는 학교생활 중 한 가지가 청소 지도가 아닌가 생각된다.

청소가 시작되기 전 청소 당번 확인시켜주고 중간 중간 빗자루질 상태 대걸레질 상태 그리고 한 번씩 창틀 점검까지 해야 한다. 그리고 체크와 함께 조율도 해줘야 한다. 매일 청소의 주를 이루는 빗자루와 대걸레를 담당하는 청소 인원은 많다. 며칠에 한 번씩만 하면 되는 청소 담당도 있다. 분리수거와 쓰레기통 담당자와 대걸레 물통받이 비우기 등은 매일 하지 않아도 되지만 정해진 요일에는 반드시 해야 하는 역할이다.

학기 초 그렇게 습관을 잡은 청소 시간은 적어도 1년은 유지되어야 한다. 올해는 아직 교실 환경미화 심사를 하지 않았지만 학교마다 그해 3월에 교실 환경미화 심사가 이루어진다. 교실환경 미화는 일 년간 함께 지낼 학생들이 모두 참여하여 교실 환경을 깨끗하게 하는 것뿐만 아니라 학교생활에 도움이 되는 게시판이나 알림판 등을 잘 계획하여 시각적인 효과뿐만 아니라 학습적으로도 도움이 될 수 있도록 조성해야 한다.

환경미화 심사를 하여 잘된 반은 시상도 한다. 학급의 분위기와 아이들의 단합, 교사의 지도력을 과시할 수 있는 부분이라 학기 초부터 선생님들은 총성 없는 경쟁에 돌입하기도 한다. 교실 앞 칠판 위에 게시되는 급훈도 잘 정해야 한다. 자칫 아이들의 의견을 따라갔다가는 '쟤 깨워라.', '네 내신을 알라.' 등과 같이 급훈이라고 하기에는 좀 애매한 것을 급훈 게시판에 붙여야 할 수도 있다. 그런가 하면 교사의 입장을 너무 내세워 도덕적 사고와 판단의 발달 단계에 맞춘다고 교육적인 덕목을 급훈으로 사용하게 될 수도 있다. 그렇게 하면 자칫, 우리 담임선생님은 꼰대라는 말을 듣기 십상이다. 그렇게 학기 초부터 보이지 않은 갈등과 경쟁 속에 놓이게 되는 것이 교사다.

또 교실 앞, 뒤에 게시판이 시각적으로 보기 좋게 디자인도 해야 한다. 타고난 감각과 아이들을 독려하는 능력이 뛰어난 선생님은 마치 자신이 미술작가라도 된 것처럼 교실의 콘셉트을 정하고 아이들에게 역할을 주어 보기 좋은 디자인으로 마무리한다. 환경미화 심사에서 순위권에 들어 상금을 획득하게 되면 상장과 함께 반 아이들과 떡볶이 파티나 피자 파티를 하게 된다. 그 일은 다른 반 아이들과 선생님들의 부러움을 사게 되는 순간이다.

교실 게시판은 환경미화는 1년간 우리 반 아이들과 담임인 내가 생활하는 공간을 보기 좋고 편리하게 하는 일이지만 때로는 학교 환경미화를 해야 할 때도 있다. 나는 미술 교사라 학교 사정에 따라 작게 또는 크게 그 역할을 수행해야 하기도 했다. 전체 학교 분위기를 바꿔야 할 때 교장 선생님에 따라 각층의 벽에 걸리는 액자를 바꾸기를 원하기도 한다. 특히 1층 로비에는 외부 손님들도 많이 출입하므로 각별히 신경 쓰이기도 한다. 그럴 때는 수업 시간에 만든 아이들의 작품을 이용하기도 한다. 학생들의 동의를 구하고 학교 예산으로 멋진 작품을 액자로 만들면 꽤 근사한 인테리어 소품으로 탈바꿈하기도 한다.

몇 년 전에 근무했던 고등학교에서 교장 선생님께서는 오래된 학교 건물을 환하게 만들어줄 작품 액자도 원했지만 학교의 정체성을 보여줄 수 있는 현관 로비를 리뉴얼하시겠다고 했다. 미술 교사 두 명을 불러 취지를 설명하고 직접 디자인을 하고 시공사를 알아보라고 했다. 시공사에서 가지고 있는 디자인은 별로 마음에 들지도 않았지만 그쪽에서 디자인도 제공하고 시공도 하게 되면 가격이 배가 되었다.

학교에서 줄 수 있는 예산은 얼마 되지 않았다. 미술 교사인 우리가 디자인을 하게 되면 시공하는 비용만 내면 되므로 충분히 가능한 것 같았다. 교장 선생님은 꼭 현관 로비의 벽면 인테리어를 꼭 바꿔보고 싶다는 의지를 피력하셨다. 그간의 현관 로비의 학교 소개용 게시판과 인테리어는 너무 어둡고 칙칙하고 한마디로 올드한 분위기였다. 항상 나를 챙겨주시는 교장 선생님의 특별한 부탁이시고 해서 해내고 싶었다. 하지만 인테리어는 내 전공 분야도 아니고 경험한 바도 없었다.

같은 미술과 선생님이신 오지혜 선생님은 완전 베테랑 선생님으로 매사 열심히 하는 분이시고 열정이 넘쳤다. 그녀 역시 교장 선생님의 숙원(?) 사업을 해 드리고 싶어 했다.

　무엇보다 학교 분위기를 바꿀 수 있는 현관 로비 인테리어 디자인을 성공적으로 해내고 싶어 했다. 그런데 우리 둘 다 그렇게 큰 작업을 해본 적도 없고 어떻게 시공되는지도 몰랐다. 무엇보다 규모를 알 수 없어 답답했다. 오지혜 선생님은 괜찮은 아이디어가 있으면 본인이 직접 디자인을 해보겠다고 했다.

　학교 현관 로비이고 학교의 특색을 나타낼 수도 있어야 하며, 학교의 역사, 학교의 상징 등 왼쪽에 5개 섹션, 그리고 오른쪽에 5개 섹션으로 양쪽이 균형 있게 구성되어야 했다. 마치 전시장이 느껴지게 해야겠다는 생각으로 우리 둘의 의견이 모아졌다.

　그럼 어떻게 디자인해낼 것인가? 괜찮은 샘플이 없는 것이다. 나는 오지혜 선생님을 많이 신뢰하고 있었기 때문에 어떤 일이 있어도 '바로 이 거야'라고 생각되는 아이디어를 가져다주고 싶었다. 일주일 동안 틈나는 대로 자료를 찾고 인터넷도 뒤졌다. 그런데, 정말 쉽지 않았다. 커다란 현관 벽면을 채우고 학교의 정체성을 보여 주며, 세련되고 멋진 그리고도 시공가격이 비싸지 않은….

여행에서 발견한 아이디어

시간은 계속 흘러가고 있었고 우리가 아무런 대책도 내놓지 않자 교무부장님이 압박을 가하기 시작했다. 나보다 나이가 어린 오지혜 선생님에게는 좀 심한 말을 했다. 일부러 안 하는 것도 아니고 당시 나는 담임이 아니었지만 오지혜 선생님은 담임까지 맡고 있어서 학교 로비 디자인까지 신경 쓸 겨를은 없었다.

다음 주 나는 미리 계획된 연휴에 맞춰 대만 여행을 가야 했다. 바쁜 학교생활을 뒤로 하고 망고 빙수가 맛있다는 대만 행 비행기를 타고 떠났다. 학교 일은 뒤로 하기로 하고 말이다. 그러나 나는 타오위안 국제공항에 도착해서도 공항 벽에 보이는 게시물들만 눈여겨봤고 괜찮은 로비 인테리어가 될 만한 것들만 찾아 내 눈은 쫓고 있었다. 호텔에 도착해서도 호텔 로비를 보면서 학교 공간에 가져갈 만한 디자인을 찾게 되었다. 망고 빙수도 먹고 곱창 국수도 먹고 딤섬도 먹으러 다니면서 내 머릿속은 온통 학교 현관 로비 인테리어 생각으로만 가득 차 있다는 것을 알았다.

사실 대만보다 우리나라가 거의 모든 부분의 디자인이 정리가 잘 되어 있었다. 그래서 딱히 참고할 만 한 것이 없을 것 같다는 불길한 예감이 들었으나 나는 온 김에 뭐라도 건져가겠다는 일념으로 계속 생각할 수밖에 없었다.

대만에 도착한 지 이틀째 되던 날 나는 야경을 보러 101 빌딩에 올라가게 되었다. 우리나라 롯데타워와 비슷한 규모지만 그 당시 101 빌딩은 새로 생긴 빌딩이라 대만 관광객들은 필수 코스로 들렀다.

101 빌딩으로 진입하여 전망대를 가기 위해 티켓팅을 해야 하는 로비에서 나는 우리 학교에 인테리어로 가지고 갈만한 디자인을 발견했다. 크기를 좀 바꾸고 모양을 좀 바꾸면 될 것 같았다. 바로 사진을 여러 장 찍었다. 자료 수집이 제대로 된 순간이다.

학교로 돌아가서 오지혜 선생님에게 내가 찍어온 사진을 보여 주고 내가 의도하는 디자인을 설명했다. 역시 우리는 잘 통했다. 오지혜 선생님은 바로 컴퓨터로 도안을 그리기 시작했고 그럴듯한 디자인이 나왔다. 교장 선생님을 비롯하여 관련된 선생님들과 행정실에도 보여드리고 시공하기로 결정했다.

한 달 남짓 지나서 현관 로비 인테리어는 너무나 멋진 모습으로 완성되었다. 중간에 티비도 설치하여 마치 멋진 컨퍼런스 룸의 로비를 연상시켰다. 학교장 지구장학협의회모임이 우리 학교에서 있었을 때 이웃 학교 교장 선생님들이 우리 학교 로비를 설계 인테리어 한 회사를 알고 싶어 했다. 또 다른 학교 교장 선생님은 직접 내 전화번호를 물으시며 궁금한 걸 물어보셨다.

그 일로 나와 오지혜 선생님은 서로를 더 신뢰하고 돈독해졌다. 우리 둘의 합작품에 대해 서로 격려하고 공감했다. 지금은 각자 다른 학교에서 근무하고 있다. 하지만 가끔 만나 둘이서 함께 만들어갔던 작품을 이야기하며 현재의 삶에 활력소로 가져간다.

4

다시 학생으로
돌아간다면

할머니라고 하지 말아라!

경력 23년 교사로 개인적으로는 두 딸을 다 키워놓고 딸들과 함께 옷을 번갈아 가며 입을 정도로 허리 사이즈를 잘 유지하고 있다. 거의 결혼하기 전 아가씨 시절의 몸을 유지하기 위해 노력한다. 그 이유는 항상 내가 아이들 앞에서 수업을 하고 그들과 함께 생활하는 교사이기 때문이다.

교사는 정신과 더불어 신체도 건강하고 젊게 유지하는 것도 필요한 부분이라고 생각하는 사람이다. 그래서 퇴근 후 매일 센터에 등록해서 운동을 생활화했다. 운동을 하고 허리 사이즈 등 몸매를 관리하는 것은 젊은 감각을 유지하는 데 많은 도움이 된다고 생각하기 때문이기도 하다. 하지만 그렇게 생각하며 나를 챙길 수 있는 여유가 생긴 지는 그리 오래되지 않았다.

지금부터 10년 전쯤 어느 고등학교에서의 일이다. 어느 날 수행평가 점수확인 때문에 반별로 다니면서 학생들에게 점수를 확인시키고 싸인을 받아야 했다. 학기 말이라 성적산출을 해야 하는데 학생들의 확인용 서명을 받아야 하는 일은 필수였다. 수업시간에 다 확인하지 못한 경우는 쉬는 시간까지 교실을 다니며 챙겨야 했다. 평가계 선생님에게 제출해야 할 시간이 임박해왔기 때문이다. 교실 문을 열고 들어가 반장을 찾아 싸인을 해야 하는 출력물을 건네주었다. 그리고 되도록 빨리 싸인을 받아서 교무실로 갖다 달라고 했다. 반장하고 이야기하는 나를 보고 반갑게 아는 척을 하며 "선생님 머리카락 자르셨네요~~ 아! 너무 짧다. 할머니 같아요~"라고 하는 것이었다.

한 아이가 그러자 몇 명이 함께 호응하는 바람에 내가 못 들은 척하기도 어려운 상황이었다. 반장하고 하던 이야기를 마무리 짓기도 어려웠다. 아무렇지도 않은 척 뒤돌아 나오는데 너무나 자존감 떨어지고 굴욕적이었다. '내가 이러려고 학교에 다니나. 아이들을 가르치기 전에 나 먼저 살폈어야 했다.'라는 생각과 그 생각에 꼬리에 꼬리를 물며 나는 괴로웠다. 그때 내 나이는 할머니 근처도 가지 않은 나이였다. 요즘은 할줌마라 해서 할머니인지 아줌마인지 헷갈리는 젊어 보이는 할머니를 부르는 신조어도 있는데 나보고 '할머니같다'라니… 그런데 그 아이들은 나를 싫어하는 아이들도 아니었고 나에게 특별한 악감정도 없는 아이들이라 더 충격적이었다.

나는 그날 이후로 깊이 반성했다. 나 자신에게 미안했다. 이런저런 핑계로 나는 자신을 내팽개치고 살고 있었다는 느낌이 들었다. 내가 누구이며, 무엇을 원하는지를 생각하게 되었다. 당시 나는 두 아이를 낳고 살이 찐 상태였고 그냥 평범한 아줌마 같은 몸이 되었다. 게다가 헤어스타일은 아침에 머리를 감은 뒤 대충 손질하고 집에서 튕겨서 나올 수 있게 적당히 짧지도 길지도 않은 머리를 하고 있었다. 어정쩡한 헤어스타일에 화장도 하지 않고 늘어진 배를 한 채 같은 옷을 며칠째 입었다.

"선생님 할머니 같아요~"라는 말에 충격을 받고 쓰러지기 직전에 나는 나 스스로를 구했다. 독한 마음을 먹고 운동을 하고 10키로를 빼고 헤어 스타일도 어깨 밑으로 내려올 정도로 긴 웨이브를 했다. 아이들은 이제 내 나이를 가늠하기 힘들어졌다. 나는 학생들이 내게 던진 예상치 않은 말로 상처받고 힘들었지만, 그 일을 긍정적으로 생각하고 나를 바꾸는 계기로 삼았다. 지금 생각해도 내가 잘한 일 중 한 가지다. 그런데 그와는 반대로 내가 후회되는 일이 있다. 내가 교사가 되기 전의 일이고 지금으로부터 몇십 년은 더 거슬러 올라가야 한다.

〈그대를 사랑해〉를 잘 불렀다면

지금은 잘 기억해 내기도 힘든 내가 중학교 시절의 이야기다. 매우 적극적이고 활달했던 나는 노래도 잘한다고 생각했다. 목소리는 타고 나는 것 같다는 생각이 드는데 난 기본적으로 큰 목소리를 가지고 태어났다. 초등학교 때부터 오락시간이 되면 앞에 나가서 노래를 하는 시간이 주를 이루던 시절이었다. 반 아이들이 노래를 듣고 싶어하는 몇 명 중 한 명이 나였다.

그때만 해도 별다른 레퍼토리도 없고 그 시간을 위해 내가 노래연습을 많이 하는 것도 아니었으니 매번 나를 추천하는 아이들을 만족시킬 수 없었다. 그러다 보니 소위, 노래를 안 하겠다고 뒤로 빼는 행동도 많이 하게 되었다. 그러던 어느 날 음악 시간이었다. 새 학년이 시작한 지 몇 개월 지나 5월 정도 되었을 때다. 중학교 2학년 여학생들은 몇 달 사이에 많이도 친해졌다. 음악 시간이었고 그날은 특별히 가곡에 대해 배우는 시간이었다. 그 일이 아직까지 잊혀지질 않는 걸 보니 내 기억 속 깊은 곳에 남아 있었던 것이다. 음악 선생님의 인상이나 헤어 스타일 이런 건 기억이 하나도 나질 않는다. 다만 생생한 것은 음악 선생님의 반주에 맞춰 베토벤의 가곡 〈그대를 사랑해〉를 다 같이 합창하고 있는 장면이다.

5월의 아름다운 중학교 2학년 여학생들로 가득한 음악실은 여중생들의 목소리로 가득했고 그 소리는 울려 퍼져 세상 어디까지라도 가 닿을 것 같았다. 'ich liebe dich so wie du mich am Abend und am Morgen' 을 입을 모아 부르는 소리는 영혼이 담긴 목소리가 아니어도 열 다섯 살 여중생 목소리 그 자체만으로도 아름다웠다. 한 번의 합창이 끝나고 선생님은 주위를 둘러보다가 누가 한번 나와서 독창으로 불렀으면 좋겠다고 했다. 그리고 누가 나올 건지 아이들에게 물었다. 아이들은 내가 원하지 않았지만 시키지 않으면 섭섭했을 나를 추천했다.

나는 매우 생소하여 발음도 어려운 그 노래를 잘 표현해서 부를 자신이 없었다. 하지만 끝까지 안 하겠다고 하는 것은 교실 분위기를 어색하게 만들 것이라는 것을 알았다. 그래서 용기를 내서 부르긴 했다. 그러한 노래를 어떻게 표현해서 불러야 한다는 걸 알지 못했던 철 없던 시절, 나는 그냥 내 목청껏 아주 크게 불렀다.

처음 부분은 그렇다 치더라고 좀 진행이 되면 높이 올라가서 가성으로 부르거나 소리를 조절해야 함에도 난 그런 센스가 없었다. 게다가 첫 음을 높게 잡았다는 것을 노래 부르는 중간에 알게 되었다. 그냥 빨리 끝내고 자리로 돌아가야겠다는 생각만 있었다. 그리고 계속 크게 크게 소리를 질렀다. 그때, 선생님이 "그만!" 하고 내 노래가 다 끝나기도 전에 멈추라 하셨다. 그 말을 듣는 순간, 이제 너의 노래는 들을 가치가 없으니 부르지 말라고 느껴졌다. 너무 부끄러워서 자리로 돌아왔다. 지금까지도 그 일이 내게 남아 있는 것은 그날의 일이 창피하고 나의 노래를 멈추게 한 선생님이 원망스러워서가 아니다.

학생이 선생님인 나에게 '할머니'라고 한 것은 그 아이가 선생님의 기분까지 고려해서 나쁜 의도로 한 것이 아니라고 생각하면 그래도 좀 편하게 넘어갈 수 있다. 하지만 내가 받은 충격은 상상 밖으로 컸다. 그래서 난 운동과 다이어트를 시작했고 다시 나를 챙기기 시작한 중요한 계기가 되었다. 그런데 중학교 시절 음악 시간에 선생님에게 인정받지 못한 노래 때문에 나는 좌절했다.

그 이후로 아이들이 나를 무대로 불러내도 절대 노래하지 않았다. 하지만 돌이켜 볼 때 후회스러운 것은 내가 왜 음악 선생님의 인정을 받지 못했을까 한 번 깊이 생각해보았으면 어땠을까 하는 것이다. 그리고 좀 더 적극적으로 노래를 배우거나 연습을 했다면 지금 쯤, 나는 매력적인 노래를 부를 수 있는 교사가 되어 있을 것이다.

그래서 아이들 앞에서 가끔 멋지게 노래를 부를 수 있는 선생님일 거고, 혼자서 노래방에 가서 내 목소리에 흠뻑 취해도 있을 것 같다. 노래를 잘하려면 타고난 목소리에다 목소리 관리도 필요하고 발성 연습도 필요할 것이다. 하지만 지금 그것을 깨닫고 예전 목소리를 찾으려 해도 절대 되지 않는다는 것을 알고 있다.

다시 학생으로 돌아간다면, 음악 시간에 아이들이 나에게 노래를 시켜도 당황하지 않겠다. 그리고 겸손한 마음으로 교탁 앞으로 나가 인사를 할 것이다. 그리고 일단 그런 기회를 준 아이들과 선생님께 감사한 마음을 갖겠다. 잘하지는 못하더라도 베토벤이 작곡한 음악의 뜻과 감성과 악보에 충실하게 소리 내어 부를 것이다. 부족한 부분은 다시 연습하고 부단히 노력해서 언제 어디서라도 노래를 부를 수 있는 그러면서도 내 목소리를 소중히 할 수 있는 사람이 되고 싶다.

5

선생님에게
춤을 가르쳐줘

무대에 오르기 위한 007작전

몇몇 선생님들에게 비밀리에 메시지를 보냈다. 메시지 내용은 곧 다가올 학교 축제를 위해 교사들로만 구성된 댄스팀을 만들기로 한다는 것이다. 먼저, 인기 있는 젊은 선생님들을 섭외했다. 모두 8명 정도의 선생님들로 구성할 예정이었고 에어로빅을 오랫동안 해오고 있는 선생님, 춤을 잘 춘다고 소문이 난 선생님 등 여자 여섯 명에 남자 두 명 정도로 정예 멤버를 모아볼 예정이었다.

내가 축제 담당자였으므로 혹시 8명의 멤버가 잘 이루어지지 않을 경우까지 예상했다. 젊은 미혼 선생님들은 적극적일 수도 있지만 나머지 선생님들은 핑계를 대며 안 한다고 할 확률도 많다. 그 끝에 마지못해 축제 담당자인 내가 멤버에 합류하게 되는 나만의 시나리오가 있었다. 대부분의 학교에서는 매년 봄 아니면 가을에 축제가 열린다. 주로 재학생들 위주로 축제가 진행되고 외부에서 게스트를 초대할 수도 있다. 주관하는 부서에서는 축제일에 맞추어 시나리오를 계획한다. 그리고 오디션을 통해 축제 무대에 올라갈 학생팀을 뽑는다.

몇 년 전부터 오디션에 참가하는 학생들의 공연 레파토리를 보면 춤과 노래가 주를 이룬다. 여학생들의 경우, 걸그룹 형태에 맞춰 5명에서 많게는 10명까지 무대에 올라간다. 그리고 춤은 주로 걸그룹의 춤을 그대로 따라 하고 노래도 가요나 팝송이 대부분이다.

학교 축제의 진행 순서를 보면 거의 춤, 노래의 반복이다. 짧은 기간에 다양한 장기자랑을 준비하기가 현실적으로 어려운 탓이리라. 그래서 축제 담당교사는 고민이 많을 수밖에 없다. 축제의 하이라이트로 선생님들의 댄스 무대를 마련하기로 했다. 교사 댄스팀은 생각보다 쉽게 조성되었다.

비밀 유지를 위해 학교 밖 댄스 학원을 빌려 춤 연습을 하기로 했고 선생님들의 무대 위 확실한 연출을 위해 전문 강사 레슨도 지원했다. 그래서인지 계획한 8명의 선생님은 흔쾌히 제안을 수락했다. 혹시 8명이 결성되지 않을 경우를 대비해서 마음의 준비를 하고 있던 나는 그냥 김칫국을 마신 격이 되어 버렸다.

축제가 다가오기 한 달 전부터 선생님들의 댄스 연습은 시작되었다. 일주일에 한 번 학교에서 그리 멀지 않은 댄스학원을 빌려 연습에 돌입했고 다들 너무나 열심히 하는 모습이 신선했다. 횟수를 거듭할수록 선생님들의 댄스 실력은 다듬어져 갔다. 축제의 서프라이즈 순서에 맞춰 엄청난 폭발력이 예상될 정도로 멋졌다. 선생님들을 위해 준비해간 음료수를 들고 연습을 지켜보는 내내 그들을 질투하는 나를 봤다.

선생님들은 축제의 마지막 무대에 올라 열정적이고 자신감 있는 모습을 보여줬다. 예상한 것 이상으로 학생들은 환호했다. 그리고 축제는 성공적이었지만 왠지 모를 섭섭함이 남았다. 학생들 앞에서 당당하게 춤을 추는 선생님들이 너무 멋지고 부러웠다. 나도 무대에 올라가 학생들 앞에 서고 싶었다. 춤에 자신이 없어 교직 생활 동안 한 번도 무대에 오를 일이 없다는 생각이 들었다. 마음이 조금 서글퍼지기도 했다.

그리고 3년 후 고등학교 2학년 담임을 맡았다. 그해 맡은 담임반 아이들은 유난히 선남 선녀들이 많은 반이었다. 학기 초부터 연애커플이 끊이지 않아서, 수업을 하고 나오신 선생님들이 노파심 섞인 걱정으로 커플에 대한 뒷애기를 많이 했고 담임인 난 신경이 곤두섰다. 커플이 많으면 사귀다 깨지는(?) 일이 걱정되지만 한편으로는 학교에 좋아하는 친구가 있으니 반 분위기는 그야말로 핑크빛이었다.

그해도 축제가 있었고 곧 다가올 축제 준비에 대한 이야기로 아이들이 수시로 의논하고 있다는 것 정도는 감지를 하고 있었다. 갑자기 수업 시간에 반장이 조심스럽게 말을 꺼낸다. 이번 축제에 우리 반 30명 모두 무대에 올라갈 거라고 했다. TV 청소년 드라마로 유명했던 〈드림 하이〉의 주제가로 반 전체가 올라가 플래시몹을 하겠다고 한다.

축제를 담당해본 교사로서 반 아이들 전체가 참가한다는 것은 매우 귀한 경우고 교육적으로 보나 보여주는 것으로 보나 최고의 순서가 될 것이라 생각했다. 그런 생각을 해낸 아이들이 예뻤다. 그런데 담임선생님도 같이 무대에 올라가야 한다는 것이다. 반장뿐만 아니라 거의 모든 아이들이 담임인 나의 대답을 기다린다. 솔직히 난 내 귀를 의심했다. "선생님도 우리와 함께 무대에 올라가셔야 해요."라는 말에 내 가슴은 엄청 설레기 시작했다. 하지만 난 승낙을 보류했다. 마치 마음에 드는 남자에게 사귀자고 프로포즈 받은 것처럼 기뻤지만 난 춤에 자신이 없었다. 중학교 때 친구들과 모여 음악에 맞춰 춤을 추고 놀았던 적이 분명히 있긴 있었다. 그러나 어느 순간 공부라는 것에 밀려 아예 춤추며 나를 표현하는 DNA는 사라지고 몸치가 되고 말았다. 아이들이 다섯 번 정도 더 조르면 어쩔 수 없이 함께 할 생각을 하고 교무실로 돌아왔다.

개인 지도를 받다

너무나 고맙게도 반장과 우리 반 아이들은 가끔 와서 나를 설득하기 시작했다. 행복한 밀당이 시작된 것이다. 그 후로 몇 번의 협상 끝에 아이들이 내게 춤을 확실히 가르쳐주는 조건으로 함께 무대에 오르기로 했다. 다음날부터 아이들은 방과 후 미술실에 남아 몸치인 담임을 케어(?)했다. 두세 명의 아이들이 시간과 요일을 정해서 꽤 체계적으로 나를 지도했다.

쉬는 시간에 반장이 내 노트북에서 〈드림하이〉 OST를 열어서 들려주었다. 전체적인 동작을 미리 한번 알려주는 등 꽤 주도면밀하게 나를 지도하는 계획을 세운 모양이다. 동영상 속 아이들의 유연한 몸동작에 난 바로 주눅이 들었다. 첫째 날 미연이가 남아서 춤을 가르쳐 줬다. 미연이는 항상 친구들과 하던 대로 나에게 춤 동작을 보여주고 따라 해보기를 원했다. 그런데 몇 번의 반복에도 쉽게 따라 하지 못하는 나를 보고 재밌어했다. 하루에 모든 동작을 숙지하기는 어렵다고 판단한 듯 차근차근 더 끊어서 가르쳐주기 시작했다.

그러나 이상하게도 방금 전에 배운 손동작은 걸으면서 하거나 스텝을 밟으며 돌거나 하면 바로 순서가 꼬여 버린다. 게다가 나는 왼쪽과 오른쪽 방향도 바뀌어버리는 신기한 동작을 만들었다. 참 속상했다.

집에 가서도 춤 동작이 머릿속에서 떠나질 않는다. 음악을 틀고 딸들에게 개인 지도까지 받기 시작했다. 주말에는 내가 가운데 서고 딸들과 함께 춤 동작을 연습했다. 어느덧 어렵기만 하던 동작들은 자연스레 외워졌지만 누가 봐도 유연성은 떨어졌다. 무대에 올라가 경직되면 더 뻣뻣하게 될 테고 생각만 해도 민망한 상황이 상상되었다. 하지만 난 우리 반 아이들과의 약속을 지켜야 했고 무엇보다 반 전체가 무대에 올라간다는 사실에 집중했다.

우리 반은 축제 1부 마지막 순서로 무대에 올라갔다. 예상한 대로 학생들의 반복적인 댄스와 중간 중간 노래 순서가 있었다. 무대 뒤로 사회자의 목소리가 들린다. "다음 순서는 2학년 5반의 드림하이 플래시몹 순서입니다. 30명 모두가 참가하고 담임선생님까지 함께하는 무대라 더욱 기대가 되네요."라는 멘트와 함께 준비된 대로 음악에 맞춰 몇 그룹으로 나눠 무대에 올라가며 춤을 춘다.

우리 반 모두 무대에 올라갔고 본격적으로 플래시 몹을 연출했다. 긴장과 흥분 속에서 음악에 맞춰 연습한 동작을 해내느라 무대 위 상황을 제대로 즐길 수는 없었다. 무대 앞 관객석 앞줄에 교장 선생님을 비롯한 여러 선생님들과 학부모님들 그 뒤로 학생들이 손을 흔들고 있었다. 중간에 몇 번 틀린 동작들이 나왔지만 다른 사람들은 모르는 눈치다. 손과 발이 제대로 움직였는지 모를 정도로 정신이 없었다. 하지만 우리 반 아이들과 나는 4분 49초 동안 함께 숨 쉬고 공감했다.

 이렇게 멋진 우리 반 아이들은 내일 다시 학교에 지각을 해서 청소를 할 수도 있다. 또 수업 시간에 딴 짓을 하다 선생님들에게 혼이 나기도 할 것이다. 하지만 우리 반 모두는 춤과 음악을 함께하며 느꼈던 긍정적인 에너지를 기억한다. 모두가 한 목소리로 노래하며 한바탕 신나게 놀아본 경험을 가질 수 있었다. 지금도 그때 아이들을 생각하면 미소가 절로 지어지고 언제든지 달려가 안아줄 수 있을 것 같다.

6

종업식,
끝이 아닌 시작

학기 말 설거지는 누가하나요?

로라 레틴스키(Laura Letinsky)는 식사 후 테이블 위의 모습이나 먹다 남은 음식을 사진으로 찍어 고전 정물 회화처럼 보이게 하는 작업으로 인간의 먹는 행위를 현대미술로 재해석하였다.

고전적인 정물 사진 장르로 작업하는 레틴스키는 17세기 네덜란드 회화의 전통에 대한 반항을 드러냄과 동시에 이미지가 촬영된 독특한 시점으로 인해 여운과 울림이 동시에 느껴진다.

그녀의 작품 속에 보이는 과일들은 회화에서와 같이 상징적인 의미를 담고 있지는 않으며 오히려 가사 활동 가운데 보이는 섬세함을 남기며 더욱 은유적인 방식으로 표현된다.

"나는 우울하거나 슬픈 장소로서가 아니라 남겨진 것 그리고 저항하는 어떤 것이 암시하는 이야기 구조의 끝자락에 흥미를 느꼈다. 이 같은 대상들은 우리가 진실로 소유하고 다루었던 모든 것들을 포함하는 것이다"
- 사진작가 로라 레틴스키

그녀는 만찬이 차려진 장면이나, 지금 막 맛있는 요리를 준비하려는 신선한 재료가 가득한 멋진 주방을 포착하는 게 아니다. 그것은 한바탕 식사가 이루어지고 끝난 허탈함을 보여준다.

사용한 후의 구겨진 테이블 보 위에 있는 몇 조각의 과일 껍질과 음식물이 남아 있는 식기를 여과 없이 보여준다. 먹고 남은 음식과 쟁반 나이프, 포크 그리고 주변에 흩어져 있는 빵 부스러기들을 보면서 누군가가 좀 전에 앉아 있었을 그 공간의 온기를 생각하게 된다.

여러 명이 먹고 앉아 있었을 듯한 장면을 상상하게 되며 그들이 모여 있었던 온기가 느껴지기까지 하다. 조금 전까지 앉아서 교회에서 있었던 이야기며 다른 사람의 뒷담화도 했을 것이고 요즘 오른 주식에 관한 이야기를 했을 수도 있다. 또 자녀의 학교 이야기를 들으며 부모가 살아온 이야기를 해주는 장면도 그려진다. 어쨌든 그녀의 사진 속 장면은 누군가가 무엇을 먹고 난 이후에 아직 치워지지 않은 식탁 테이블을 비춰준다. 그곳을 시작으로 다이닝 테이블의 공간이 그려지고 방안이 그려지고 집 전체를 비추며 그 곳이 존재하는 마을 그리고 더 큰 자연 속으로 나를 데려갔다.

학기 말 교실 상황이 그렇다. 맛있는 음식을 다 먹고 난 상태, 각종 설거지 거리가 남아 있고, 테이블을 치워야 하며 정리해야 할 것들이 많은 것들로 가득한 상황이다. 심한 비약인지 모르겠지만 아이들은 먹는 것만 하고 자신의 역할이 끝났다고 생각하는 경우가 많다. 누군가 그 테이블과 그릇들을 치워 주는 것에만 익숙한 상황이다.

현재 학년 말 우리의 교실은 한바탕 음식을 맛있게 먹고 난 후 딱히 누가 그릇을 닦고 테이블 정리는 어디까지 해야 할지 몰라 애매한 상황이다. 다음 식사가 준비되기 전까지 생긴 틈이며 다시 준비해야 할 메뉴가 무엇인지 잘 모르는 상태다. 그것까지 우리의 교육 과정이 세세하게 설계하지 못한 부분이기도 하다. 그래서 늘 학기 말은 어정쩡한 교실 분위기로 적잖이 스트레스가 있는 상황이다. 교사들이 혼자서 마무리와 정리를 해야 될 일이 많고 3월 이후 가장 바쁜 시기이기도 하다.

긴 마라톤을 달려 결승점에 도달했다고 생각하는 아이들에게 멀찌감치 잡혀 있는 다음 경기 일정을 위해 그냥 걷기 연습이라도 하라는 것은 무리라고 생각된다. 그처럼 학기 말 아이들을 다잡아 줄 수 있는 방법을 찾아내기는 쉽지 않다.

나는 그들을 응원한다

그래서 나는 무기력해지는 우리 반 아이들을 위해 롤링페이퍼를 준비했다. 미술실에서 8절지 켄트지를 가져와 한 장씩 다 나눠주었다. 그리고 마커펜이나 색연필 그리고 각자 잘 사용하는 스케치 도구나 색채 도구를 이용해서 8절지 가득 롤링페이퍼를 위해 각자 디자인을 해보라고 했다.

미술 시간은 아니지만, 디자인을 해야 하므로 아이들에게 조건을 주었다. 자신이 디자인한 8절지 켄트지가 멋진 롤링페이퍼로 바뀌기 위한 조건은 자신을 표현하여 개성 있게 만들어야 한다는 것을 알려주었다. 그리고 담임선생님을 포함한 반 친구들 34명의 번호나 이름이 들어간 칸을 만들어주어 정리해줄 것을 당부했다. 풍선 모양으로 하든, 하트로 그리든 다 괜찮다. 네모로 해도 되고 동그라미, 세모로도 다 된다.

한 친구는 자신을 상징하는 캐릭터를 그려 넣고 캐릭터 주위로 35개의 동그라미를 그려 넣었다. 집으로 가져가 많은 시간을 공들여 만들어오는 친구들이 있는가 하면 나눠준 즉시 쓱쓱 대충 만드는 친구도 있다. 아이들이 직접 만든 자신들만의 롤링페이퍼는 일단 담임인 내가 거둬둔다. 학기 말 업무를 하던 중 틈틈이 아무도 다녀가지 않은 그 아이의 롤링페이퍼에 첫 방문자가 된다. 제일 먼저 글을 쓰는 것이다. 긴 손 편지는 아니지만 짧게라도 일 년 동안, 그 아이를 본 느낌을 적어준다. 담백하게 적기도 하고 나도 모르게 애정이 듬뿍 들어가기도 한다. 마커나 싸인 펜으로 간단하게 그림도 그려준다. 이모티콘 같은 느낌으로 말이다.

다음날 우리 반 아이들에게 다시 8절 켄트지를 나눠주었다. 이제 우리 반 아이들이 다른 친구들에게 글을 써줄 차례이다. 그리고 나는 왜 이 롤링페이퍼를 계획하게 되었는지를 설명한다.

1년간을 차분히 돌아보며 친구에게 진심 어린 메시지를 전해주자고 했다. 그렇게 부탁을 하고 애원을 해도 장난스런 남학생 중에는 '그동안 고마웠다'는 일곱 글자로 친구에게 메시지를 전한다. 그건 그래도 괜찮은 수준이다. '잘 살아' 등의 짧은 메시지는 나를 어이없게 했다.

하지만 나의 당부가 통해서일까? 친구를 비아냥거리거나 정도를 지나치는 욕설 등은 찾아볼 수가 없다. 좋은 메시지를 전하고 친구들의 앞날을 축복하자는 나의 취지를 아이들은 잘 알고 있었다. 여학생들은 대부분 정성스러운 손 편지 수준의 깨알 같은 예쁜 글씨와 세심한 내용을 써서 주변을 감동시켰다. 롤링페이퍼를 받아 든 아이들은 학기 말 목표 없는 아이들이 아니었다. 갑자기 진지해지는 모습을 보이며 친구들에게 기억될 만한 멘트를 고민했고 자기 자신을 제외한 34명의 친구들과 담임선생님에게 글로 마음을 전하기 시작했다.

아이들은 일상적인 학교생활을 하면서 34명의 친구들의 롤링페이퍼에 자신의 자리를 채워나간다는 건 쉽지 않다는 것을 알아차렸다. 체육 시간과 과학 시간 등 이동을 해야 하는 수업이 있을 때를 제외하고 서로의 롤링페이퍼를 주고받으며 진지한 모습을 보여줬다. 그런 모습을 보니 내 마음이 한결 편안해졌다. 그리고 감사한 마음이 들었다.

한 학급에 35명의 학생은 꽤 많은 인연이다. 하루 종일 학교에서 함께하는 친구들이지만 사실 친한 친구끼리만 지내기도 한다. 롤링페이퍼를 나눈 후 아이들의 마음은 사랑으로 가득 찬 표정이었다.

'2학년이 거의 끝나가는 시점인데도 의외로 서먹한 친구가 몇 명 있었다. 그리고 그 친구들이 나에 대해서 어떻게 생각 하는지 잘 몰랐는데 롤링페이퍼 속의 친구들이 전하는 진심을 알게 되어서 좋았다.'
'친구들에게 어색해서 전하지 못했던 말들을 글로 써줄 수 있어 매우 의미 있었다.'
'친구들이 각자 자신의 롤링페이퍼를 디자인하니까 개성도 드러나서

받아들고 쓰는 내내 얘가 이런 애였지 하면서 즐거웠다.'

'롤링페이퍼 하나 있으니까 올해 2학년이 특별하게 느껴진다.'

'롤링페이퍼 최고!'

내가 써준 글에 대해서는 이렇게 이야기했다.

'선생님이 써준 글은 엄청 힘이 되는 것 같아요! 아무래도 친구들이 장난스럽게 써주는 거랑은 다르게 진심이 많이 담긴 것 같았고 진정으로 저를 생각해서 써주신 거라고 생각하니까 감동이었어요.'

'스승과 제자 사이가 마냥 딱딱한 게 아니라 이렇게 편지도 주고받을 수 있다는 것을 느끼게 된 것 같아요.'

'아이들 모두 다르게 적어주시고 우리들의 미래를 응원해준다는 의미의 긴 글을 적어주셔서 너무 좋았어요.'

그렇게 나는 아이들과 함께 우리가 그간 먹고 생활하느라 어질러졌던 시간들을 하나하나 정리해나갔다. 내가 나눠준 한 장의 종이에 글을 적으며 그들은 많은 생각을 하는 듯이 보였다. 그리고 자연스럽게 3학년을 계획하기도 했다.

종업식 날 나는 준비된 성적표와 방학 계획서를 나눠주었다. 그리고 코팅된 34장의 롤링페이퍼도 함께 안겨주었다. 아이들은 이 롤링페이퍼를 집으로 가져가서 공부가 어려울 때, 혼자 있어 심심할 때 틈틈이 들여

다볼 것이다.

　3학년이 되어서도 복도에서 만나면 즐겁게 인사하고 힘든 일이 있으면 교무실로 나를 찾아도 올 것이다. 그리고 롤링페이퍼에 적어주었던 그 마음 그대로 나는 그들을 응원할 것이다. 그들의 꿈과 미래를….

7

다르기 때문에
아름답다

다시 만난 그 남자

그를 처음 만난 것은 10년도 더 전이다. 파리 몽마르뜨 언덕에서 나는 많은 사람들 사이에서 그를 만났다. 그를 만난 순간을 아직 잊지 못한다. 파리여행 1일 가이드 투어에서 몽마르뜨 거리 중간 어디쯤이었다. 어느 빛바랜 포스터 앞에서 가이드가 그를 소개했다. 정말 진부하게 들릴지 모르겠지만 난 모르는 남자를 소개받은 느낌이었다. 귀족 출신에다가 그림까지 잘 그리는 그가 어떻게 물랑루즈에서 무희들과 삶을 같이 했는지 어떻게 매독에 걸리기까지 했으며 웬 독한 술을 그렇게 많이 먹고 정신병원까지 드나들었는지 듣게 되었다. 왠지 마음이 아프고 뭔가 그에게 가서 어깨를 토닥이며 말을 걸고 싶었다. 집안 배경이 남다르고 재능

있는 그가 왜 몽마르뜨에 와서 그림을 그리게 되었는지도 상상하게 되었다. 독한 술이 없으면 하루라도 살 수 없는 이유와 그 무엇이 그를 힘들게 하여 이곳까지 와서 한 많은 삶을 살다 가게 했는지 묻고 싶었다.

사실 나는 이미 오래전부터 그를 알고 있었다. 그런데 중간중간 스쳐가는 사람일 뿐이었다. 나도, 그도 서로에 대해 그리 큰 관심이 없었다. 교사로서 고등학교 2학년 교과서에 실린 툴루즈 로트렉의 포스터를 스쳐 지나갔다.

난 로트렉을 학생들에게 열정적으로 소개한 적이 한 번도 없었다. 교과서에 로트렉의 작품이 실려 있긴 했지만 생소했다. 그리고 훨씬 전 내가 대학원 졸업 논문 준비를 할 때도 잘 몰랐다. 나는 19세기 아르누보시대 르네 라릭의 장신구에 대한 석사 논문을 썼다. 논문의 배경이 되는 아르누보 시대의 포스터를 수도 없이 봤지만 그때도 로트렉을 스쳐 지나갔다. 그가 현대포스터의 선구자라 불리는 인물이라는 것을 몰랐기 때문이다.

툴루즈 로트렉의 풀네임은 앙리 마리 레이 몽 드 툴루즈 로트렉 몽파(1864-1901)이다. 그는 12세기부터 이어져 내려오는 프랑스에서도 손꼽히는 명문 귀족 가문 출신이다. 로트렉의 할머니, 아버지, 어머니 모두 개인 소유의 성이 있을 정도였으니 태어난 신분 자체가 달랐다. 귀족들은 자신들의 재산과 권력 유지를 위해 근친혼을 하는 게 자연스러운 일이었다. 로트렉의 할머니와 외할머니가 자매였다. 난쟁이 같은 툴루즈 로트렉의 키는 근친혼의 결과인 것이다. 백작의 작위를 가진 아버지와 서로 사촌 간이었던 어머니로부터 그는 귀족의 혈통과 재산, 예술적인 재능을 물려받았다. 그렇지만 그는 유전병을 가지고 태어나 평생 장애인으로 살다 갔다.

툴루즈 로트렉은 어릴 때부터 병약하여 성장이 더뎠고 특히 뼈가 많이 약했다. 결정적으로 툴루즈는 14세 때 넘어지면서 허벅지 뼈를 심하게 다치게 되고 하반신의 성장이 멈추고 말았다. 152cm의 난쟁이로 쩔뚝거리며 살게 된 툴루즈 로트렉은 백작인 아버지처럼 승마, 사냥과 같은 전원 귀족의 생활을 누리지 못했고 혼자 집에서 할 수 있는 '그림'을 그리며 자신의 다리와 목소리를 대신했다. 20대가 되어서 그는 작업실을 파리 몽마르뜨로 옮기게 되었고 그곳에서 그의 새로운 인생이 시작되었다.

몽마르뜨는 파리 외곽의 시골 마을로 집세가 다른 곳보다 저렴하여 반사회 정치인, 예술가, 매춘부 등 다양한 계층의 사람들이 모여 사는 곳이었다. 2008년 내가 직접 본 몽마르뜨는 그때까지도 화가들의 예술혼이 살아 숨 쉬고 있는 듯한 장소였다. 곳곳에 화가들이 그림을 그리는 모습을 종종 볼 수 있었고 좁은 골목, 아기자기하고 작은 상점들 그리고 조금 지저분한 거리가 남아있었다.

사람을 관찰하고 표현하는 능력이 뛰어나고 계층에 대한 편견이 없는 툴루즈 로트렉에게는 그림을 그리기에 이보다 좋은 곳은 없었다. 1885년 코르몽 아틀리에에서 로트렉은 반 고흐와 친구가 된다. 몽마르뜨에서 유일하게 돈 걱정 없는 로트렉은 고흐에게 밥과 술을 사주었고 둘은 띠동갑에 가까운 나이 차를 극복하고 친구가 된다. 툴루즈 로트렉은 고흐와 마주앉아 초록요정 '압생트'를 마시며 그림을 그렸으며 밤이면 댄스홀 '물랑루즈'에 앉아 무희들을 바라보고 그림을 그렸다. 둘은 예술에 대한 정직한 마음이 누구보다도 깊다는 것을 즉각 알아볼 수 있었다. 로트렉의 돈으로 반 고흐는 어느 정도의 목마름을 축였는지는 모르겠으나 잠시나마 가난으로부터 자유로워질 수는 있었을 것이다.

화려한 파리의 밤과 아름다운 무희들만 그렸다면 로트렉이 물랭루즈의 작은 거인이라는 별명은 얻지 못했을 것이다. 많은 사람들이 로트렉을 물랭루즈의 친구로 생각하고 후대의 작품 속에서도 등장하는 진정한 이유는 아마도 버림받고 소외된 물랭루즈의 가난한 예술가, 매춘부, 댄서 등 많은 사람들의 결핍과 아픔을 이해했던 예술가였기 때문이지 않을까 싶다.

2008년 파리의 몽마르뜨 한 가운데, 뜨거운 태양 아래에서 만났던 툴루즈 로트렉이 우리나라에 왔다. 예술의 전당 한가람 미술관의 로트렉 전시장은 규모가 꽤 컸다. 전시장 입구에서부터 물랭루즈 카바레 거리를 재현하여 붉은색 불빛의 밤 문화를 표현해 내고자 하였다. 물랭루즈는 로트렉의 예술세계의 많은 부분을 보여 줄수 있는 장소라는 점에는 동의한다. 하지만 전시장 안의 물랭루즈는 예술적 감성이 가득 넘치는 몽마르뜨의 한과 애환을 그려내지 못했다. 하지만 내가 전시장에서 직접 본 그의 포스터는 한눈에 들어오는 대담한 디자인과 색채, 실존 인물을 주인공으로 묘사해 낸 파격적인 모습이었다. 그간, 볼 수 없었던 새로운 포스터임을 증명했다. 그의 포스터는 단지 광고 수단이 아니라 예술로 승화된 작품으로서 미술사에서 유례를 찾아보기 어려운 독창적 경지를 이루었다.

요즘 시각으로 돌이켜보면 로트렉은 다양한 디자인의 현대 상품 광고의 스타일을 이미 100여 년 전에 완성했다고 할 수 있다. 로트렉의 혁신과 창조 정신 도전정신은 그가 자신과의 싸움에서 이기기 위한 방편으로 삼았던 그림을 도구로 삼았으며 그가 잘할 수 있는 분야에서 또 하나의 업적을 이루어 낸 것이다.

내 것으로 가져올 수 없다면

부유한 귀족 출신이라는 스펙이 그의 삶에 독이 되었는지 꿀이 되었는지는 잘 모르겠다. 37년이라는 짧은 생을 마감하기 전까지 그가 그린 그림을 보았다. 천재적인 드로잉 실력은 그가 스스로 못생겼다고 비하했던 외모와 달리 완벽한 선과 대범한 색채로 표현되었다. 그가 그린 일러스트와 포스터는 아직 까지 현대디자인에 영향을 주고 있으며 세련되고 간결하여 닮고 싶었다.

전시를 보는 내내, 나는 툴루즈가 그려내는 연필 선을 내 것으로 만들고 싶다고 생각했다. 예전부터 나는 표현하기 어려울 정도로 단번에 그려진 그림에 질투했다. 그 크기와 형태 그리고 위치가, 원래 그렇게 그려져야만 하는 것처럼 그려진 그림에 마음이 흔들렸다. 내가 질투하는 드로잉은 김태희의 코, 스칼렛 요한슨의 입술, 엠마스톤의 눈. 설현의 다리 각선미 같은 것이다. 그녀들의 이목구비와 다리와 몸매를 보는 순간 바로 알게 된다. 완벽한 미란 이런 것이구나 하고 말이다.

툴루즈의 로트렉의 드로잉을 보는 순간 나는 숙연해 졌다. 그리고 그 완벽함을 눈에 오래 담는 방법만이 내가 할 수 있는 유일한 방법이란 걸 안다. 그래서 그가 정신병원에서 탈출하기 위해 하나씩 그려낸 드로잉 앞에서는 오래 서 있을 수밖에 없었다. 아무리 오래 서 있어도 아무리 뚫어져라 바라보아도 나는 그것을 내 것으로 가져올 수 없음을 알면서도 말이다.

가질 수 없는 드로잉에 대한 열망이 툴루즈의 뛸 수 없는 두 다리를 깊이 이해하게 될수 있을까? 하지만 그 시도 자체가 숨이 차고 힘들다. 나는 계속해서 '로트렉이 왜 짧은 다리와 건강하지 못한 몸에 대한 비관을 술로 풀어내려 했을까?'도 생각해보았다. 나도 모르게 가슴과 목이 먹먹해짐을 느낀다. 그것은 내가 생각해 낼 수 없는 성질의 것이었다.

화가들의 삶을 알게 될 때 나는 여러 가지 생각을 하게 된다. 천재적인 재능을 끌어내기 위한 필연의 상황에서 화가가 태어났는지 주어진 환경이 그를 만들었는지 알 수 없을 정도로 드라마틱한 일들이 많지만 그 중 로트렉의 삶은 고독하고 더 처절하다는 생각이 들었다. 그럼에도 불구하고 그는 자신의 삶을 행복하게 가져갈 줄 아는 긍정적인 에너지를 지닌 사람이었다. 로트렉은 신체적 결함에서 오는 열등감을 스스로 먼저 웃기게 묘사하거나 가장 리얼해지면서 끝없는 자신과의 싸움에서 해학적으로 승화시켰다.

그는 압생트라는 독한 술을 마시고 길거리에 쓰러진 일이 있다. 친구들은 그를 정신병원에 넣었다. 그러한 상황에서 그는 어렸을 적 기억을 생생하게 표현해낸 그림을 그려 의사에게 보여 준 후 그곳을 탈출했다. 그리고 그는 이렇게 말했다. "나는 내 드로잉으로 자유를 샀다." 그 글이 적혀 있는 전시장 앞에서 한참을 서 있었다. 여러 가지로 해석할 수 있는 말이어서 한참을 곱씹었다.

로트렉이 그 말을 남기기 위해 일부러 정신병원을 선택하진 않았겠지만 그는 처절한 고독 속에서 삶을 지혜롭게 헤쳐나갔다. 그는 연필과 드로잉으로 다르게 태어난 것 이상으로 세상을 아름답게 바라보고 함축적으로 표현했다.

로트렉은 천부적인 미술적 재능을 가지고 태어났다. 만약 그가 귀족 출신들로 가득했던 주변 사람들과 모습을 같이했다면 그의 재능은 세상에 알려지지 않았을지도 모르겠다. 아마 그는 승마와 사냥 등 고급취미에 빠져 전형적인 귀족의 삶을 살았을 것이다. 그는 다르게 태어났기 때문에 고통을 아름답게 승화시켰고 독특한 그만의 그림 세계를 만들어 낼 수 있었던 것이다.

8

너만의
색을 찾아라

퍼스널 컬러를 알아야 되는 이유

초등학교 2학년인 조카에게 너만의 퍼스널 컬러가 무엇이냐고 물어봤다. 약간 의아해하던 조카는 이내 재밌다는 표정을 짓더니 내 질문에 대한 감을 잡았다. 나와 조카는 이렇게 뜬금없는 대화를 잘 한다. 조카는 이모인 내가 묻는 질문의 의도를 한번 더 파악했다. 나는 그냥 심플하게 너를 나타낼 수 있는 컬러를 말하고 그 이유를 말해 달라 했다.

9살 조카는 "자신의 컬러는 흰색이다."라고 하며 한마디 더 덧붙인다. 그런데 누나랑 싸울 때 자신은 빨강색이 되며 그래서 흰색과 빨강색을 섞으면 나타나는 핑크색이 자신의 컬러라고 했다. 조카와 대화를 주고받으며, 나는 나만의 컬러는 무엇일까 하고 생각했다. 빨강, 파랑 또는 노랑 이런 한 가지 색으로는 나를 나타내기는 힘들다는 생각이 든다. 그래서 핑크라고 말하는 조카의 말에 깜짝 놀랐다. 아직 어리지만 명확하게 자신을 표현할 수 있는 컬러를 말할 수 있다는 것이 자신 있어 보였다. 앞으로 조카의 생각이 달라질 일이라고 해도 말이다.

사실, 퍼스널 컬러는 타고나는 개인의 신체 컬러를 말한다. 색이 주는 감정과 분위기 때문에 사람들은 자신만의 모습과 개성을 표현하기 위해 색을 활용하기 시작했다. 그리고 이를 대변하듯 보다 나에게 잘 어울리는 색감을 찾아내는 것이 하나의 트렌드로 자리 잡았다. 자신만의 퍼스널 컬러를 알기 위해서는 먼저 피부 톤이 웜톤인지 쿨톤인지를 알아야 한다. 머리카락과 눈동자에 따라 쿨 라이트는 여름색, 쿨 다크는 겨울색, 웜 라이트는 봄, 웜 다크는 가을로 구분한다. 그래서 퍼스널 컬러의 종류는 봄 웜, 여름 쿨, 가을 웜, 겨울 쿨 등의 네 가지로 크게 나눌 수 있으며 따뜻한 계열과 차가운 계열 어떤 색을 활용하느냐에 따라 자신에게 생기를 불어넣어 호감도를 높일 수 있다.

그래서인지 언제나 성공한 사람들은 자신의 색을 찾는 데 시간을 아낌없이 투자한다. 유명 인사일수록 개성 있는 모습만큼 자신만의 색채가 짙다. 그들의 성공 요인은 바로 자신의 색깔을 찾아 유감없이 표출하고 있는 것이다. 그들의 색이 확실하기 때문에 그 색이 좋다고 추종자들도 생긴다. 그래서 다른 경쟁자들과의 비교에서 철저히 우위를 차지할 수 있는 것일지도 모르겠다. 학교에서도 일찍 자신만의 색을 찾은 아이들을 볼 수 있다. 어떻게 보면 재능을 빨리 발견했다고도 볼 수 있고, 자신이 하고 싶은 것을 하고 있는데 본인 스스로 만족도가 높고 주변 사람들의 기대도 충족시켜 주고 있다고 볼 수도 있다.

내가 근무하는 학교에서는 점심시간에는 항상 예나의 목소리를 들을 수 있다. 나는 중학교 시절부터 고등학교, 대학교를 거치면서 방송반 여학생들의 목소리를 기억한다. 그리고 내가 교사로 근무하는 23년 동안의 방송반 아이들의 전형적인 아나운서 톤의 목소리를 알고 있다. 한결같이 차분하고 예쁜 목소리다. 그리고 또박또박 전달력이 좋고 냉정한 듯 정감 있는 소리가 많다.

"안녕하세요. 이예나입니다."라고 시작하는 점심 방송을 알리며 인기 밴드 잔나비의 〈주저하는 연인들을 위해〉를 들려주었다. 음악이 끝난 후 "오랜만에 방 대청소를 하다가 구석이나 책상 밑 또는 서랍 속에서 나도 잊고 있던 어릴 적 내 보물을 발견한 느낌입니다. 제가 좋아하는 잔나비 밴드는 소중한 친구 같은 느낌이 들어요. 옛날로 거슬러 올라간 듯한 음악, 그들 나름대로의 새로운 뿌리를 찾아 재밌고 자유롭게 표현하는 잔나비가 그들만의 색을 만들어 가는 것이 좋습니다. 지금 들으신 곡은 잔나비의 〈주저하는 연인들을 위해〉였습니다."라고 또박또박 준비된 멘트를 들려준다.

처음에 나는 예나의 목소리를 듣고는 내 귀를 의심하며 더욱 더 귀 기울여 듣게 되었다. 그간의 내 귀에 익었던 목소리들과는 뭔가 차이가 나는 예나의 목소리에 당황했다. 분명 아이의 목소리가 맞다. 그런데 느낌이 달랐다. 학교 사정상 중학교 일학년은 방송반 활동을 하더라도 직접 목소리가 나오지 않을 것이고 나의 느낌이 맞다면 중학교 이학년 아니면 삼학년일 것이라 생각했다.

다음날도 예나의 목소리를 아이들이 점심 식사를 하고 있는 중에 들을 수 있었다. 예사 목소리가 아니다. 기본적으로 예쁜 목소리에 힘이 있었다. 그리고 뭔가 모를 뻔뻔스러움이 느껴졌다. 그 뻔뻔스러움은 그 아이가 가진 자신감에 연기력이 더해진 느낌이 들었다. 가장 소름 돋는 부분은 읽다가 문장의 끝부분을 의도적으로 내려주는 부분에 있다. 예나는 이미 목소리로 나를 사로잡았다. 점심 식사 중 우리 반 아이들에게 저 목소리의 주인공이 누구냐고 물었다. 나는 예나를 2학년 4반 수업에서 만났다. 또래 여학생들에 비해 작은 키였고 세상 모든 것을 다 삼켜버릴 수도 있을 만큼 밝은 그야말로 귀여운 왈가닥이었다.

평소에는 그냥 좀 시끄러운 중학교 이학년 여학생 그 이상도 이하도 아닌 것 같았다. 예나의 평소의 목소리는 또 그다지 특별하지도 않았다.

그런데 나는 희한하게도 학교 건물 2층에 위치한 방송실 마이크를 거치고 스피커를 통과한 예나의 목소리가 그렇게 매력적인 것이다. 나는 예나의 목소리를 따라 책을 읽어보았다. 몇 번을 해보았으나 의외로 잘 흉내낼 수 없다는 것을 알았다. 조금도 비슷하게 되질 않았다. 나는 다른 사람 목소리를 잘 따라 한다고 자타가 공인하는 사람이다.

2학년 4반, 예나가 있는 교실에서 미술 수업이 있을 때면 슬그머니 예나 옆으로 다가가 장난치듯이 말을 걸었다. 그리고 방송하듯이 멘트를 해보라고 부탁했지만 번번이 거절했다. 방송할 때 배짱으로 보면 내게 한번쯤 쉽게 보여줄만도 했다. 하지만 예나는 방송할 때 외에는 쉽게 그 목소리를 들려주지 않았다.

나와 어울리는 색

어느 날 적당한 글귀를 적어 쉬는 시간에 예나에게 보여주었다. 그리고 글을 읽는 내 목소리를 녹음해오겠다고 하고 코치를 부탁했다. 예나는 흔쾌히 나의 제안을 받아들였고 난 연습도 해서 목소리 녹음을 했다. 하지만 나는 예나에게 내 녹음 목소리를 들려주지 않기로 결정했다.

예나의 목소리 톤과 글을 읽는 높낮이는 나에게 맞지 않다는 것을 알았다. 그대로 따라 해 본들 이제까지 나의 정체성과도 맞지 않을 것이다.

설사 바꿔서 한다고 해도 얼마 가지 못할 것 같았기 때문이다. 나는 그냥 내 목소리에서 높낮이 톤 정도만 보완하기로 맘을 고쳐먹었다.

예나는 아직 어리다. 중학교 이학년 학생이니 몇 번의 탈바꿈이 일어나기도 할 것이다. 지금 방송반 활동에서 보여주는 모습은 예나의 미래 모습과 다른 모습일 수도 있다는 생각이 든다. 하지만 난 예나에게 바람을 가져본다. 일찍 찾은 자기만의 색깔을 아주 소중히 생각해달라고 말이다. 보통 사람의 경우 자신의 색을 갖는 것은 말처럼 쉽지 않다.

대부분의 사람들은 자신만의 독특한 색으로 다른 사람들 앞에 당당하게 자신의 개성을 보여주고 싶어 한다. 자신의 취향과 성격 그밖에 여러 가지 요인들로 자신의 색을 만들어간다. 하지만 대다수의 사람들은 미처 자신의 색을 발견하지 못하고 살아가게 된다.

그렇다면 이렇게 타고난 자신만의 색을 어떻게 찾아야 하느냐 하는 중요한 과제가 주어질 수 있다. 그 과정에서 어떤 사람은 자신이 무엇이든 다 잘할 수 있다고 한다. 하지만 그 말은 오히려 아무것도 못 한다는 소리로 들릴 수도 있다.

우리 반 교실에는 35명의 학생들이 있다. 이들은 내가 담임을 맡고 있는 아이들이다. 그리고 나는 하루에 두 반씩 미술 수업을 한다. 결국, 일주일에 350명의 학생들을 요일을 바꿔가며 만나는 것이다. 교실에 들어가면 그 교실만의 분위기가 있고 색이 있다. 그리고 또 그 반에서도 유난히 자신만의 색을 잘 보여주는 친구들이 많다.

내가 경험한 바에 의하면 350명 모두 단 한 명도 겹치는 색을 가진 아이는 없었다. 어떤 아이는 굉장히 선명한 색을 가졌고 누가 봐도 무슨 색인지 알 수 있으며 또 어떤 아이는 언뜻 색을 알 수 없기도 하다. 하지만, 수 천 수 만 가지의 색이 나와 있는 컬러 북 속에서 그 아이의 색을 찾아낼 수 있다. 경우에 따라서는 빨리 눈에 띄지는 않지만 언젠가는 그 색이 필요한 곳이 생기게 된다.

퍼머넌트 화이트, 실버 화이트, 세룰리안 블루 등은 내가 좋아하는 컬러다. 하지만 내가 생각하는 나만의 컬러는 다르다. 그리고 나만의 개성을 자신 있게 이야기하게 된 지는 그리 오래지 않다.

내가 나의 색을 알고 있을 때, 나와 어울리는 색을 알 수 있고 내가 가진 컬러는 어느 계절에 빛이 나는지도 알 수 있게 된다. 그래서 가만히 숨죽이고 있어야 할 때도, 주인공이 되는 시간도 알게 된다. 그런 의미에서 자신만의 컬러를 알고 가지는 것은 무엇보다 의미 있는 것이다.